本书受到教育部人文社科重点研究基地中国人民大学欧洲问题研究中心／教育部国别与区域重点研究基地中国人民大学欧盟研究中心资助

欧盟研究丛书

欧盟框架下的非政府组织

徐莹◎著

NGOs
under the Framework
of European Union

中国社会科学出版社

图书在版编目（CIP）数据

欧盟框架下的非政府组织／徐莹著. —北京：中国社会科学
出版社，2018.9
ISBN 978 - 7 - 5203 - 1111 - 3

Ⅰ.①欧…　Ⅱ.①徐…　Ⅲ.①欧洲联盟—非政府组织—研究
Ⅳ.①D750.64

中国版本图书馆 CIP 数据核字（2017）第 238685 号

出 版 人	赵剑英
责任编辑	赵 丽
责任校对	王桂荣
责任印制	王 超

出　　版	中国社会科学出版社
社　　址	北京鼓楼西大街甲 158 号
邮　　编	100720
网　　址	http://www.csspw.cn
发 行 部	010 - 84083685
门 市 部	010 - 84029450
经　　销	新华书店及其他书店

印　　刷	北京明恒达印务有限公司
装　　订	廊坊市广阳区广增装订厂
版　　次	2018 年 9 月第 1 版
印　　次	2018 年 9 月第 1 次印刷

开　　本	710×1000　1/16
印　　张	17.25
插　　页	2
字　　数	236 千字
定　　价	69.00 元

欧盟研究丛书编委会

目　录

第一章

导　论

　　从历史维度回溯，欧洲历来是非政府组织重要的策动之源和发起之地。根据国际社团联合会①1960 年到 1988 年的统计，位列非政府组织总部所在地前十位的国家除了第四位的美国之外，其他全部是欧盟（或其前身欧共体）国家，它们依次是法国（689 个）、比利时（588 个）、英国（573 个）、瑞士（354 个）、德国（132 个）、荷兰（132 个）、瑞典（132 个）、意大利（132 个）、丹麦（132 个）。②而据《全球市民社会》报告的统计，60% 以上的国际非政府组织将总部设在欧盟国家；1/3 的国际非政府组织成员来自西欧。③而近十几年来，这种非政府组织遍布欧洲并在欧洲乃至全球多地进行广泛社会动员的态势非但没有式微，反倒愈发有活力。这一方面说明在国家层面，欧洲具备了非政府组织得以孕育、发展乃至施展影响力的肥沃土壤和悠久传统；另一方面，在欧洲一体化进程中担负主导和引领作用的欧盟超国家机构也必然在非政府组织的作用发挥上扮演了十分关键的

---

①　Union of International Associations, http：//uia. org/s/or/en/1100067889.

②　John Boli, Thomas A. Loya and Teresa Loftin, "National Participation in World-Polity Organization", in John Boli & George M. Thomas, eds. , *Constructing World Culture*：*International Nongovernmental Organizations since 1875*, Stanford, California：Stanford University Press, 1999, p. 60.

③　Helmut Anheier, Marlies Glasius and Mary Kaldor, "Introducing Global Civil Society", in Helmut Anheier, Marlies Glasius and Mary Kaldor, eds. , *Global Civil Society* 2001, Oxford University Press, 2001, p. 7.

角色。

事实上，欧盟与其框架下的非政府组织在经历了 20 世纪 50 年代至 70 年代的咨商阶段和 20 世纪 80 年代至 90 年代的合作伙伴关系阶段之后，终于跨入了彼此频密互动的新千年。2000 年，欧盟委员会在其发布的名为"欧盟委员会与非政府组织：建立更紧密的伙伴关系"的讨论文件中，明确强调"尽管欧盟政策决策进程的合法性首先由欧洲人民选出的代表来践行，但非政府组织完全可以在欧盟内外为促进参与式民主而做出贡献"。[①] 如果说当时的欧盟仅仅是意识到了非政府组织对于填补欧盟民主赤字的可能作用，那么 2005 年《欧盟宪法协定》被部分欧盟成员国否决的"欧盟民主危机"则把代表欧洲广大草根民众的非政府组织推到前台。特别是原欧盟委员会机构关系与沟通战略部（The European Commission for Institutional Relations and Communication Strategy）副部长马加特·沃尔斯特罗姆（Margot Wallstrom）所提出的以公民参与为核心的"2005 动议"，更是提示了非政府组织可能在其中发挥的作用。这份动议的核心组成部分是一系列的公民参与计划，如民主 D 计划，即民主、对话和辩论计划（Plan D for Democracy，Dialogue and Debate）。该计划的主要目的就是让欧洲普通民众通过对话协商甚至辩论的方式对欧盟治理的相关议题发声，从而促成一种自下而上的公民参与式的欧洲一体化进程。这一动议的提出说明，难于将传统的代议制民主模式应用在欧盟层面的现实，迫使欧盟的政策决策者及相关学者开始仔细考虑如何让非政府组织全面地"披挂上阵"，参与到欧盟政策决策的进程之中，因为声称代表欧洲公民利益的各领域的非政府组织毕竟是拉近欧洲民众与欧盟超国家机构的距离并提升后者合法性的为数不多的可行选择之一。换言之，欧盟非常清楚，如能调动起大量的非政府组织群体，并使其积极参与到欧盟相关政策领域的讨论中来，就可以一方面丰富欧盟在制度上的战略选择以

---

① European Commission，"The Commission and Non-Governmental Organizations：Building a Stronger Partnership"，Brussels，2000.

应对各种危机，同时也更能凝聚人心，以减低欧洲民众对欧盟出台之相关政策的反对之声。于是，在后来取代《欧盟宪法协定》的《里斯本协定》第11款的陈述中，有关公民参与的制度话语比比皆是①，这就为非政府组织对于欧盟这一超国家组织的政策决策参与奠定了相应的法律基础。而在"欧洲2020战略"中，公民参与的相关原则更是占据了该计划的重要部分。② 为了改善自身的民主赤字并提升合法性，欧盟显然需要不断培育并夯实这一公民参与式民主的根基。因此，建立更广泛的平台，让欧洲公民社会的中坚力量——非政府组织在其中充分发挥沟通上下的作用显然是题中之意。依循此路径，欧盟机构的各路政治精英必须主动地、自上而下地构建一个有利于促进和改善欧洲公民对话和沟通，并最终有利于培育欧洲性和实现欧洲整体认同的欧洲政治空间（European Political Space）。于是，欧洲议会的议员开始与非政府组织的代表定期会面以获知相关政策建议；欧盟委员会的各个总司（Directorates-Generals，DGs）则与特定非政府组织定期进行对话，其中的某些对话已经发展成为一种固定机制；就连历来很少面向公众的欧盟理事会这一机构也开始启动与非政府组织的互动程序。

在这一互动中，欧盟到底是以怎样开放和包容的政治机会结构，将非政府组织作为"功能性代表"（Functional Representatives）纳入其政策决策进程，并在甄别和吸纳非政府组织意见和诉求基础上再将欧盟的政策宗旨向下传达的？而非政府组织又是通过怎样的管道发挥其在特定问题领域内的知识和经验特长以参与欧盟决策的？本书试图通过梳理各主要问题领域内的非政府组织与欧盟超国家机构的互动过程、方式和特点，努力还原双方相互建构的互动实践，以便从非国家行为

---

① Article 11 of the Lisbon Treaty, http：//www. lisbon-treaty. org/wcm/the-lisbon-treaty/treaty-on-european-union-and-comments/title－2－provisions-on-democratic-princi-ples/75－article－11. html.

② European Commission, http：//ec. europa. eu/europe2020/who-does-what/stake-holders/index_ en. htm.

体的作用角度检视欧盟提升自身合法性以推动欧洲一体化的实践。

第一节 欧盟框架下的非政府组织的研究现状

在欧洲政治科学的话语体系之下，由于非政府组织（NGO）是公民社会组织（Civil Society Organizations）的最主要代表类别之一，因此这两个概念在欧洲基本被画上了等号。而且欧洲，特别是欧盟这一超国家组织更倾向于使用公民社会组织这一概念来指称非政府组织。因此，本书也将非政府组织这一概念等同于公民社会组织。尽管非政府组织与欧盟的互动从 20 世纪 50 年代欧洲共同体时期已经开始，但对于欧盟框架下的这一类非国家行为体的关注和研究却起步相当之晚。国内相关研究开始于 2009 年，而国际上有关欧盟框架下非政府组织的研究则相对稍早，大致起始于 2000 年，这与欧盟意识到非政府组织的"合法性促进者"作用的时间暗合。

一 国内研究现状

尽管国内对欧盟框架下非政府组织的研究在 5 年前已经开始，但到目前为止该领域内的相关研究仍然十分鲜见。比较值得一提的是两篇博士论文。一篇是广西师范学院学者李尔平于 2009 年完成的博士论文——《非政府组织对欧盟社会一体化的作用》。该论文以社会互动理论为基础，将欧洲青年非政府组织作为典型案例，从社会聚合、社会资本、欧盟治理和欧洲认同这四个方面探讨了欧洲非政府组织对欧盟社会一体化进程的作用。另一篇是济南行政学院学者胡爱敏 2010 年完成的博士论文——《欧盟多层治理框架内欧洲公民社会组织的政治参与》。该论文在梳理公民社会的理论内涵的基础上，重点描述了欧洲公民社会组织的发展历程以及它们对欧盟治理的政治参与实践。此外，李尔平先后于 2009 年、2012 年和 2013 年连续发表了《国际性青年非政府组织对欧盟社会一体化的影响》《欧盟非政府组织政策的主要内容和特点》《非政府组织欧洲化的路径分析》以及《一体化进程

下欧盟非政府组织的发展机遇与挑战》①。这些文章分别对欧洲青年非
政府组织如何促进欧洲的社会认同；欧洲非政府组织为适应欧盟推动
一体化进程的制度安排而努力欧洲化以及欧盟层面的非政府组织的主
要特点和发展前景等进行了集中探讨。胡爱敏则于 2011 年发表了题为
《欧盟治理视野下欧洲公民社会组织的政治参与》② 的论文，该文基本
上是其博士论文核心内容的浓缩和总结。此外，山东大学硕士研究生
周娜于 2009 年提交的硕士论文——《政治机会结构视角下的欧盟环境
非政府组织》，以政治社会学中的政治机会结构理论为研究框架，将
欧洲最大的环境非政府组织"欧洲环境署"（European Environmental
Bureau）作为典型案例，重点探讨了欧盟整合性的主导战略为欧洲环
境署的作用发挥所提供的政治机会以及欧洲环境署在同欧盟超国家机
构互动中对这些机会的把握和利用。上海交通大学国际与公共事务学
院的赵纪周则在其名为《欧洲非政府组织与欧盟少数民族问题治理》③
的论文中，以欧洲青年论坛组织（The European Youth Forum）为案
例，重点考察了欧洲非政府组织在保护少数民族权利、倡导和监督欧
盟相关政策落实以及促进多元社会的融合方面所发挥的积极和务实的
作用。此外，中南财经政法大学知识产权研究中心的詹映在其论文
《〈反假冒贸易协定〉（ACTA）的最新进展与未来走向》④ 中，则对欧
洲非政府组织在欧盟对外贸易谈判中的作用发挥稍有介绍和探讨。综

① 李尔平：《国际性青年非政府组织对欧盟社会一体化的影响》，《广西民族大学学报（哲学社会科学版）》2009 年第 3 期；李尔平：《欧盟非政府组织政策的主要内容和特点》，《学会》2012 年第 8 期；李尔平：《非政府组织欧洲化的路径分析》，《学会》2012 年第 10 期；李尔平：《一体化进程下欧盟非政府组织的发展机遇与挑战》，《学会》2013 年第 10 期。

② 胡爱敏：《欧盟治理视野下欧洲公民社会组织的政治参与》，《国际论坛》2011 年 5 月。

③ 赵纪周：《欧洲非政府组织与欧盟少数民族问题治理》，《西南民族大学学报》2011 年第 4 期。

④ 詹映：《〈反假冒贸易协定〉（ACTA）的最新进展与未来走向》，《国际经贸探索》2014 年 4 月。

上可见，国内在对欧盟框架下的非政府组织的研究方面起步晚，涉入面不广，暂时也未能形成延续性。

二　国外研究现状

国家—社会二元对立的西方政治传统决定了有关非政府组织（或公民社会组织）的研究在西方当代国际政治文献中广泛存在，但有关非政府组织与欧盟互动关系研究的勃兴则主要开始于 1999 年。当时正值雅克·桑特① （Jacques Santer） 领导的欧盟委员会出现腐败丑闻，欧盟的合法性危机从来没有如此凸显，于是欧洲的学者们开始探究通过由欧洲的普通民众组成的非政府组织参与欧盟政策决策这一方式来减低欧盟的民主赤字并增强其合法性以促进欧洲一体化的思路是否可行。于是，大量探讨欧盟的治理与非政府组织政策参与的英文著作不断涌现出来，其中彼得·赫尔曼（Peter Herrmann） 编辑的著作——《在制度建设与社会进程之间的欧洲一体化：欧盟发展背景下对现代化与非政府组织理论的贡献》②，首次将欧洲一体化看作是一种社会进程，并从欧洲社会政策及相关非政府组织的功能角度审视了欧洲的一体化进程；珍妮·法尔布拉斯（Jenny Fairbrass） 和埃里克斯·沃雷（Alex Warleigh） 编辑的《欧盟中的影响和利益：劝说和倡导的新政治》③ 一书，则在梳理了欧盟层面复杂的代议过程之后，深入探讨了非政府组织的利益代表模式在欧盟体系中的作用和功能；卡洛·鲁扎（Carlo Ruzza） 所著的《欧洲和公民社会：运动联合体与欧洲治理》④

---

① 雅克·桑特，1995 年 1 月 25 日起任欧盟委员会主席，1999 年 3 月 16 日因欧盟委员会内部出现"营私舞弊和管理不善"等问题而辞职。

② Peter Herrmann ed. , *European Integration between Institution Building and Social Process：Contribution to a Theory of Modernization and NGOs in the Context of the Development of the EU*, Nova Science Publishers, 1999.

③ Jenny Fairbrass and Alex Warleigh eds. , *Influence and Interests in the European Union*, Europa Publications, 2002.

④ Carlo Ruzza, *Europe and Civil Society：Movement Coalitions and European Governance*, Manchester University Press, 2004.

从政治社会学的角度探讨了在环保、反种族歧视和少数民族权益维护这三个领域内欧洲非政府组织分别组成的社会运动联合体通过社会运动来塑造欧盟相关政策的过程。

具体到特定类别欧洲非政府组织的作用发挥，瑞秋·A. 斯科瓦斯基（Rachel A. Cichowski）在其著作——《欧洲法院与公民社会：诉讼、动员和治理》① 中，探讨了非政府组织与欧洲法院互动以改善后者治理能力的问题；尹佳·伊麦尔（Inga Immel）所著的《环保类公民社会组织通往欧洲正义之路》② 则专门关注并梳理了环境保护类非政府组织影响欧盟政策的实践和特征；艾琳·汉娜（Erin Hannah）的著作——《非政府组织和全球贸易：在欧盟贸易决策中的非国家之声音》以建构主义的视角重点梳理了相关非政府组织在欧盟贸易决策进程中是如何发挥作用的；科里纳·沃尔夫（Corinna Wolff）的专著——《功能性代议与欧盟中的民主：欧盟委员会与社会非政府组织》③ 主要考察了欧盟委员会与社会非政府组织的互动关系特点；娜塔莉·托希（Nathalie Tocci）编辑的《欧盟、公民社会与冲突》④ 一书，探讨的是在冲突解决过程中欧盟与该领域非政府组织的密切合作。

斯提金·斯密斯曼（Stijn Smismans）、詹斯·斯戴菲克（Jens Steffek）、威廉姆·A. 马洛内（William A Maloney）、奥尔莱克·列伯特（Ulrike Liebert）、马可·玛斯西亚（Marco Mascia）、简·W. 冯·戴斯（Jan W. Van Deth）、比特·科赫勒·科赫（Beate Kohler Koch）、阿

---

① Rachel A. Cichowski, *The European Court and Civil Society：Litigation, Mobilization and Governance, Cambridge University Press*, 2007.

② Inga Immel, *Access to European Justice for Environmental Civil Society Organizations*, Peter Lang, 2011.

③ Corinna Wolff, *Functional Representation and Democracy in the EU：the European Commission and Social NGOs*, ECPR Press, 2013.

④ Nathalie Tocci ed., *The European Union, Civil Society and Conflict*, New York, Routlege, 2014.

卡·库泰（Acar Kutay）、路易斯·博扎·加西亚（Luis Bouza Garcia）
以及克里斯提阿诺·比（Cristiano Bee）所编辑或著述的书籍则分别探
讨了非政府组织与欧盟机构之间的总体互动关系，以衡量非政府组织
作为整体对欧盟善治及合法性的作用。当然这里有对非政府组织寄予
厚望的篇章；也有因非政府组织的局限性而对其作用有所怀疑的判断
和总结。①

　　梅克·罗德坎普（Meike Rodekamp）的《会员的声音：欧盟中
的公民社会组织》②，哈坎·约翰森（Hakan Johansson）的《欧盟
公民社会组织：合作、竞争与冲突的模式》③，以及卡洛·鲁扎的专

----

① Stijn Smismans ed. , *Civil Society and Legitimate European Governance*, Edward Elgar, 2006; Carlo Ruzza ed. , *Governance and Civil Society in the European Union: Exploring Policy Issues*, volume 2, Manchester University Press, 2007; Jens Steffek ed. , *Civil Society Participation in European and Global Governance: A Cure for the Democratic Deficit?* Palgrave Macmillan, 2008; William A. Maloney & Jan W. Van Deth eds. , *Civil Society and Governance in Europe: From Nation to International Linkages*, Edward Elgar, 2008; Ulrike Liebert & Hans Jorg eds. , *The New Politics of European Civil Society*, Routledge, 2011; Marco Mascia, *Participatory Democracy for Global Governance: Civil Society Organizations in the European Union*, P. I. E. Peter Lang, 2012; Jan W. Van Deth & William A. Maloney eds. , *New Participatory Dimensions in Civil Society: Professionalization and Individualized Collective Action*, Routledge, 2012; Ulrike Lieber, Alexander Gattig and Tatjana Evas eds. , *Democratising the EU From Below?: Citizenship, Civil Society and the Public Sphere*, Ashgate Publishing Company, 2013; Beate Kohler Koch and Christine Quittkat, *De-mystification of Participatory Democracy: EU Governance and Civil Society*, Oxford University Press, 2013; Acar Kutay, *Governance and European Civil Society: Governmentality, Discourse and NGOs*, Routledge, 2014; Luis Bouza Garcia, *Participatory Democracy and Civil Society in the EU: Agenda-setting and Institutionalization*, Palgrave Macmillan, 2015; Cristiano Bee ed. , *Framing Civic Engagement, Political Participation and Active Citizenship in Europe*, Routledge, 2015.

② Meike Rodekamp, *Their Members' Voice: Civil Society Organizations in the European Union*, Springer VS, 2014.

③ Hakan Johansson ed. , *EU Civil Society: Patterns of Cooperation, Competition and Conflict*, Palgrave Macmillan, 2015.

著——《欧盟公民社会组织领域的变化：制度化，差异性和挑战者》①，则都以欧盟层面的非政府组织为研究主体，以欧盟超国家机构为背景陪衬，总结梳理了这些非政府组织的基本组织构成，会员组织的运作特点，各个组织之间横向的合作和竞争关系等。可以说，上述专著都是从提升欧盟合法性的角度来审视欧盟与非政府组织的互动关系的。然而罗莎·桑科兹·萨尔加多（Rosa Sanchez Salgado）的著作——《使公民社会欧洲化：欧盟如何塑造公民社会组织》②，则是从欧盟缜密的制度和议程设置的角度分析了欧盟这一超国家组织用自己的规制、原则以及金元将非政府组织的行动路径更多地掌控在欧洲一体化的整体大战略之下的过程。该书的视角非常独特，笔者也颇为认同其点破的欧盟与非政府组织之互动关系的实质。

在围绕欧盟与非政府组织互动关系的国外学术论文中，德国曼海姆大学著名学者比特·科赫勒·科赫一直著述颇丰，在业内也相当有影响力。他的论文《欧洲公民社会的三个世界——我们需要怎样的公民社会以服务于怎样的欧洲》《什么是公民社会以及谁在欧盟中代表公民社会？——针对公民社会专家的网上调查结果》《怎样捋顺一切？评价公民社会对欧盟可信度的作用》等都更多地强调了非政府组织在弥补欧盟民主赤字方面力所不能及的局限性。尤其是在《公民社会和欧盟民主：花钱从公众那里买来的代表性》和《欧盟社会关系的制度塑造：一种通过参与对民主的贡献》这两篇文章中，他更是指出欧盟通过提供大量资金资助非政府组织进行项目运作，是一种用金元购买来的代议制民主的补充剂，而从本质上说，欧盟是在对非政府组织进

① Carlo Ruzza, *Changes in the Field of EU Civil Society Organizations：Institutionalization, Differentiation and Challengers*, Palgrave Macmillan, 2015.

② Rosa Sanchez Salgado, *Europeanizing Civil Society：How the EU Shapes Civil Society Organization*, Palgrave Macmillan, 2014.

行制度性形塑。① 此外，克里斯汀·玛霍尼（Christine Mahoney）和麦克·J. 贝克斯特兰德（Michael J. Beckstrand）合作的文章——《跟随金钱：欧盟对公民社会组织的资助》②，以及罗莎·桑科兹·萨尔加多的论文——《欧盟利益代表再平衡? 结社民主和欧盟对公民社会组织的资助》③ 则通过较为扎实的实证研究，考察了欧盟对公民社会组织的资助情况。前者以 2003 年到 2007 年间的 1164 个公民社会组织从欧盟委员会获得的资金资助入手，研究了欧盟的资助行为特点，并得出结论：欧盟更倾向于对那些在欧盟层面运作，且以促进欧洲整体认同、民主、公民参与和跨文化交流为运作宗旨的非政府组织提供资助；后者以自 2007 年到 2010 年欧洲主要社会非政府组织从欧盟获得的资助作为切入点，发现了欧盟的资助明确指向那些为利益被剥夺的阶层发声的公民社会组织，在一定程度上修正了欧盟内部利益代表的不平衡性。最后，随着欧盟周边国家战略中的"地中海联盟"和"东部伙伴关系联盟"在近些年来的相继建立，非政府组织在欧盟外部关系中的作用也开始受到学者们的关注。其中，科斯塔斯·克提卡基斯（Kos-

① Beate Kohler-koch, "The Three Worlds of European Civil Society——What Role for Civil Society for What Kind of Europe?", *Policy and Society*, Vol. 28, No. 1, 2009, pp. 47 – 25; Beate Kohler-koch, "What is Civil Society and Who Represents Civil Society in the EU? —Results of an Online Survey among Civil Society Experts", *Policy and Society*, Vol. 28, No. 1, 2009, pp. 11 – 22; Beate Kohler-koch, "How to Put Matters Right? Assessing the Role of Civil Society in EU Accountability", *West European Politics*, Vol. 33, No. 5, 2010, pp. 1117 – 1141; Beate Kohler-koch, "Civil Society and EU Democracy: 'Astroturf' Representation", *Journal of European Public Policy*, Vol. 17, No. 1, 2010, pp. 100 – 116; Beate Kohler-koch & Barbara Finke, "The Institutional Shaping of EU-Society Relations: A Contribution to Democracy via Participation", *Journal of Civil Society Studies*, Vol. 3, No. 3, 2007, pp. 205 – 221.

② Christine Mahoney & Michael J. Beckstrand, "Following the Money: European Union Funding of Civil Society Organizations", *Journal of Common Market Studies*, Vol. 49, No. 6, 2011, pp. 1339 – 1361.

③ Rosa Sanchez Salgado, "Rebalancing EU Interest Representation? Associative Democracy and EU Funding of Civil Society Organizations", *Journal of Common Market Studies*, Vol. 52, No. 2, 2014, pp. 337 – 353.

tas Kourtikakis）和艾卡特里娜·特基娜（Ekaterina Turkina）合著的
《欧盟对外关系中的公民社会组织：东部伙伴关系和地中海联盟中的
组织间网络研究》[①] 便是以此为主题的较有前瞻性的论文。

第二节　研究的理论意义与现实意义

一　研究的理论意义

（一）拓宽国内对欧洲一体化进程的研究视角

国内学界有关欧洲一体化的研究成果极为丰富，几乎涉及了该问
题领域的方方面面。近 5 年来，国内学者更是从"对欧洲一体化的解
释"以及"关于欧盟经济治理、宪政化和共同外交与安全政策改革"
等多个方面对欧洲一体化展开了全方位的研究以及反思。然而，由于
仍然未能脱离传统的国家中心主义的研究视阈，因此尽管非政府组织
无论是在对欧盟机构的政策决策倡导方面还是在承接欧盟的援助项目
方面都相当活跃，然而这些不具有国际法主体资格，同时还要靠主权
国家或政府间国际组织"输血"才能存活的非国家行为体还是被极大
地忽略了。随着 2000 年以来西方学者（特别是欧洲学者）对于非政
府组织有可能通过"结社民主"（Associative Democracy）的渠道来弥
补欧盟代议民主制的严重赤字这一可能性产生了极大兴趣，西方学界
开始对这一问题展开更深入的研究，其主要目的就是探究非政府组织
这一近三十年来极为活跃的非国家行为体是否能够以自下而上的方式
成为推动欧洲一体化进程的重要力量。因此，国内学界有必要将这一
从非国家行为体的角度考察欧洲一体化进程的视角加以引介并进行进
一步的研究，以拓宽国内欧洲一体化进程的研究视野。

（二）丰富国内对非政府组织与政府间国际组织的互动关系研究

对于非政府组织而言，最主要的两个互动对象除了主权国家就是

---

① Kostas Kourtikakis & Ekaerina Turkina, "Civil Society Organizations in European Union External Relations: A Study of International Networks in the Eastern Partnership and the Mediterranean", *Journal of European Integration*, Vol. 37, No. 5, 2015, pp. 587 - 609.

政府间国际组织。在西方学界，有关非政府组织与后者之间的关系研究可谓全面开花，广泛涉及联合国、国际货币基金组织、世界贸易组织、欧盟、非洲联盟、东南亚国家联盟、G20 等非常重要的全球及区域性的政府间国际组织。特别是得益于欧盟从历史渊源与现实需要两方面对非政府组织作用发挥的长期重视以及欧洲非政府组织的总体健康发展，西方学界对欧盟框架下的非政府组织的研究成果相对更为丰富。而反观国内学界，在非政府组织与政府间国际组织的互动研究成果方面，我们将研究重点主要集中在了非政府组织在联合国框架下的运作方式、规律及其相关特点上。虽然就非政府组织对其他重要政府间国际组织（如国际货币基金组织以及世界贸易组织等）的参与也稍有涉及，但相关研究明显不足。特别是对欧盟框架下的非政府组织的运作规律及这些组织与欧盟超国家机构之间的具体相互作用关系，因相关研究极其有限，目前我们还无法较为准确地把握。因此，开启对欧盟框架下的非政府组织的研究，是对国内非政府组织与政府间国际组织互动关系研究内容的拓宽和丰富。

二 研究的现实意义

（一）了解欧洲非政府组织的运作特点，为在华国际非政府组织的有效管理提供借鉴

从 2014 年 12 月至 2015 年 4 月，经十二届全国人大常委会先后两次对相关法律草案的审议，十二届全国人大常委会第二十次会议于 2016 年 5 月表决通过了《中华人民共和国境外非政府组织境内活动管理法》（以下简称《管理法》）。这一方面说明境外非政府组织的在华活动首次有法可依，另一方面也表明国内相关政府部门主动规范和引导在华境外非政府组织活动的强烈意愿和决心。目前在中国境内不乏一些有着欧洲背景的国际非政府组织的存在，如若希望在保障这些组织合法权益的基础上真正促进彼此的交流与合作，最大限度地发挥这些组织对中国社会发展的促进作用，我们就需要在《管理法》的基础上，尽可能多地掌握这些有欧洲背景的非政府组织的基本运作特点及

通常情况下这些组织与主权国家政府之间"互为建构"的途径和规律。因此，了解欧盟框架下非政府组织与欧盟的互动关系特点，努力把握欧洲非政府组织倡导和运作的方式和总体规律，就可以在一定程度上为对有着欧洲背景的在华国际非政府组织的有效管理提供相应的借鉴。毕竟硬性的法律规范不能完全代替实践中对现实问题的完美解决。因此，只有在依循法律的基础上对对方有着充分的了解，才是发挥其优势同时又抑制其潜在风险的前提基础。

（二）借鉴欧盟对非政府组织的议程设置经验，有效引导国内非政府组织的倡导

近些年来，尽管中国国内非政府组织有了长足的发展，但由于起步较晚，相比国外的非政府组织运作，特别是在草根非政府组织的可持续发展及其对政府职能的补充作用方面，还是不能尽如人意。从根本上说，政府对如何充分发挥草根非政府组织的优势特点还缺乏较为具有战略性和前瞻性的总体制度设计。而欧盟通过创设大量的运作与倡导渠道，主动对非政府组织进行议程设置的经验，就不乏可取之处。首先，无论是对欧盟相关政策决策进行倡导还是希望承接欧盟在特定问题领域内的具体操作项目，努力成为欧洲化了的（在欧洲层面进行广泛运作的）非政府组织是一个前提条件；其次，这些组织要严格按照欧盟的既有程序规定提交项目申请和具体倡导意见和建议，这是这些非政府组织的意见被采纳和项目申请被批准的第二前提。真正成为为欧盟谏言，替欧盟实施项目运作的重要欧洲非政府组织，做一个"内部人"（Insider）而非"外部人"（Outsider）已经成为欧洲大部分非政府组织的共识。而这就要求欧洲非政府组织彻底放弃激进的或冲突式的对抗性倡导模式，真正以理性判断、科学研究和多年运作经验为依托，进行有针对性的意见倡导和操作项目运作。欧盟超国家机构针对非政府组织的议程设置而进行的这种技高一筹的"预设置"的制度安排，具备了极为高超的战略性前瞻意识，值得中国政府在引导国内非政府组织的运作及倡导时进行借鉴。

第三节 研究的理论基础：政治机会结构理论

政治机会结构理论兴起于 20 世纪 90 年代，是美国与西方社会运动研究中的四大政治过程理论之一。[①] 其概念在美国学者彼得·艾辛格（Peter Eisinger）[②] 研究美国四十多个城市的抗议活动比较时首次提出。经过多年的讨论与发展，尤其是经由西德尼·塔罗（Sidney Tarrow）[③] 的杰出贡献，其理论化程度大大提升，逐步发展为独立的社会研究范式，并成为当今政治社会学中解释社会运动和集体行动的主导范式之一。

与传统社会运动理论相比，政治机会结构理论采取更加宏观的视角，区分政体内成员与政体外成员（如非政府组织），重视政体内外人员的双向沟通与联盟，以更好地解释社会运动中的政治现象[④]。此外，该理论还主张社会运动是政治参与的过程，参与者选择加入社会运动是利益考量和理性判断的选择[⑤]。而一个社会中社会运动的多寡是由运动对资源的获取及政治机会的多少决定的：在给定的一段时期内，社会中能为社会运动提供的资源越多，政治机会越多，则社会运动就越有发生的可能性，而其规模也会越大。[⑥] 显然，政治机会结构

---

① 赵鼎新：《社会与政治运动讲义》，社会科学文献出版社 2006 年版，第 37—39 页。

② Peter K. Eisinger, "The Conditions of Protest Behavior in American Cities", *American Political Science Review*, 67 (01), pp. 11 – 28.

③ Sidney Tarrow, *Power in Movement*: *Social Movements*, *Collective Action and Politics*, New York: Cambridge University, 1998, pp. 17 – 18.

④ Charles Tilly, *From Mobilization to Revolution*, Mcgraw-Hill College, 1978, pp. 53 – 54.

⑤ ［美］曼瑟尔·奥尔森：《集体行动的逻辑》，陈郁、郭宇峰、李崇新译，上海人民出版社 1995 年版。

⑥ 赵鼎新：《社会与政治运动讲义》，社会科学文献出版社 2006 年版，第 181—182 页。

理论所侧重探讨的一个重要方面就是社会运动或集体行动所在的政治环境及该政治环境可能为运动过程中的参与者所提供的资源。具体而言就是在此期间相关法律政策的变化、政治精英的决策以及制度安排的调整，对社会运动的行动策略、组织能力、关系网络、抗争结果所带来的影响。①

除关注社会运动中资源的利用外，政治机会是政治机会结构理论的另一个重要核心。政治机会结构作为国家与社会关系的抽象化表达，通常是指一个政体的开放或封闭程度。在开放程度较高的政体中，特定的社会阶层可以通过政体开放的渠道与路径诉诸政治请求，即高效输入（Input）；同时，政体也可以对社会阶层的政治诉求做出迅速反应，即高效输出（Output），输入与输出的渠道较多且处理较快。与此相对的则是较为封闭的政体模型，在此政体中，权力较为集中，社会阶层的政治诉求难以轻易地输入政体内部，或政体对该诉求置若罔然，社会阶层通过社会运动等政治行动来满足自己诉求的机会较少，行为便受到限制。②

美国著名社会学家道格·麦克艾德姆（Doug McAdam）在综合了多名政治机会结构理论家对政治机会出现的这一信号的研究之后，对产生政治机会的四大条件进行了归纳总结。第一个条件是制度化的政治系统的开放或封闭程度。换言之，社会群体是否存在社会运动的空间和机会，取决于特定政治体系下的政治系统是否相对开放。第二个条件是统治阶层中政治精英的同质性。在一般社会中，统治阶层的精英代表若同质性高，稳定性强，其制度化的政治系统就会更稳定，政体外的社会群体就难有机会增大影响力。第三是政体外的社会运动群体（如非政府组织）能否与政体内的政治精英结成联盟。当政体内的政治精英出于理性计算后，希望借助社会运动组织来实现自我目标时，

① 朱海忠：《西方"政治机会结构"理论述评》，《国外社会科学》2011 年第 6 期。

② Peter K. Eisinger, "The Conditions of Protest Behavior in American Cities", *American Political Science Review*, Vol. 67, No. 1, 1973, pp. 11 – 28.

社会运动组织就在某种程度上获得了对该政体政策决策施加影响力的能力，从而扩大了自身的政治参与机会。第四个条件是特定政体在压制社会运动方面的偏好。在其他条件给定的情况下，政体对社会运动的态度是决定运动能否成功的关键。如果政体处理社会行为体集体行动的态度和手段都比较包容和温和，则会有利于社会运动及组织的存在和发展。①

需要明确的一点是，政治机会结构绝不仅仅局限于国家层面的政治环境的变化上。事实上与之最紧密相连的并不只有主权国家本身，而是包括主权国家在内的不同层次的权势中心。换言之，哪里存在着权势中心，且该权势中心基本满足政治机会得以出现的四个基本条件，则特定社会行为体（如非政府组织）的集体行动就有可能指向哪里。而随着区域性的和全球性的政府间政治制度的出现，权势中心被延伸到了国家之上的又一层级，而相应的政治机会结构便延伸到了跨国的层次上。欧盟这一超国家的权势中心，恰恰为在欧洲层面进行跨国活动，并将集体行动的"矛头"指向欧盟的各类非政府组织提供了较为完善的政治机会结构。作为一个制度化程度较高的区域性政府间国际组织，欧盟除了通过专门的非政府组织咨商机构——欧洲经济和社会委员会吸纳非政府组织的意见、建议及知识和经验之外，其主要的超国家机构，如欧盟委员会、欧洲议会、欧盟理事会都陆续建立了与非政府组织在各问题领域定期互动的制度安排。可见欧盟超国家政治系统对于非政府组织的开放程度较高。而这样的开放程度又是基于一个重要前提，这便是欧盟的民主赤字和合法性的问题。在难于将传统的代议制民主模式应用在欧盟层面之时，包括欧盟的政策决策者在内的欧盟政治精英便开始进行理性计算，即调动代表着欧洲公民的各路非政府组织，积极参与到欧盟相关政策领域的讨论之中，拉近欧洲民众

---

① Doug McAdam, "Conceptual Origins, Current Problems, Future Directions", in Doug McAdam, John G. MoCarthy and Mayer N. Zald, eds., *Comparative Perspective On Social Movement: Political Opportunity, Mobilizing Structures, and Cultural Framings*, Cambridge University Press, 1996, pp. 23 – 40.

与欧盟超国家机构的距离和加深对欧盟政策的理解，从而凝聚人心。这既有利于提升欧盟自身的合法性，又可在一定程度上促进整体的欧洲认同。政治机会结构几近完美的欧盟超国家政治系统，其内部政治精英的同质化程度极高，因此其系统的稳定性也非常强。而这种稳定性超强的政治系统往往在特定政治机会的提供上，有着较为游刃有余的战略把控能力。这就导致了非政府组织试图利用开放的政治机会对欧盟的政策决策进行议程设置，但事实上却在相当程度上被欧盟引导入各个特定问题领域，并严格按照欧盟所要求的互动方式对之进行倡导的路径之中。尽管非政府组织与欧盟之间仍然是一个彼此相互建构的过程，但欧盟对非政府组织的"预设置"考量则显得更深谋远虑。本书的主要目的就是从政治机会结构理论这一理论基础出发，在几个典型问题领域内还原各类非政府组织与欧盟主要超国家机构之间的频密互动；在解构欧盟自上而下提供政治机会形塑非政府组织集体行动策略、模式和相应结果的同时，凸显欧盟在吸纳非国家行为体参与推进欧洲一体化进程中的战略实践。

第四节　相关概念的界定与选取

一　非政府组织与公民社会组织

关于"非政府组织"和"公民社会组织"这两个概念，绝大部分中外学者都有一个共识，那就是迄今为止它们的语义仍然比较模糊，难于准确界定。对于前者，笔者曾在《当代国际政治中的非政府组织》一书中对这一概念所指称的组织群体有过较为细致的探讨[①]，因此在本书中不做赘述，且本书仍然继续沿用当时对"非政府组织"的界定：在地方、国家或国际级别上组织起来的非官方的、非营利性的、具有社会公益性的、自愿公民组织。

[①] 徐莹：《当代国际政治中的非政府组织》，当代世界出版社 2006 年版，第 13—15 页。

相较于"非政府组织"的概念,"公民社会组织"的界定难度更大,一切皆因"公民社会"一词。事实上无论在西方学界还是中国,对其内涵的深入探讨和追索始终层出不穷,但至今这一概念仍然未能被全面准确地厘清。① 以中国学者在"公民社会"概念解释上的尝试为例,就可见一斑。中国社科院研究员葛道顺曾在其论文中指出:"'公民社会'是以宪法界定的政治概念,以'公民'为基础,强调'公民社会'的政治学意义,即公民的公共参与和公民对国家权力的制约。"② 原中央编译局副局长、北京大学教授俞可平则认为,公民社会指国家或政府系统,以及市场或企业系统之外的其他组织、关系和行动的总和,它是官方政治领域和市场经济领域之外的社会公共领域。③ 如果从他们的界定进一步推展,"公民社会组织"就是能够让公民实现公共参与并对国家权力进行制约的组织,又是在国家和市场之外的社会公共领域运作的组织。显然,尽管两位学者的概括和解释水准已相当之高,但我们对"公民社会组织"的理解仍然难于达致清晰。不仅如此,在其勃兴之初的20世纪90年代后半期,"公民社会"一词还被广泛应用于拉美、东欧和亚洲的所谓"民主浪潮"中,动辄与反共或反军事独裁相提并论④。综上所述,这一在西方有着特定语义背景的模糊概念在中文语境下的应用不仅稍显尴尬,同时也缺乏足够的解释力。

其实,就其英文的字典含义而言,"公民社会"(Civil Society)在西方一般指称的是"非政府组织及所有宣示公民利益与意愿之制度的

---

① Beate Kohler-koch, "What is Civil Society and Who Represents Civil Society in the EU? —Results of an Online Survey among Civil Society Experts", *Policy and Society*, Vol. 28, No. 1, 2009, pp. 11 – 22.

② 葛道顺:《中国社会组织发展:从社会主体到国家意识——公民社会组织发展及其对意识形态构建的影响》,《江苏社会科学》2011 年第 3 期。

③ 俞可平:《中国公民社会研究的若干问题》,《中共中央党校学报》2007 年第 6 期。

④ Benny D. Setianto, "Somewhere in Between: Conceptualizing Civil Society", *International Journal of Not-For-Profit Law*, Vol. 10, No. 1, 2007, pp. 109 – 118.

总和"。① 从这一定义中可以看出，非政府组织被看作是公民社会的典型代表。而作为独立于国家和市场的"第三部门"组织，公民社会组织在西方更多地被理解成为"由普通民众组织成立的非国家的，非营利的，公民志愿组织"。这类组织群体总是从社区、邻里、工作环境及其他社会关系中"汲取营养"，"从而作为公民践行公民参与精神的管道，帮助促进社会及经济发展"。② 从世界卫生组织于 2002 年给出的这一公民社会组织的定义考察，公民社会组织的概念基本等同于非政府组织的概念。欧盟虽然没有对"公民社会"做出明确的界定，但是欧盟委员会曾于 2001 年列举了"公民社会组织"内部所涵盖的组织类别，即"公民社会组织"包括了工会组织、雇主协会、非政府组织、专业协会、慈善机构、草根组织，以及发动公民在城市和地方层面为教会和宗教群体做出贡献的组织。③ 尽管欧盟委员会是将非政府组织作为公民社会组织的类别之一加以看待的，但是根据中国国内对非政府组织的传统分类习惯，包括工会、雇主协会、专业协会等在内的其他所有在列的组织或机构，都可以被归入到非政府组织的范畴之内。从这一角度而言，公民社会组织还是可以被看作是能够与非政府组织彼此借用的相似概念。因此，本书会更多地使用非政府组织一词，但公民社会组织一词也会被适当地使用，特别是在论及欧盟的相关超国家机构所发布的涉及这一群体的官方文件时。

二 政治机会结构中的"可选择的制度性结构"及"组织资源"

在非政府组织活动极为活跃的欧洲，政治社会学中的社会运动理

---

① Dictionary. com，"Civil Society-Define Civil Society at Dictionary. com"，http：// www. dictionary. com/browse/civil-society？ r = 66.

② External Relations and Governing Bodies of World Health Organization，"Review Report：WHO' Interaction with Civil Society and Nongovernmental Organizations"，2002，http：//www. who. int/civilsociety/documents/en/RevreportE. pdf.

③ European Commission， "European Governance：The White Paper"，Brussels，2001.

论被广泛应用于对非政府组织参与欧洲各主权国家乃至欧盟超国家机构治理的研究之中。事实上，大家的一个研究共识是，主权国家和政府间国际组织作为权势中心，可以为非政府组织这种特定社会行为体的集体行动（包括跨国集体行动）提供相应的外部环境；而这种被称作"政治机会结构"的外部环境或格局，则极大地影响着非政府组织集体行动的策略和方式，当然非政府组织也对该环境格局具有一定的反作用力。政治机会结构的主要构成要素包括两个，一个是可选择的制度性结构，一个是组织资源。所谓"可选择的制度性结构"是指政府间国际组织为非政府组织正式参与其政策决策进程而特别进行的法律和制度化安排，例如搭建与非政府组织进行互动的法律架构或者组织吸纳非政府组织作为成员或观察员参加的工作组或特定会议等。这也是一个具有一定开放程度的国际政治权力中心（如欧盟的超国家机构）应当具备的一项基本能力。在这方面，联合国和欧盟所具备的政治机会结构最为健全。所谓组织资源则包括两方面的含义，一方面是指非政府组织可以赖以生存和发展下去的物质性组织资源，如来自政府间国际组织的项目或活动资金资助，甚至是组织建立之初的启动资金[1]；另一类组织资源则是非物质性的，主要是指特定政府间国际组织（如欧盟）对非政府组织的倡导和运作所长期持有的、根植于西方政治哲学传统的开放包容态度。[2] 从政治机会结构的这两个主要构成要素角度看，欧盟无论是从制度性结构安排还是在组织资源的提供上都表现突出。而如此开放和包容的政治机会结构，也让绝大多数欧盟框架下的非政府组织选择在欧盟所设置的政策决策参与架构之内，以"内部人"的方式进行运作和倡导。换言之，欧洲非政府组织主要依

---

① 一些在欧盟层面建立的非政府组织确实是得益于欧盟相关超国家机构，如欧盟委员会的资助。

② 徐莹：《当代国际政治中的非政府组织》，当代世界出版社 2006 年版，第16—18 页，第 60—65 页。

靠现有的政治机会来参与欧盟的政治进程。① 对于欧盟促进传统形式政治参与的这一研究共识已经得到多个实证研究的印证。② 美国著名政治社会学者盖里·马克斯（Gary Marks）和道格·麦克艾德姆通过对欧洲环境非政府组织的考察很早就已发现，通常情况下社会运动表现为在既有政治沟通渠道之外所进行的，非制度化的、更具表征意义的大规模抗议行动，但与之极为不同的是，欧盟框架下的非政府组织对欧盟的游说却仍然采取传统的温和倡导模式，也就是主要通过制度化了的，精英游说的方式不断与既有的欧盟超国家机构进行互动。③ 而他们当时的研究发现迄今仍然反映了非政府组织与欧盟超国家机构之间的基本互动现状。

三　非政府组织的倡导（游说）和运作（操作）

在非政府组织与权势部门的互动中，（政策的）倡导和（项目）运作是其最主要的行动实践。所谓倡导（游说）是指非政府组织为推动和维护某项特定事业而试图影响相关政策的行动；而运作（操作）则一般指非政府组织规划、承接并完成与发展相关的项目。

（一）倡导（游说）（Advocacy/Lobby）④

追根溯源，英文倡导一词"Advocate"是由拉丁语"Advocare"衍生而来，其拉丁语原意为"召唤证人"。《布莱克法律辞典》对名词"Advocate"的解释是"为他人提供援助、辩护或抗辩的人……在法庭

---

① Chris Hilson, "New Social Movements: the Role of Legal Opportunity", *Journal of European Public Policy*, Vol. 9, No. 2, 2002, pp. 238 – 255.

② Rosa Sanchez Salgado, *Europeanizing Civil Society: How the EU Shapes Civil Society Organizations*, Palgrave Macmillan, 2014, p. 43.

③ Gary Marks and Doug McAdam, "On the Relationship of Political Opportunities to the Form of Collective Action: the Case of the European Union", in Donatella Della Prta, Hanspeter Kriesi and Dieter Rucht eds., *Social Movements in a Globalizing World*, Macmillan Press LTD, 1999.

④ 徐莹：《中国面对国际非政府组织倡导下的战略应对》，《黑龙江社会科学》2012 年第 1 期。

上或法官面前为他人提供法律建议、帮助以及负责陈述动机";而《柯林斯英语词典》对动词"Advocate"的解释为"公开支持或介绍"。而在最近 20 年中,当世界各国的很多非政府组织纷纷开始以"Advocacy"(倡导)来定义自己的主要职能时,"Advocacy"(倡导)的语义则发生了一定程度的演变,它现在一般指的是"通过游说①获得相关权力部门的认可与支持,从而促使一些政策、惯例、观念甚至价值观发生改变的组织性政治行为"。比如,一些人权组织就将"Advocacy"(倡导)看作维护"普遍人权"的手段,倡导政治意识形态能够被参照"人权标准"而设立的国际公约来取代。当"Advocacy"(倡导)概念与一些社会运动相联系时,就并非仅仅是为了维护人权,而是用来呼吁政府将资源均分和社会平等纳入考虑范围,同时主张自主权。此类"Advocacy"(倡导)在经历了长时间的殖民统治,经济严重不平等的拉丁美洲尤其盛行,它通常具有公开的政治性,常以大规模支持者运动的方式试图改变现有政权结构。此外,很多西方环保人士不断通过媒体向政客或者企业进行宣传的行为则属于环境倡导的范畴。像绿色和平组织反对捕鲸、核试验、破坏原始雨林或者转基因生物等的"单一议题运动",就是环境领域非政府组织倡导的成功案例。

根据英国学者爱德华兹(Michael Edwards)② 对非政府组织倡导性质的概括性分析和判定,非政府组织对任何权势中心(如主权国家、政府间国际组织等)的倡导都可以从总体上分为两种主要形式。一种是合作性倡导,另一种是对抗性倡导。其中,第一种形式的倡导是非政府组织与特定权势中心所进行的有建设性的对话。一般而言,这类倡导的主要目的是试图影响权势中心的具体发展政策、计划或是

---

① 由于有相当数量的学者将非政府组织的倡导行为称之为"游说",因此本书中将"倡导"与"游说"并用,不对二者进行区分。

② Michael Edwards, "Does the Doormat Influence the Boot? Critical Thoughts on UK NGOs and International Advocacy", *Development in Practice*, Vol. 3, 1993, pp. 163 - 175.

发展项目。由于这种形式的倡导主要以合作为主而不具备对抗性质，因此容易得到权势中心的认可和接受。当然，该种倡导的有效性也特别有赖于非政府组织高水平的知识和技术手段以及在特定问题领域的长期实践经验。另一种倡导形式是对抗性的，它通常表现为对权势中心进行公开的批评、指责，乃至策动大规模的游行示威等社会运动以便达到改变权势中心的政治、社会进程和结构、甚至是意识形态的目的。[①] 欧盟框架下的各类非政府组织在与欧盟互动的过程中，主要是以"内部人"的身份，凭借自身的知识、技术及经验采取合作性倡导的方式对欧盟的主要超国家机构进行游说的。

（二）运作（操作）（Operation）

虽然倡导是欧盟框架下非政府组织的重要实践活动，但几乎所有与欧盟互动的非政府组织都是倡导与运作"两手抓"，尽管它们在倡导和运作上的侧重各有不同。这其中的一个重要原因是，非政府组织对欧盟的倡导意见和建议几乎都要来自其广泛的运作实践。因此，本书除了重点探究非政府组织针对欧盟的倡导之外，还选取了两类对运作实践最为倚重的非政府组织，一类是人道主义救援类非政府组织；另一类是活跃在冲突解决领域的非政府组织。众所周知，欧洲人道主义救援类非政府组织针对欧盟乃至联合国人道主义救援的相关政策倡导就是基于其对欧盟主导和资助下的全球人道主义救援运作实践的全面积极参与。因此本书第六章中对欧洲人道主义救援类非政府组织的具体运作实践和倡导活动及相关特点做了并重的论述。同时，由于欧盟在处理周边安全问题上极为审慎和低调，且涉入程度相对有限，这就决定了冲突解决领域内的欧洲非政府组织与欧盟的互动主要还处在承接和运作欧盟特定冲突解决项目的阶段，因此本书有关该问题的论述便主要侧重于冲突解决领域内非政府组织在欧盟资助下的具体项目运作。

---

① 徐莹：《中国面对国际非政府组织"倡导"下的战略应对》，《黑龙江社会科学》2012 年第 1 期。

第五节　欧盟层面的非政府组织归类

在本章第三节中探讨相关概念的界定时，本书曾简单列举了欧盟对"公民社会组织"的基本分类。但事实上，在欧盟框架下运作的非政府组织群体的种类相当复杂宽泛。的确，最初在布鲁塞尔与欧盟积极互动的非政府组织主要是雇员群体（Employee Groups）、工会组织和各种游说组织。但自从 2007 年欧盟委员会推出了指导欧盟各超国家机构与非政府组织互动的《沟通政策》（Communication Policy）、《欧洲公民计划》（The Europe for Citizens Programme），以及"公民对话"（Civil Dialogue）等一系列举措之后，欧洲非政府组织前往布鲁塞尔参与欧盟在相关问题领域政策决策的讨论甚至辩论的热情空前高涨。于是，它们开始积极通过各种公民对话模式，如网上沟通，面对面对话，讨论磋商和民意调查回应等，努力与欧盟的超国家机构进行频繁的接触和互动。这便促使在欧盟层面运作的非政府组织的数量不断增加。检索由欧洲议会和欧盟委员会联合运营的"透明注册"（Transparency Register）网页可以发现，截至 2016 年 9 月 29 日，总共有 9962 个非政府组织在该网站注册。[①]

欧盟的非政府组织群体不仅数量庞大，其组织网络也因组织背景的不同而"异彩纷呈"。例如欧盟层面的非政府组织的组织构成很像"俄罗斯套娃"，大一点的组织之下通常包含着小的组织，小的组织之下再包罗着更小的组织。而欧盟层面的单个非政府组织也可以由多个国家级别的非政府组织成员构成。简言之，欧盟层面的大部分公民社会组织的组织构成形态或结构基本上都属于网络组织（Network of Networks）或伞形组织（Umbrella Organization，Federation

---

① 透明注册是旨在参与并对欧盟各主要机构政策决策进程施加影响的非政府组织在欧盟的官方注册平台，当然，要获取欧盟机构的资金资助，也需要在该平台注册（http：//ec. europa. eu/transparencyregister/public/homePage. do）。

of Federations)。① 在伞形组织中，成员的构成来自不同的层级，有国家级别的，也有次国家或地方性的会员。它们从高到低，构成伞状结构。而在网络组织中，成员是来自欧盟层面或欧洲国家层面的公民社会组织，它们之间交错纵横、相互依赖、彼此配合。这种广泛存在的组织形态是与欧盟整体的治理结构相匹配的，即在欧盟的多层次网络治理模式下，非政府组织也呈现出了相应的多层次、多元化的特点。而大部分非政府组织，其内部结构都可以通过纵向和横向两个层次来理解。在纵向层次上，成员构成来自不同的层级，从草根到次国家、再到国家和超国家，都会有不同的组织机构参与。它们的身份都是非政府组织的成员，也都能参与到组织决策与组织活动中来。但它们彼此之间也存在层次活动的秩序。组织首先代表其下一层级的会员，即它们的直接会员，下一层级的会员再通过自己的结构吸纳、组织更广泛的会员，层层展开如同伞状。在横向层次上，各个成员具备极其广泛的代表性，它们来自不同的国家地区，代表不同的群体发声，传达各自的主张和诉求。还有一些组织，其成员之间甚至会出现交叉，呈现出更为复杂交错的网络结构。

根据法兹和史密斯两位学者的归纳②，迄今为止一直与欧盟进行密切互动的非政府组织主要有5种类型。第一，在布鲁塞尔建立代表处的欧盟成员国级别的非政府组织。第二，在布鲁塞尔设有长期的办事处的国际非政府组织（例如绿色和平组织、大赦国际、乐施会）。第三，在欧盟资助下于20世纪90年代纷纷建立的欧盟级别的大型伞状非政府组织。它们都以布鲁塞尔为总部，如欧洲反种族歧视网络（The European Network Against Racism）和欧洲环境署。第四，欧盟层面的非政府组织的组织平台。例如社会非政府组织平台（Social Plat-form）、绿10（Green10）、人权发展网络（Human Rights Development

① Annette Zimmer, *Governance and Civil Society* (*Working Paper*), 2007, http://nez. unl-muenster. de/download/Zimmer_ Civ_ Gov. pdf.

② Elodie Fazi & Jeremy Smith, *Civil Dialogue*: *Making it Work Better*. S. L. : Civil Society Contact Group, 2006.

Network）、发展类非政府组织联盟（CONCORD Alliance）以及文化群体的 EFAH 平台。第五，跨领域的欧盟非政府组织平台联合体。如公民社会联络群体（CSCG，EU Civil Society Contact Group）。它是由 8 个大型致力于公民权益和价值维护的非政府组织，为了促进欧盟的参与式民主、维护公众利益，共同组成的名为 CSCG 的非政府组织联合体。此外，哈坎·约翰森（Hakan Johansson）和萨拉·卡姆（Sara Kalm）也将欧盟框架下的非政府组织按照三个组织层次进行了划分，即欧盟层面的单个非政府组织、非政府组织平台以及非政府组织的元网络（Mega Network）①。其中，非政府组织的元网络指的就是欧盟多个层面非政府组织平台的联合体。

在借鉴上述两种分类的基础上，本书从纵向上将欧盟框架下的非政府组织分为四类，主要包括欧盟层面的单个非政府组织、非政府组织平台、非政府组织平台联合体、非政府组织搭建的社会运动网络。而从横向层面，本书通过借鉴美国社会学家萨拉蒙和安海尔的 ICNPO 分类法②，根据非政府组织所从事的主要活动将欧盟框架下的非政府组织分为文化娱乐类、教育研究类、健康类、社会服务类、环境类、法律倡议与政党类等 12 种类型。本书出于研究的需要，将交叉使用这几种分类方法。

欧盟层面的单个非政府组织构成了"透明注册"平台上的大多数。它们按照 ICNPO 分类法，又可再细分为多种类型。比如环境伙伴协会（Environmental Partnership Association）属于环境类单个非政府组织；而欧洲骑行者联合会（European Cyclists' Federation）则属于运动

---

① Hakan Johansson and Sara Kalm, "Thinking Relationally: Questions, Themes and Perspectives for the Study of EU Civil Society", in Hakan Johansson & Sara Kalm eds. , *EU Civil Society: Patterns of Cooperation, Competition and Conflict*, Palgrave Macmillan, 2015, pp. 3 – 7.

② Lester M. Salamon & Helmet K. Anheier, *Defining the Nonprofit Sector: a Cross-national Analysis*, Manchester and New York: Manchester University Press, 1997, pp. 56 – 81.

健康类的单个非政府组织。这类组织在不同的问题领域代表着特定群体的利益，主要在布鲁塞尔对欧盟的各相关超国家机构展开游说或承接欧盟的相关操作项目，有时也在成员国层面开展倡导活动。单个非政府组织在组织目标、组织资源和组织发展条件方面可谓千差万别。有些组织条件优越，在布鲁塞尔市中心拥有办公室和雇员，也经常能够从欧盟机构获得可观资助。它们在政策倡导方面十分专业，相较于"外部人"激进的对抗式倡导，这些组织更倾向于采取欧盟所希望的"内部人"游说行动。像书写立场文件、安排各种会议，发布新闻简讯、进行项目运作更是这些组织轻车熟路的工作常态。也有些组织并不具备上述这些丰富的组织资源，也不见得一定会获得欧盟机构的资助，但仍坚持在欧盟层面努力参与咨商和讨论，以便能够让欧盟机构和其他非政府组织听到其所代表群体的呼声。欧盟层面的单个非政府组织很多都在欧洲拥有大量的国家级成员组织，而这些成员组织本身也常常是所在国家的伞形组织。以欧洲消费者组织为例，这一总部位于布鲁塞尔的消费者权益保护类非政府组织以伞状架构组合在一起，囊括了来自 31 个欧洲国家的 41 个国家级消费者组织，主要致力于对欧盟所有可能影响欧洲消费者权益的政策决策及其进展进行调查并谏言，其调查重点主要集中在最受欧洲消费者关注的五个方面：金融服务、食品、数字权益、消费者权益保护及可持续发展方面。总体而言，欧盟层面的单个非政府组织主要向其国家级成员传达欧盟政策发展的相关信息，同时也把国家层面的具体情况向上反映，因此，这类组织经常被称作"传送带"（Transmission Belt）组织。

非政府组织平台处于第二层级。这一平台把在同一问题领域内运作的单个非政府组织聚合起来，以期集中优势力量，应对本领域内共同关注的重大问题。当这种平台式的非政府组织力量聚合与协调合作以特定模式被固定下来之后，欧盟就会对之产生极大的兴趣，因为欧盟可以利用这些平台的宽度充分与多个非政府组织建立咨商关系，随时就该问题领域所面临的瓶颈与障碍对非政府组织进行意见征集和知识及技术咨询。从这一角度讲，非政府组织平台获得欧盟资助的几率也相当高。非政府组织平台的一个典型案例就是"欧洲社会非政府组织平台"。该平台将 47 个在社会政策和反歧视领域内运作和倡导的非政府组织汇聚在一起。另一个案例是 2003 年建立的"和谐平台/欧洲救济与发展 NGO 联合会"（CONCORD, European NGO Confederation for Relief and Development），它积聚了全欧 1800 个发展类非政府组织。而其前身，创建于 1976 年的"欧洲发展类非政府组织联络委员会"（CLONG）则是首个获得欧盟资助并建立的非政府组织平台之一。始建于 2001 年的"欧洲构建和平联络办"（EPLO, The European Peace-building Liaison Office）则是安全领域内欧洲非政府组织的一个重要平台。这个由来自 13 个欧洲国家（其中 10 个欧盟成员国，外加科索沃、挪威和瑞士）的 37 个欧洲非政府组织和跨国非政府组织网络组成的平台，主要在安全、防御、发展政策与欧盟周边政策等方面对欧盟超国家机构实施倡导。

非政府组织平台联合体是欧盟框架下非政府组织的第三类组织形式。它是由多类非政府组织平台组成的更为广泛的合作和对话机制。与单个的非政府组织平台相比，联合体内各非政府组织平台之间合作的制度化程度没有那么高。非政府组织平台联合体的一个典型代表是"公民社会联络群体"，它于 2002 年成立，其成员包括"和谐平台/欧洲救济与发展 NGO 联合会""绿 8"① "欧洲社会非政府组织平台""人权与民主网络组织"（Human Rights and Democracy Network）、欧洲公共健康协会（European Public Health Alliance）、欧洲终身学习公民社会平台（European Civil Society Platform on Lifelong Learning）以及欧洲妇女游说团（European Women's Lobby）②。这一囊括了发展、环境、人权、健康、公民成长和性别平等等主题的非政府组织平台联合体

---

① 是欧盟著名的环境保护类非政府组织平台，由欧盟的主要环保非政府组织组成，目前名为"绿 10"。

② 在法兹和史密斯的归纳中，欧洲妇女游说团是欧盟层面的大型伞状非政府组织。但在 CSCG 平台联合体中，它又被视作欧洲妇女非政府组织的平台组织。在本书中，欧洲妇女游说团总体还是被视作大型的单个伞状非政府组织。

"旨在在欧盟范围内的所有主要问题领域代表权益和价值维护型非政府组织的主张和利益"。① 迄今为止，该联合体组织的最大的两次活动是 2013 年和 2014 年的"欧洲'公民'峰会"（European "Citizen" Summit）。其中 2013 年的"第一次公民峰会"是与官方的"欧盟峰会"并驾齐驱的"影子峰会"，即在欧盟官方峰会的讨论之外，这些非政府组织团体齐聚一堂，创造公民对话的氛围，组织欧洲普通民众的代表来探讨欧盟的未来，并培养一种共同拥有和创造欧盟未来的责任感。② 2014 年的欧洲公民峰会主题则为"欧洲成长困扰之外：所有人的权益、公正和民主"（Beyond Europe's Growth Obsession：Rights, Justice and Democracy for All）。峰会召开的时间选择在新的欧洲议会形成之时，并多次邀请欧洲议会议员参加讨论的事实都说明，"公民社会联络群体"旨在利用这一契机，在联合体内多个非政府组织平台最为擅长的包括全球正义、公共健康、文化、发展、性别平等等的问题领域向欧洲议会展开倡导，以便推动欧盟各国议员对特定主题的关注。③

除了上述三种正式的组织形式之外，欧盟层面还存在着一种在组织结构上较为松散的特殊组织类型，即非政府组织的社会运动网络。一般而言，社会运动网络（Social Movement Network）是在各类非政府组织支持下围绕某核心倡导议题临时组成（或其后长期存在）的社会运动倡议架构。它在短时间内完成极为庞大的非政府组织力量聚合，通过搜集公民网络签名和公民请愿等方式向欧盟特定的超国家机构提请听证。例如，围绕阻止欧盟—美国 TTIP 谈判这一议题，欧盟框架下

① Civil Society Contact Group, http：//cultureactioneurope. org/milestone/civil-society-contact-group/.

② Civil Society Contact Group, http：//cultureactioneurope. org/milestone/civil-society-contact-group/recent-milestones/cscg_ programnot_ citizensummit_ 2013/.

③ Civil Society Contact Group, http：//cultureactioneurope. org/milestone/civil-society-contact-group/recent-milestones/cscg_ citizensummit_ report2014/.

的最大社会运动网络就是"欧洲公民自组织动议——阻止 TTIP"① 社会运动网络。有超过 500 个欧盟成员国内部的非政府组织（包括工会组织在内）联合起来，共同支持该社会运动。同时该运动在多个欧盟成员国②都设有国家联络员，负责组织各欧盟成员国的非政府组织及其所号召的普通民众采取针对 TTIP 谈判的倡导行动，并协调各国非政府组织间的一致行动。非政府组织社会运动网络的最大优势就在于它迅速的动员和造势能力，以及借由网络和媒体等形成的巨大声势。当然一般情况下，在主要倡导行动结束之后，针对特定主题的社会运动网络也自然解体。

---

① The Self-organized European Citizen's Initiative Stop TTIP, http：//stop-ttip. org/about-stop-ttip/.

② 奥地利、比利时、保加利亚、克罗地亚、捷克、丹麦、爱沙尼亚、波兰、德国、希腊、匈牙利、爱尔兰、意大利、拉脱维亚、卢森堡、荷兰、葡萄牙、斯洛文尼亚、罗马尼亚、西班牙、瑞典和英国（http：//stop-ttip. org/national-contacts/）。

第 二 章

非政府组织被欧盟纳入治理
范畴的历史维度

总体而言，欧盟与欧洲非政府组织的互动关系到目前为止大致经历了三个历史阶段：20 世纪 50 年代至 70 年代的咨商阶段（Consultation）；20 世纪 80 年代至 90 年代的合作伙伴阶段（Partnership）和 2000 年至今的积极参与阶段（Participation）。[①]

第一节　咨商阶段（20 世纪 50 年代至 70 年代）

欧洲非政府组织对欧盟决策的参与过程最早可以追溯到欧洲煤钢共同体建立之时。如果说而今欧盟与欧洲非政府组织之间的互动已经被纳入到相对成熟的制度化和法律化的轨道之上，那么在欧盟草创之初，其对于非政府组织参与决策的制度设想还较为模糊。1951 年由欧洲六国签署的《巴黎条约》（*The Treaty of Paris*），于第 46 款提及了"生产商、工人及消费者"各自形成的协会组织[②]；同

---

　① Beate Kohler-koch & Barbara Finke, "The Institutional Shaping of EU-Society Relations: A Contribution to Democracy via Participation?", *Journal of Civil Society*, Vol. 3, No. 3, 2007, pp. 205 – 221.

　② 《巴黎条约》第 46 款（http://sixthformlaw.info/06_ misc/europe/04_ treaty_ of_ paris_ 1951. htm）。

时，在第 48 款也对欧共体与这些组织的关系做出了相应的规定："协会的组建权不受条约的影响。协会成员必须出自自愿……条约授权成立的咨询委员会将接受任何协会遵循相应程序所提交的来自其成员的相关建议……"① 经过六年的成长与磨合，通过《罗马条约》（*The Treaty of Rome*）于 1957 年正式建立的欧洲经济社会委员会（The European Economic and Social Committee）则将这些非政府组织咨商作用的发挥向制度化层面进一步推进。② 经济社会委员会由三个群体组成，分别是雇主群体（Employers' Group）、劳工群体（Workers' Group）和其他利益群体（如其他社会、职业性、经济类和文化性组织）。③ 很显然，经济社会委员会代表雇主、工会和中小企业及其环境组织等经济社会集团的利益，其典型的代表性组织便是各类非政府组织（也称"公民社会组织"）。它可以应欧洲议会、欧盟理事会和欧共体委员会这三个主要超国家机构的要求对欧共体在经济和社会方面的政策及其可能影响发表意见和建议。依据"新功能主义"④ 的解读，欧盟之所以在最初便纳入这些"功能性群体"，就是寄希望于通过强化欧盟的"功能性代表"来弥补这一超国家机构的民主赤字。⑤ 但在欧盟以经济共同体为初始形象的首秀之时，"统一的欧洲"被较为严格地限定在欧洲经济整合的范畴之内，因此，此段时期尽管无论在工业、农业、

---

① 《巴黎条约》第 48 款（http://sixthformlaw.info/06_ misc/europe/04_ treaty_ of_ paris_ 1951. htm）。

② 《罗马条约》第 3 条（Chapter 3）（http://www. hri. org/docs/Rome57/Rome57. txt）。

③ 欧洲经济社会委员会主页（http://www. eesc. europa. eu/? i = portal. en. groups）。

④ William Walters, "The Political Rationality of European Integration', in W. Larner and W. Walters eds., *Global Governmentality*, London: Routledge, 2004.

⑤ Thorsten Huller and Beate Kohler-koch, "Assessing the Democratic Value of Civil Society Engagement in the European Union", in Beate Kohler-koch, D. de Bievre and W. Maloney eds., *Opening EU-Governance to Civil Society*: *Gains and Challenges*, Mannheim: CONNEX, 2008.

还是商业领域都有相当数量的非政府组织①在欧共体层面建立，但其作为功能性群体向欧洲经济社会委员会所提供的咨询往往仅限于经济领域。非政府组织作为社会行为体的广泛作用显然因受限于一体化的缓慢进程在这一阶段难以全面发挥。

第二节　合作伙伴阶段（20 世纪 80 年代
至 90 年代）

欧洲非政府组织与欧盟之间的合作伙伴阶段起始于雅克·德洛尔（Jaques Delors）主政欧共体委员会时期。当时，正值欧共体成员国的社会政策模式与欧洲一体化进程的步伐难以统一。自 1984 年开始担任欧共体主席的德洛尔将社会政策视为强化欧共体内在凝聚力的重要手段，对之极为重视。在受限于相关法律条文的前提下，欧共体委员会开始思考如何采取迂回措施对欧洲社会政策施加影响。从政治话语角度，德洛尔首先提出将欧洲社会行为体的智识和意见纳入欧共体政策决策过程，这成为当时欧盟委员会工作的重要动议之一。在 1986 年出台的《单一欧洲法案》中，欧共体首次提议让欧共体层面的企业管理者代表与工会代表开展社会对话（Social Dialogue）。这一推动非政府组织参与对话的社会治理理念在 1992 年签订的《马斯特里赫特条约》附件"社会政策协议"中发展成为"欧洲社会对话"的雏形，为各类欧洲非政府组织未来对欧盟政策决策的广泛参与打下了

---

① 此段时期建立的欧共体层面的非政府组织包括欧洲经济联合会（Confederation of European Business，UNICE）；欧洲农业专业组织委员会（Comite des Organisations Professionanelles Agricoles de L'UE，COPA）；欧洲银行业联合会（European Banking Federation，EBF）；欧洲消费者联合会（Bureau European des Unions de Consummateurs，BEUC）；欧洲工会联合会（ETUC）以及欧洲环境局（European Environmental Bureau，EEB）。胡爱敏：《欧盟治理视野下欧洲公民社会组织的政治参与》，《国际论坛》2011 年 5 月，第 26—32 页；Justin Greenwood，*Interest Representation in the European Union*，3rd Edition，Palgrave Macmillan，2011，pp. 141 – 142.

较为牢固的法律基础。显然，企业管理者代表组成的组织和工会组织
只是欧洲非政府组织构成中较为特殊的成员，而其他各类非政府组织
对欧洲一体化进程的深入参与主要还是在《马斯特里赫特条约》出台
之后的阶段。[①]

一 为将非政府组织纳入欧盟治理而打造相关话语

事实上，欧盟委员会对于非政府组织的关注度（特别是社会非政
府组织）自 20 世纪 90 年代初期开始不断升温，其在欧洲一体化进程
的不同语境之下多次提及社会组织（Social Organizations）[②] 的作用。
欧盟委员会对这些社会非政府组织的关注主要源自于它们同经济类群
体和一些企业一起在布鲁塞尔对欧盟进行游说的实践。但欧盟委员会
很快就发现社会非政府组织与企业的利益诉求差异很大，有必要将社
会组织与经济群体区别对待。而一个最为现实的解决方式就是将社会
组织定义为非营利组织或非政府组织。1992 年，欧盟委员会出台了名
为《委员会与特殊利益群体的公开与结构性对话》文件[③]。在文件中
被界定为"特殊利益群体"（Special Interest Groups）的欧洲社会非政
府组织首次出现在了欧盟委员会的议程之中。同时，文件将社会组织
称作是非政府组织的典范。在 20 世纪 90 年代的后半段时间里，欧盟
委员会对在社会领域十分活跃的非政府组织的兴趣更加浓厚，并主要
通过其出台的欧洲就业战略（European Employment Strategy）和公开协

① Beate Kohler-koch & Barbara Finke, "The Institutional Shaping of EU-Society Relations: A Contribution to Democracy via Participation?" *Journal of Civil Society*, Vol. 3, No. 3, 2007, p. 210.

② 这里的社会组织并非中文语境下的"民间组织"或一般意义上的"非政府组织"，而是指主要关注欧洲各类社会问题的非政府组织，但欧盟最初把它们都称之为"社会组织"。

③ European Commission, *An Open and Structured Dialogue between the Commission and Special Interest Groups*, COM, Brussels: European Commission, 1992.

商方式（Open Method of Coordination）① 努力提升其在欧洲社会政策方面对非政府组织行为的规范和指导作用。此时的欧盟委员会深知自身在社会领域的权势仍然有限，急需利用自己作为"公开协商"的核心协调员的地位，充分发挥相应的话语权势。为此，欧盟委员会于1997年发布了一份名为《促进欧洲自愿组织和基金会的作用发挥》（Promoting the Role of Voluntary Organizations and Foundations in Europe）的讨论文件②。文件指出，在欧盟国家，非政府组织的成员人数在1997已经达到1亿人左右，并强调它们在欧洲经济发展和政治生活中理应发挥重要作用③。这无疑是在"利用公民社会（组织）话语为欧盟委员会持续涉入欧洲社会政策领域正名，这也是对主权国家层面相关反应的一种回应性战略"。④ 最为关键的是，尽管"文件中主要突出了欧洲社会组织在经济方面的作用发挥，但也同时评估了通过社会组织强化欧洲身份认同并促进欧盟民主的可能性"⑤，从而首次详细阐释了欧洲社会组织的政治作用，即其在促成欧洲公民理念和欧洲公共空间的形成方面所发挥的独特作用。《促进欧洲自愿组织和基金会的作用发挥》这一讨论文件还详细论证了在超国家层面建立社会组织的必要性和原因。其中一个核心理由便是在国家和地方层面的非政府组织

---

① 2000年3月，欧盟首脑在葡萄牙首都里斯本就欧盟发展达成"里斯本战略"。其中针对欧盟经济规模远远超出民族国家范围，而社会团结模式却仍然以民族国家为主的现实，提出以"公开协商方式"为主的社会标准化机制，在尊重民族国家多样性的基础上，通过共同协商、统一目标和统计方式，让成员国以各自的资源、特色和方式去实现共同目标，从而加强欧洲联盟的一致性。

② European Commission, "Promoting the Role of Voluntary Organizations and Foundations in Europe", 241 Final, 1997.

③ 文件着重强调了这些欧洲非政府组织在劳工市场、创造就业机会、提供培训，特别是对那些在就业方面有特殊问题的人所进行的再培训方面发挥的突出作用。

④ Stijn Smismans, "European Civil Society: Shaped by Discourses and Institutional Interests", *European Law Journal*, Vol. 9, No. 4, 2003, pp. 473–495.

⑤ Acar Kutay, *Governance and European Civil Society: Governmentality, Discourse and NGOs*, Routledge, 2014, p. 69.

之间缺少有效的泛欧链接，因此欧盟委员会强烈期盼能够在非政府组织之间实现跨境联合行动，从而创建欧洲公民社会，即总部在布鲁塞尔的欧洲非政府组织。

二 欧盟就业、社会事务和融合总司通过资金资助积极贯彻欧盟委员会相关动议

为了从实践角度达成创建欧洲层面非政府组织的目的，欧盟委员会首先责成欧盟就业、社会事务和融合总司（DG for Employment, Social Affairs and Inclusion）来积极贯彻其动议。该司染指欧洲社会政策的实践策略就是动员欧洲各社会行为体组建欧洲层面的非政府组织，之后再让这些非政府组织参与到欧盟委员会的咨商机制中来，从而充分践行所谓的"社会对话"以参与欧盟的社会治理。事实上，欧盟就业、社会事务和融合总司从 20 世纪 90 年代初期便开始在经济上资助建立社会事务领域内的非政府组织。而欧盟委员会这样做的主要目的就是期待给予各成员国这样一个印象：欧洲的社会政策应该在欧洲层面以民主的方式加以规范。欧洲反贫困网络组织（EAPN）[1] 和欧洲流浪汉庇护组织联盟（FEANTSA）[2] 这两个最重要的欧洲反贫困非政府组织便是当时在欧盟就业、社会事务和融合总司资助下得以建立的欧洲非政府组织的代表。EAPN 是在依托"公开协商"方式而发起的欧盟反贫困项目中发展壮大起来的伞状社会事务性非政府组织网络。它在 1990 年建立之初就得到了总司和欧盟委员会的鼓励和经济资助。[3] 尽管现在 EAPN 已经发展成在欧盟多个成员国拥有分支机构的大型伞状网络组织，但在 EAPN 草创时，欧盟

---

[1] EAPN 是 The European Anti-Poverty Network 的缩写。目前该组织为欧洲最大规模的反贫困性非政府组织（http：//www. eapn. eu）。

[2] FEANTSA 是 The European Federation of National Organizations 的缩写。目前该组织是欧洲唯一主要致力于流浪汉救助的非政府组织。

[3] Fintan Farrell, "The Role of 'Third Sector' at EU Level", *Revista Espanola del Tercer Sector*, 2008, Special Issue (9), pp. 127 – 130.

各成员国国内的同类国家级非政府组织网络因文化传统等的差异还难以彼此紧密勾连，进而统合在一个泛欧级别的组织之下，因此 EAPN 的产生完全是一个自上而下的过程。当年，在就业总司"进步计划"（Progress Program）的资助下，EAPN 与就业总司每年多次在布鲁塞尔合作召开"欧洲致贫人民会议"（European Meetings of People Experien-cing Poverty）①。EAPN 通过其在各欧盟成员国的分支组织召集真正历经贫困的穷人作为参会代表来到布鲁塞尔，同时也将欧盟机构的官员，委员会委员以及欧洲议会议员作为客人请来参会，共同研判涉及欧洲贫困的相关问题。这些代表和权势部门的参会者还被邀请参加由欧盟委员会资助并组织的年度"贫困与社会排斥圆桌会议"（Round Table on Poverty and Social Exclusion）②。从这一过程可见，EAPN 通过其在布鲁塞尔的"官方—民间沟通平台"和来自就业总司的较为雄厚的项目资助下，逐渐树立起自身上传下达的独特形象，很自然地便将欧盟各成员国的同类非政府组织聚合在自己的"伞下"。FEANTSA 的建立则是缘起自欧盟委员会于 1989 年资助的以"无家可归和房屋供给"为主题的欧洲大会。在就业总司提供了启动资金之后，汇聚起来的一些非政府组织便共同组成了一个欧洲非政府组织网络，而其运营的"欧洲无家可归观察机构"（The European Observatory on Homelessness）则一直对欧洲层面存在的无家可归现象进行调查研究，并定期向就业总司提供相关的信息。对这两个社会事务领域的重要非政府组织而言，没有欧盟委员会的支持和资金资助，它们绝不可能创建，也很难生存至今。因此从这一角度而言，通过支持这些社会政策领域内的非政府组织，就业总司和欧盟委员会其实是在推进欧洲一体化的进程中刻意培养自己的政治同盟。显而易见，欧盟委员会和总部设在布鲁塞尔的这些欧洲社会非政府组织所倡导的政治目标极其接近。而在促进欧洲

① "欧洲致贫人民会议"网站（http://voicesofpoverty-eu.net/about/）。

② Corinna Wolff, *Functional Representation and Democracy in the EU: the European Commission and Social NGOs*, ECPR Press, 2013, p. 100.

整体社会政策形成的过程中二者拥有共同的 "制度性利益" （Institutional Interest），即欧盟委员会通过这一渠道凸显自己在欧盟机制中的重要地位；而欧洲社会事务类非政府组织则通过这一途径长期获得生存给养。欧盟委员会对社会性非政府组织的资助也被某些欧洲学者称作 "游说资助" （Lobby Sponsorship）①。在法律层面，欧盟委员会还需为在欧洲层面纳入非政府组织活动搭建一个基本的法律平台。于是欧盟委员会适时提议尽快为欧洲的协会组织设立相关法令。此外，为了跨越不同国家税收制度，工作方式和行政程序存在差异的障碍，欧盟委员会还为有意愿参与泛欧合作的非政府组织准备了相关的培训项目。很显然，欧盟委员会对这些组织未来的作用发挥极其看重："这些组织是信息的传播者，毕竟它们与普通民众距离最近……欧盟委员会将进一步加强它们的信息传播作用。"②

显然，在双方的伙伴关系阶段，欧盟为涉入欧洲社会政策，先通过由超国家行为体领导精英推动的相关法案提议在欧洲层面展开 "社会对话"；进而通过在欧盟委员会的 "特殊利益群体" "非营利组织" 等特定语境下的探讨，强调组建欧洲层面非政府组织的重要性；最后经由欧盟就业、社会事务和融合总司为这些非政府组织的建立提供相应资金、搭建法律平台并进行相关培训。因此，欧共体在这一阶段从政治话语及相关语境设定，经济上的资金支持，法律支撑的构建以及辅助性的培训等方方面面架起了欧洲非政府组织与欧盟之间的伙伴关系桥梁，并为紧随其后的欧洲非政府组织对欧盟政策决策较为充分的参与铺平了道路。

① Michael W. Bauer, "Limitations to Agency Control in European Union Policy-making: the Commission and the Poverty Programmes", *Journal of Common Market Studies*, Vol. 40, No. 3, 2002, pp. 381 – 400.

② European Commission, "Promoting the Role of Voluntary Organizations and Foundations in Europe", 241 Final: 13, 1997.

第三节 积极参与阶段(2000 年至今)

1999 年，欧盟委员会经历了其历史上最具破坏性的事件，即雅克·桑特领导下的委员会因腐败而辞职。为了修复整体的欧盟形象并继续保持其合法性，欧盟委员会从 1999 年至 2004 年间开始进行十分关键的机构改革。为了提升自身的合法性，欧盟开始从政策法规到实践层面全方位地将非政府组织纳入其政策决策进程。这种提升自身合法性的考量可以从三个方面①加以理解。第一，增加所探讨问题的技术性支撑。从传统的功能主义角度理解，该方式是利用功能性代表，即包括科研专家群体在内的各类非政府组织的学术和知识专长，在一定程度上提升欧盟政策出台的质量水平。第二，测试不同利益代表群体对相关政策的反应。从战略角度而言，欧盟将这些非政府组织代表视作磋商伙伴，允许其参与欧盟相关问题的讨论，并鼓励其不断提出意见和建议以对某些潜在障碍进行预警，其根本目的是确保欧盟的相关政策决策能最终得以有效贯彻，并得到这些非政府组织所代表的最广大目标群体的支持。因此，这种政策决策者与非政府组织代表的互动是对欧盟相关政策的政策效果所进行的一种试探性演练。这种试探性演练的最大好处是可以避免由于欧盟政策贸然出台而在各成员国中引起的强烈不适。第三，随时发现与特定政策相关的新情况。参与对话的非政府组织类型和数量越多，其偏好和政策反应就更显多样化，从各非政府组织自身视角提出的新问题也会层出不穷，所有这些都会使政策决策更趋全面和完善。

---

① Corinna Wolff, *Functional Representation and Democracy in the EU: the European Commission and Social NGOs*, the ECPR Press, 2013, p. 59.

一　欧盟委员会通过制度安排和资金资助进一步规范并强化非政府组织的政治参与

从功能主义的角度而言，欧盟委员会将非政府组织这种功能性代表纳入其政策决策是相对安全且高效的。因为有功能性代表参与的治理通常是以和平磋商为主要形式而没有冲突性的对抗存在的，其主要目的是通过一种务实的而非政治化的方式寻找问题的解决办法。此外，在欧盟委员会引导下的欧盟与非政府组织对话可以在一定程度上规避公共协商的局限性。众所周知，并非欧盟所有的政策决策都可能拿到公共空间进行讨论。事实上很多问题就其重要性而言，也没有必要耗时耗力地举全民之力进行讨论，因此，如何让真正重要的问题进入公共空间就需要一种来自权势部门的控制。而欧盟委员会便在控制欧洲公共空间的议题和议题讨论者的数量和条件方面施加了特定的影响并进行了安排。因此可以这样说，欧盟框架下非政府组织对欧盟政策决策的参与一直是在欧盟控制下的自上而下的制度安排。① 除了为非政府组织的政治参与进行更完善的制度安排之外，欧盟委员会的资助也覆盖了很多在欧盟层面活动的非政府组织。

（一）欧盟委员会为非政府组织参与进行的制度安排

1. 创建欧洲非政府组织数据库——CONNECCS

之所以以 2000 年作为非政府组织积极参与欧盟决策过程的起始点就在于，欧盟于 2000 年发布了新的立场文件——《欧盟委员会与非政府组织：建立更为紧密的伙伴关系》②。通过这一文件，欧盟委员会将其关注点由参与社会政策对话的社会组织拓展到全部非政府组织，进而明确提出了 NGO（Non-governmental Organizations）这一

① Corinna Wolff, *Functional Representation and Democracy in the EU: the European Commission and Social NGOs*, the ECPR Press, 2013, p. 74.

② European Commission, Prodi-kinnock, "The Commission and Non-Governmental Organizations: Building a Stronger Partnership", COM, 11 Final, Brussels, 2000.

概念。从法理角度而言，原本欧盟委员会话语及语境之下重点"关照"的社会组织或社会群体仅对增进欧盟社会政策领域的政策决策合法性有提升作用，而一旦欧盟将社会组织这一概念拓展到上一级的非政府组织大群体，那么欧洲层面的各类非政府组织就都可以被纳入到欧盟政策决策过程之中，从而担负起在总体上全方位地提升欧盟治理合法性的责任，这就是该概念扩展的巧妙之处。从实践上，欧盟委员会于同年建立了一个公民社会组织的数据库（CONNECCS）①，期待向欧盟委员会和欧洲经济社会委员会提供咨商的所有欧洲非政府组织都能在此网站注册。当然，欧盟非常清楚社会政策之于欧洲一体化的重要性，因此，在立场文件出台一年之后，欧盟又出台了《欧洲治理白皮书》②。在将社会组织归类在公民社会组织项下的同时，《欧洲治理白皮书》又重申了欧盟委员会之前强调的欧洲社会组织在欧盟政治与治理中的作用。与此同时，《欧洲治理白皮书》将公民社会组织放在了欧盟行政改革和治理语境下进行探讨，强调了公民社会组织作为合作伙伴和参与者在推进欧盟治理效率中的特殊地位。2002 年，欧盟委员会又制定了非政府组织参与欧盟政策决策的相关行动规则与标准以及咨商时需要遵循的主要原则。其中欧盟委员会所制定的向非政府组织咨商的最低原则和标准中的 5 项原则是参与、公开、负责、有效、协调。5 项最低标准是咨商的内容要清晰明了；确保咨商相关各方有充分机会表达意见；在欧盟委员会的官网"你的欧洲之声"（Your Voice in Europe）上向公众发布咨商结果；给予非政府组织充分的回应时间；向持续提供咨商的非政府组

---

① CONNECCS 是 "Consultation, the European Commission and Civil Society" 的缩写，即"协商、欧洲委员会和公民社会"。目前该数据库已经与欧洲议会的系统合并成为"透明注册"系统（European Transparency Register）（http：//ec. europa. eu/transparencyregister/public/homePage. do）。

② European Commission，"White Paper on European Governance（WPEG）"，428 final，2001.

织表示感谢并加以回应。①

2. 连续推出系列政策：具体界定非政府组织在欧盟治理中的政治角色

在为非政府组织的参与打下规则、标准和原则基础之后，欧盟委员会开始不断以出台相关政策的方式具体界定欧洲非政府组织的政治角色。这些政策包括欧盟委员会于 2005 年推出的"民主 D 计划"②，2007 年推出的"欧洲公民计划"③ 和"公民对话"④，以及 2008 年推出的"辩论欧洲"（Debate Europe）⑤。其中，旨在将欧洲公民与欧盟治理紧密相连的"民主 D 计划"主要是为了加强以欧洲未来走向为主题的公民对话。为此欧盟各成员国和欧盟各机构间需要加强合作，在"认真倾听"（Listening Better），"详尽解释"（Explaining Better）和"走向本土"（Going Local）的口号指导下，将欧洲非政府组织这些公民群体的代表动员起来。于是在欧盟委员会的支持下，当时有 6 个非政府组织项目得以实施。这其中包括在国家层面，跨境层面和泛欧层面的网上沟通，面对面对话，讨论磋商和民意调查。依托这些非政府组织项目，欧盟委员会还于 2007 年 12 月将 4 万多名来自相关非政府组织的欧洲民众汇聚在一起，组织了名为"欧洲的未来：公民议程"（The Future of Europe：The Citizen's A-

---

① European Commission， "Towards a Reinforced Culture of Consultation and Dialogue-General Principles and Minimum Standards for Consultation of Interested Parties by the Commission"， COM， 704 final， Brussels， 2002.

② European Commission， "Plan D for Democracy， Dialogue and Debate"， http：// eur-lex. europa. eu/legal-content/EN/TXT/？uri = URISERV：a 30000.

③ European Commission， "Europe for Citizens Program"， http：//ec. europa. eu/ citizenship/europe-for-citizens-programme/index_ en. htm.

④ "公民对话"的目的是将非政府组织通过咨商的方式纳入到委员会的政策决策结构之中，共同讨论有关"欧洲公民计划"的相关问题，例如"共同记忆"（Remembrance）和"民主及公民参与"（Democratic and Civic Engagement）。最初于 1996 年被提出，但其主要设想从 2000 年才开始付诸实践（http：//ec. europa. eu/citizenship/europe-for-citizens-programme/civil-dialogue/index_ en. htm）。

⑤ "辩论欧洲"的主页（http：//www. debatingeurope. eu）。

genda）的大会。① D 计划还在欧盟委员会与非政府组织的沟通方面有所创新，在 Debate Europe 的网页上组织了网络辩论以及欧盟委员会委员对成员国的议会、非政府组织、商业和工会领导人以及地区和基层政府机构的访问。② 2008 年之后，"辩论欧洲"被冠以"民主—对话—民主"的新名称继续接力 D 计划。作为一个网络平台，"辩论欧洲"包括了附设评论和博客的"欧盟视频（EU Tube）"；以"欧洲一览"（EU at a Glance）和"欧洲活动"（EU Activities）为栏目标题的欧洲政治新闻与评论；一个名为"欧洲指导"（EU Direct）的电话中心，专门在线回答相关问题；一个名为"欧洲前进"（Europa Go）的网络游戏。③ 此外，2007 年启动并于 2013 年结束的"欧洲公民计划"分别围绕"积极的欧洲公民""积极的欧洲公民社会""与欧洲在一起"和"积极的欧洲记忆"这四个主题展开活动。④ 其中，名为"积极的欧洲公民社会"行动就是旨在支持非政府组织运作的有关整合欧洲层面公民意见和建议的项目。这些行动所采取的形式包括讨论会、主题研讨会、培训会、出版物的印制和散发、业余体育赛事主办、展览会等等。而所有这些活动都要有相当数量的各类非政府组织、欧盟政策决策者以及普通公民

---

① European Commission, "Debate Europe-building on the Experience of Plan D for Democracy, Dialogue and Debate", COM 158/4, Brussels, 2008; The Future of Europe-the Citizens' Agenda: Open Letter to the EU Heads of State and Government, the National Parliaments, the European Union Institutions and European Political Parties, http://www. aueb. gr/statistical-institute/european-citizens/Plan% 20D － results － 7 － 9 － de － 07. pdf.

② Debate Europe: The Digital and Development Network, http://www. comminit. com/ict－4－development/content/debate-europe－1.

③ http://ec. europa. eu/archives/debateeurope/index ＿ en. htm. （该网页已于 2010 年 2 月 28 日被置于网络档案中）。

④ 其英文名称分别为 "Active Citizens for Europe" "Active Civil Society in Europe" "Together for Europe" "Active European Remembrance"。

的参加。① 事实上，欧盟委员会试图通过"欧洲公民计划"把欧洲认同作为一个社会现实加以界定。这种做法就好似欧洲认同早已有之，只是通过"欧洲公民计划"下的各项活动把欧洲各国公民还没有意识到的欧洲身份认同发掘出来而已，整体设计非常自然巧妙。② 而在所有这些政策的执行过程中，非政府组织被欧盟委员会描述成为欧盟治理的关键节点。非政府组织首先要参与欧盟以"欧洲公民身份"为主题所召集的各类会议，在欧盟委员会界定的范围之内讨论欧盟治理和对欧洲公民权的强化等等问题；同时，这些非政府组织也凭借自身的积极参与，将欧洲公众对欧盟政策决策的要求通过咨商的方式自下而上地反映了上去。很显然，欧盟之所以开展上述一系列活动，首先是希望促进欧洲层面非政府组织的建立和作用发挥；其次是希望促成欧盟成员国国家层面的非政府组织能够围绕欧洲公民认同形成跨境的非政府组织的横向联合，以便形成欧洲的公共空间，这样就可以间接促成欧盟成员国非政府组织的欧洲化现象。

为了进一步拉近欧洲公民与布鲁塞尔欧盟各机构之间的距离，并使得欧洲的非政府组织能够更为直接地影响欧盟的政治议程，欧盟委员会、欧盟理事会和欧洲议会三方根据《里斯本条约》第 11 款的规定积极协商，于 2010 年 12 月决定实施欧洲公民动议计划（The European Citizens' Initiative）。基于该动议，只要有人能够就一项提案集齐 100 万人签名，就可以要求欧盟委员会起草新法案。根据欧盟的规定，要形成公民提案，则必须由来自至少 7 个欧盟成员国的 7 个欧洲公民组成"公民委员会"，广泛搜集签名。同时，各类认同这些动议的组

① Directorate-General for Communication & Education, Audiovisual and Culture Executive Agency, Europe for Citizens Program 2007 – 2013: Program Guide, Jan 2013, http://eacea. ec. europa. eu/citizenship/programme/documents/2013/guide_ 2013_ en_ final%20. pdf.

② Acar Kutay, *Governance and European Civil Society: Governmentality, Discourse and NGOs*, Routledge, 2014, pp. 84 – 85.

织（特别是非政府组织）完全可以在签名搜集过程中发挥促进和支持作用。自 2012 年公民动议可以遵循特定程序进行网络提交开始至今，有被成功接受的，但大部分还是撤回，或未得到足够支持的动议。[①]无论各个公民动议的最终结果如何，这一计划无疑会极大地促进欧盟成员国非政府组织的形成以及现有非政府组织更大的社会动员意愿和对欧盟超国家机构的政治参与热情。以围绕阻止 TTIP 这一核心议题为例，欧盟框架下的社会运动网络"欧洲公民自组织动议——阻止 TTIP"[②]获得了超过 500 个欧盟成员国内部的非政府组织的共同支持。同时该运动在多个欧盟成员国都设有国家联络员，负责组织各欧盟成员国的非政府组织及其所号召的普通民众采取针对 TTIP 谈判的倡导行动，并协调各国非政府组织间的一致行动。

（二）欧盟委员会将非政府组织纳入公共咨商的具体程序

基于多元参与和透明公开的原则，欧盟委员会制定了一套具体的政策咨商程序，以确保非政府组织能遵循这一程序，目的明确地对欧盟委员会的特定政策动议提供信息、知识和技术方面的意见和建议。该具体程序主要包括以下方面[③]。

第一，欧盟委员会通过每年的工作计划提前发布所有政策动议。

第二，每一个政策动议都附带一个全面的咨商计划。欧盟委员会自行决定各个动议具体是进行公开的公共咨商（Open Public Consulta-

---

① 撤掉的动议（如"醒来欧洲！采取行动确保欧洲民主项目"，Wake up Europe! Taking Action to Safeguard the European Democratic Project）（http://ec. europa. eu/citizens-initiative/public/initiatives/obsolete）；未得到足够支持的动议（如："公平运输欧洲—平等对待所有运输工人"，Fair Transport Europe-equal Treatment for all Transport Workers）（http://ec. europa. eu/citizens-initiative/public/initiatives/obsolete/conditions_ not_ fulfilled）；成功动议（如"停止活体解剖动议"，Stop Vivisection）（http://ec. europa. eu/citizens-initiative/public/initiatives/successful）。

② The Self-organized European Citizen's Initiative Stop TTIP, http://stop-ttip. org/about-stop-ttip/.

③ Justin Greenwood, *Interest Representation in the European Union*, 3rd Edition, Palgrave Macmillan, 2011, pp. 33 – 35.

tion）还是以专家咨询委员会、专题研讨会或论坛等形式进行专门的专家咨商。事实上，咨商计划是欧盟委员会实施的更广泛政策评估的一部分，它使得政策依据的讨论乃至辩论过程变得透明化。

第三，发布绿皮书和白皮书。绿皮书是一个咨商工具，它将在特定领域立法的必要性通过文字的形式传递出来，是一个类似于"出声思维"（Thinking Aloud）的过程。绿皮书完成之后，则推出白皮书，就政策选择的细节开启咨商。

第四，欧盟委员会将相关信息纳入到咨商文件中，并会注意确保相关各方有机会参与意见表达。之后，咨商信息将会在网站上得到公开发布，并欢迎所有意见回应。针对特定利益攸关方进行的更为集中的咨商则有可能通过专家群体、专题研讨会或论坛（包括网络论坛）的方式完成。

第五，欧盟委员会的立法建议终稿包含几个部分，主要是对咨商过程的陈述、各方的回应，以及欧盟委员会自己对这些建议的答复（以解释为什么特定的建议被采纳或拒绝）。虽然在这一过程的实施中有时会出现重大的疏漏，但欧洲议会经常会要求欧盟委员会提供更为具体的信息，来更进一步地说明咨商的整个实施过程。

（三）欧盟委员会对欧洲非政府组织的更广泛资助

2000 年，欧盟委员会在以原主席普罗迪和原副主席基诺克的名义发布的讨论文件中明确指出："目前据估算，欧盟委员会每年向非政府组织拨付的项目资金超过了 10 亿欧元，主要用于对外关系中的发展合作，人权，民主项目，特别是人道主义援助（约合 4 亿欧元）。其他欧盟范围内的重要资助主要包括社会领域（约为 7000 万欧元），教育领域（约 5000 万欧元）和环境领域。欧洲有几百个非政府组织能够定期获得欧盟委员会的资助。"[1] 可以说，在大部分的政策领域，欧

---

① European Commission, "The Commission and Non-governmental Organizations: Building a Stronger Partnership", Discussion Paper Presented by President Prodi and Vice President Kinnock, http://ec.europa.eu/civil_society/ngo/index_en.htm, 2000.

盟都有支持相关非政府组织的特定预算安排。而欧盟层面有相当数量
的非政府组织其资金的重要来源就是欧盟各超国家机构，特别是欧盟
委员会。从表 2－1 可见，在组织收入的占比中，来自欧盟委员会的资
金最高占到 86%（欧洲反贫困网络），最低也占到了 35%（文化行动
欧洲）。这说明欧盟委员会的相关总司及机构对于非政府组织的资金
支持直接关系到欧盟层面非政府组织特定项目运作是否能够顺利进行。
毕竟无法自身"造血"的非政府组织如若没有稳定的"输血"渠道，
其项目运作便难以为继，自然其作用发挥也会大打折扣。而许多接受
欧盟委员会资助的非政府组织在其官网上同时强调，其主要的工作之
一就是对欧盟委员会进行倡导，因此，欧盟委员会事实上是在向这些
非政府的倡导群体提供资金，直接目的就是让这些非政府组织为之进
行游说。

表 2－1　　　欧盟层面部分非政府组织从欧盟委员会获得的资助

组织名称	资助年份	资金透明数据库显示的资助金额（欧元）	组织公布的受助资金数额（欧元）/收入占比	直接与组织对接的欧盟单位	对接单位所属的欧盟机构
文化行动欧洲 Culture Action Europe	2008	104000	104000 35%	欧盟教育、视听及文化署（EACEA）	欧盟委员会教育文化总司、通信网络内容和技术总司、移民和家庭事务总司、人道主义援助和民事保护总司
欧洲反贫困网络（EAPN）	2008	1281661.92	1187718.02 86%	就业、社会事务和融合总司	欧盟委员会
欧洲环境局（EEB）	2008	不详	1531393 73%	环境总司	欧盟委员会

续表

组织名称	资助年份	资金透明数据库显示的资助金额（欧元）	组织公布的受助资金数额（欧元）/收入占比	直接与组织对接的欧盟单位	对接单位所属的欧盟机构
欧洲社会行动网络（ESAN）	2008	33900	129229 83%	欧盟教育、视听及文化署	欧盟委员会教育文化总司、通信网络内容和技术总司、移民和家庭事务总司、人道主义援助和民事保护总司
欧洲妇女游说团（EWL）	2008	825600	808896 84%	就业、社会事务与融合总司，竞争总司，教育与文化总司以及公正、自由与安全总司	欧盟委员会
欧洲青年论坛（EWL）	2008	2330000（2009）	2392144 79%	教育与文化总司，就业、社会事务与融合总司，公正、自由与安全总司及发展合作总司	欧盟委员会
欧洲公民行动服务（ECAS）	2009	不详	701124 76%	欧盟教育、视听及文化署、欧盟委员会内部市场和服务总司	欧盟委员会教育文化总司、通信网络内容和技术总司、移民和家庭事务总司、人道主义援助和民事保护总司

续表

组织名称	资助年份	资金透明数据库显示的资助金额（欧元）	组织公布的受助资金数额（欧元）/收入占比	直接与组织对接的欧盟单位	对接单位所属的欧盟机构
欧洲非政府组织社会平台（Platform of European Social NGOs）	2009	680000	677990 79%	欧盟委员会健康与消费者保护总司，竞争总司，经济与金融事务总司，就业、社会事务和融合总司，教育与文化总司	欧盟委员会
地球之友欧洲部	2009	813721	1169367 42%	欧盟教育、视听及文化署、欧盟委员会环境总司	欧盟委员会教育文化总司、通信网络内容和技术总司、移民和家庭事务总司、人道主义援助和民事保护总司
欧洲消费者组织（BEUC）	2010	1300000	2280107 59%	农业及农村发展总司、健康与消费者署、能源总司、环境总司、联合研究中心、健康与消费者总司	健康与消费者署隶属于健康与消费者总司

资料来源：Justin Greenwood, *Interest Representation in the European Union*, 3rd Edition, Palgrave Macmillan, 2011, pp. 138 – 139；欧盟财政透明系统网页（http：//ec. europa. eu/budget/fts/index_ en. htm）。

二 欧洲经济社会委员会及欧洲议会同非政府组织的关系

（一）欧洲经济社会委员会对非政府组织的界定

旨在在欧盟机构建制中避免被边缘化，欧洲经济和社会委员会在进入 2000 年之后也开始在与非政府组织的互动中活跃起来。首先，在对公民社会组织的概念界定上，相对于欧盟委员会的模糊界定，经济社会委员会以否定式将公民社会组织界定为"一个涵盖所有由个人和群体而不是由国家发起或组织的社会行动的集合概念"①。总之，这是一个区别于欧盟委员会并最终又被欧盟委员会采纳了的界定。其次，在对主要由非政府组织参与的社会对话的界定上，欧洲经济社会委员会也与欧盟委员会有所区别。在欧盟委员会的界定中，公民对话、参与、咨商和利益调和这些说法可以交叉使用，其含义没有什么差异。而经济社会委员会试图使它的界定比欧盟委员会更具体，强调了在公民对话中"参与"与"咨商"的差别。对经济社会委员会而言，"咨商"意味着"向在特定领域中具备专业技能的所有组织开放"；而"参与"则是指"特定组织有机会，为欧盟的总体利益和其公民的利益而正式并积极地涉入到欧盟的集体政策决策之中"②。经济社会委员会认为，无论"参与"还是"咨商"都可以"使得公民社会组织为事关欧盟未来和发展的相关政策架构搭建和决策准备做足功课"。最后，经济社会委员会还明确罗列了成为欧洲非政府组织的 9 项标准。根据 2002 年其出台的《对治理白皮书的意见》③，欧洲非政府组织"应该在欧盟层面永久存在；可以直接向欧盟提供技术；代表与欧洲社会利益相一致的总体利益；在欧盟成员国层面被承认为特定利益的代表；在大部分欧盟成员国拥有会员机构；其成员对其有问责权；在欧洲层面有其上级和行动执行机构；是独立组织，不受其他机构的

① European Economic and Social Committee, "Opinion on 'The Role and Contribution of Civil Society Organizations in the Building of Europe'—Ref", CES 851/99, Brussels, 1999.

② European Economic and Social Committee, "Opinion on the Representativeness of European Civil Society Organizations in Civil Dialogue", CESE 240/2006, SC/023, Brussels, 2006.

③ European Economic and Social Committee, "Opinion on European Governance-a White Paper", CES 357/2002, Brussels, 2002.

命令裹挟；是透明组织，特别是在财政和内部决策机制上"。2006年，经济社会委员会又重新考量了在《对治理白皮书的意见》中有关欧洲非政府组织代表性的标准问题，并提出了3项最主要的标准：欧洲非政府组织需要符合组织法所规定的相应条款；需要在超过半数的欧盟成员国中拥有分支机构；要具备质量标准，即那些不符合其标准而且无法对欧盟一体化做出贡献的欧洲非政府组织将不被纳入到向欧盟进行咨商的非政府组织群体中。①

但目前最大的问题是，欧洲经济社会委员会很难成为欧洲非政府组织通往合法性的唯一走廊。即便欧洲经济社会委员会有这种意图，也难于得到无论欧盟其他机构还是欧洲非政府组织的全力支持。毕竟相比之下欧盟委员会和欧洲议会更有权势，而非政府组织完全可以对这些权势机构直接展开倡导而无须先绕道经济社会委员会。事实上欧洲经济社会委员会也非常清楚自身的微妙地位。从其2009年到2015年的年度行动报告（Annual Activity Report）② 可以看出，审时度势的欧洲经济社会委员会每年的工作着重在两大块，一方面是强化对其非政府组织会员的工作支持，并不断提升其下属六个部门（Sections/Commission）的咨商能力；另一方面则是不断加强其与欧盟委员会、欧洲议会、欧盟理事会和区域委员会等其他欧盟权势机构之间的紧密联系。其实，与欧盟其他权势部门的紧密联系是在确保咨商渠道始终畅通无阻；而代表其非政府组织会员利益的六个部门的咨商水平越高，其咨商建议被欧盟权势机构采纳的可能性就越大，这就可以在客观上突出欧洲经济社会委员会的存在价值。

（二）欧洲议会逐渐向非政府组织开放

除了欧盟委员会和欧洲经济社会委员会之外，欧洲议会也是欧盟

---

① European Economic and Social Committee, "Opinion on the Representativeness of European Civil Society Organizations in Civil Dialogue", CESE 240/2006, SC/023, Brussels, 2006.

② European Economic and Social Committee, "About the Committee", http://www.eesc.europa.eu/? i = portal. en. about-the-committee.

机制中向非政府组织敞开大门的重要部门。作为由欧盟各成员国直选代表组成的机构，欧洲议会也开始于 2010 年公开表明自己愿意倾听欧洲公民的呼声。"由于是直选机构，欧洲议会是欧盟机构中最有资格迎接挑战，通过公开渠道与欧盟公民进行沟通的权势部门。欧洲议会的议员定期与本国公民接触，并直接向选民负责……所有欧盟机构都明了与公民对话的重要性……因此欧洲议会提议让欧盟公民永久参与到有关欧盟未来的对话之中。"① 在表明态度之后，欧洲议会为非政府组织群体和欧洲普通公民建立了一个网络登记注册系统。2011 年 6 月 23 日，欧洲议会与欧盟委员会签署了建立统一透明注册系统的跨部门协议。经过修订之后，该协议于 2015 年 1 月 1 日起正式生效。② 2016 年 9 月 28 日，欧盟委员会发布新闻通稿，要求所有旨在向欧盟各超国家机构进行倡导的非政府组织都必须通过这一系统进行注册。③ 但是，各类非政府组织尽管都可在欧盟网络登记系统注册，但这并不是说所有注册的非政府组织都有向欧洲议会进行咨商的资格。事实上，欧洲议会通过它的一套认证系统来决定哪些非政府组织可以进入议会大楼，并在网上公布通过认证有资格对议会进行咨商的游说者人名以及它所属的非政府组织。④

在与非政府组织的互动方面，欧洲议会采取了两种方式。一种是与欧盟委员会相类似的部门归口方式；另一种则是打破部门藩篱和组织跨越部门界限的 AGORA 大会。以欧盟委员会按部门来归口特定非

---

① European Parliament Website, http：//www. europarl. europa. eu/parliament/archive/staticDisplay. do？ language = EN&id = 189&pageRank = 1.

② Transparency Register, http：//ec. europa. eu/transparencyregister/public/homePage. do？ redir = false&locale = en.

③ European Commission, "Delivering on Transparency：Commission Proposes Mandatory Transparency Register for All EU Institutions", http；//europa. eu/rapid/press-release_ IP – 16 – 3182_ en. htm.

④ EP Accreditation, http：//ec. europa. eu/transparencyregister/public/staticPage/displayStaticPage. do；http：//www. europarl. europa. eu/atyourservice/en/20150201PVL 00051/Interest-groups.

政府组织为例，欧盟委员会的就业、社会事务和融合总司（DG EMP）
主要接受社会事务领域内非政府组织组成的咨询委员会的咨商；健康
与消费者保护总司（DG SANCO）则主要与像欧洲消费者组织
（BEUC）及欧洲公共健康联盟（EPHA）这类本领域的非政府组织长
期互动。总之，各个总司在自己的部门领域内与域内的主要非政府组
织或平台组织进行定期对接。同样，非政府组织在经由欧洲议会下设
的各个委员会和跨党团非官方小组（Intergroup）这两个渠道来实现其
倡导目标时，也依循了这种部门归口的路径。欧洲议会下设 20 个常务
委员会，具体包括外交事务，人权，安全与防御，发展，国际贸易，
预算，预算控制，经济与金融事务，就业与社会事务，环境、公共健
康与食品安全，产业、研究与能源，内部市场与消费者保护，运输与
旅游，区域发展，农业和农村发展，渔业，文化和教育，法律事务，
公民自由、正义与家庭事务，宪法事务，妇女权利与性别平等和请愿
委员会。[①] 每个委员会根据欧洲议会的相关规定定期以报告的方式向
议会表达意见。通过举办听证会、对话和咨询活动，这些委员会定
期向包含非政府组织代表的专家征询意见，从而充实入它的"立法
性报告"并向欧洲议会呈送。例如，2015 年 6 月 16 日，由环境、公
共健康与食品安全委员会举行的题为"单一欧洲生态标签：设定最
低标准"的听证会，就邀请到了欧盟渔业加工者和销售者协会（EU
Fish Processors and Traders Association）的主席以及欧洲著名的环境非
政府组织"地球客户"（Client Earth）的代表做主题发言。[②] 而由欧洲
议会发展委员会于 2016 年 3 月 15 日召集的题为"面向全民健康保
健体系：一条通往 SDG3 的路"的听证会，则有来自无国界医生组
织的政策分析主任和来自意大利非政府组织"紧急 NGO"（Emergen-

---

① http://www.europarl.europa.eu/committees/en/parliamentary-committees.html.
② 听证会的英文名称是 "The Single European Eco Label: Setting Minimum Crite-
ria" （http://www.europarl.europa.eu/committees/en/pech/events-hearings.html? id =
2015 0616CHEOO161）。

cy NGO）的副协调员围绕该主题建言献策。① 通过听证，所有受邀非政府组织专家的发言都会被认真考虑，并有可能被写入相关的"立法性报告"。

除了"立法性报告"，欧洲议会各委员会所提交的不具有法律约束力的"非立法性报告"也经常被欧洲议会用来施加特殊的政治影响。② 而这些"非立法性报告"的一个重要输送渠道便是欧洲议会中由不同党团的议员组成的各类松散的跨党团非官方小组。由于这些小组对所有倡导持开放态度且它们成立的主要目的是促进特定问题领域内的意见交流，因此它们自然与各自领域内的许多非政府组织都保持着长期的伙伴关系。例如，欧洲议会的"城市小组"除了大量的官方伙伴之外，还拥有如"欧洲地方包容与社会行动网络"（European Local Inclusion and Social Action Network）、欧洲可达性概念网络（European Concept for Accessibility）等非政府组织伙伴;③ 大型的非政府组织平台"欧洲老龄人口平台"（Age Platform Europe）④ 则是欧洲议会"老龄化小组"（Intergroup Ageing）极为重要的合作伙伴;而 2014 年12 月成立的"体育小组"则时时与"欧洲运动员学生双事业网络"（European Athlete Student the Dual Career Network）、"欧洲公平竞赛运动组织"（European Fair Play Movement）、"欧洲学生会"（European Students' Union）和"欧洲国际象棋协会"（European Chess Union）等欧洲体育非政府组织⑤密切沟通。

---

① 该听证会的英文名称是 "Towards a Universal Health Care System: the road to SDG 3"（http://www.europarl.europa.eu/committees/en/deve/events-hearing.html? id = 20160315CHE00041）。

② 孙敬亭:《欧洲议会"台湾之友"小组的负面影响值得重视》，2012 年 6 月 26 日，爱思想网（http://aisixiang.com/data/54765.html）。

③ 欧洲议会"城市小组"主页（http://urban-intergroup.eu/partners/）。

④ "欧洲老龄人口平台"主页（http://www.age-platform.eu/about-age）。

⑤ "体育小组"网页（http://www.eusa.eu/eusa/partners-sponsors）。

表 2 - 2　　　　欧洲议会的主要非官方小组（2014—2019）①

名称	英文
1. 老龄化与代际团结和家庭政策	Ageing and Intergenerational Solidarity & Family Policies
2. 反种族主义 & 多样性	Anti-racism & Diversity
3. 生物多样性、乡村、狩猎和娱乐性捕鱼	Biodiversity, Countryside, Hunting and Recreational Fisheries
4. 儿童权益	Children's Rights
5. 气候变化，生物多样性和可持续发展	Climate Change, Biodiversity and Sustainable Development
6. 公共产品与服务	Common Goods and Services
7. 创造性产业	Creative Industries
8. 数字议程	Digital Agenda
9. 失能	Disability
10. 极度贫穷和人权	Extreme Poverty and Human Rights
11. 欧洲旅游，文化遗产、圣吉姆斯方式和其他欧洲文化路径	Development of European Tourism, Cultural Heritage, Ways of Saint James and other European Cultural Routes
12. 宗教自由、信仰和宗教忍耐	Freedom of Religion, Belief and Religious Tolerance
13. 诚信—透明、反腐败和有组织犯罪	Integrity-Transparency, Anti-corruption and Organized Crime
14. LGBT 群体	Lesbian, Gay, Bisexual & Transgender Rights
15. 长期投资和再工业化	Long-term Investment and Reindustrialization
16. 农村、山区和偏远地区	Rural, Mountainous and Remote Areas
17. 海洋、河流、岛屿和海岸线	Seas, Rivers, Islands and Coastlines
18. 中小企业	SME "Small and Medium-sized Enterprise"
19. 天空和宇宙	Sky and Space
20. 社会经济、社会经济企业、公益创业和第三部门	Social Economy, Social Economy Enterprises, Social Entrepreneurship and Third Sector

----

①　欧洲议会网站（http：//www. europarl. europa. eu/aboutparliament/en/20150201 PVL00010/Organisation-and-rules）。

续表

名称	英文
21. 体育	Sports
22. 工会	Trade Unions
23. 传统的成员国少数民族、宪法地区和地区语言	Traditional National Minorities, Constitutional Regions and Regional Languages
24. 城市问题	Urban Issues
25. 动物的福利和保护	Welfare and Protection of Animals
26. 西撒哈拉	Western Sahara
27. 葡萄酒、白酒和食品质量	Wine, Spirits and Food Quality
28. 青年问题	Youth Issue

除了通过部门归口的方式借由欧洲议会委员会以及跨党团非官方小组的渠道将非政府组织的意见纳入其政策决策进程之外，在赞同与非政府组织进行公开对话的欧洲议会看来，如能打破处于各个部门和领域中的非政府组织之间的界限，让这些非政府组织聚在一起发出各种不同的声音，最后就自然会出现对问题的各种不同的解决方式。这种融合着各部门特色的更为全面的意见和建议对于欧洲议会的最终决策更具参考价值。本着这一认知，欧洲议会组织了名为 AGORA 的大会①，将欧洲各类非政府组织与欧洲议会议员组织在一起，进行针对特定议题的讨论，其目的就是将欧洲公民的声音与他们的直选代表的声音汇聚在一起，不断磨合和碰撞，从而擦出火花以助力其政策决策。迄今为止，欧洲议会已经组织了多次 AGORA。2007 年 11 月 8 日到 9 日的首次大会以"欧洲未来"（The Future of Europe）为主题；2008 年 6 月 12 日到 13 日的大会主题则转向"气候变化"（Climate Change）。这两次大会都有超过 500 个非政府组织参加。2013 年 11 月 6 日至 8 日

---

① AGORA 是集会、大会的意思。自 2007 年以来，欧洲议会一直在"公民集会"（Citizens' Agora）这个名头之下组织与公民社会组织（即非政府组织）之间的磋商和对话。这一集会是一个开放的讨论空间，来自全欧的公民汇聚在一起，最终就一个话题提出一个共同的立场或解决办法。

召开的第三次 AGORA 大会主要围绕"青年就业"（Youth Employ-ment）展开，同样吸引了大量欧洲非政府组织的参与。①

从 20 世纪 50 年代初期受制于欧洲一体化在经济领域起步的现实，到通过在 20 世纪 80 年代和 90 年代间不断打造"特殊利益群体"和"公开协商"等特殊政治话语，并由欧盟就业、社会事务和融合总司牵头，着力在欧洲层面资助和扶持建立一系列的社会性非政府组织，欧盟终于在 2000 年之后迎来了非政府组织以欧洲经济社会委员会为依托，对欧盟委员会和欧洲议会等欧盟权势机构政策决策的广泛参与。而所有这些公众参与的重要前提皆为欧盟权势部门，特别是欧盟委员会基于欧洲一体化进程控制的考量以及围绕非政府组织所做出的全面而周详的话语设计和制度安排。

---

① European Parliament Website, http://www.europarl.europa.eu/atyourservice/en/20150201PVL00041/Agora.

第 三 章

欧盟—美国 TTIP 谈判中的
欧洲非政府组织倡导

自世界贸易组织多哈回合谈判止步不前以来，原本寄希望于在多边机制下推动自由贸易规则的欧盟，开始在国际贸易谈判方面实施"有选择的双边主义策略"①。从欧盟委员会于 2006 年和 2010 分别发布的《全球欧洲：竞逐世界》② 和《贸易、增长和世界事务》③ 两份贸易报告中可见，为了在全球范围内全力提升欧盟企业的市场准入，欧盟已将新一代的自由贸易协定（FTA）作为自 2008 年以来欧盟危机解决政策中的基础要素，已然将其置于欧洲全球战略的优先位置。而在这一系列的双边自由贸易协定谈判中，2013 年 7 月开始在欧盟和美国之间进行的跨大西洋贸易与投资伙伴关系协定（TTIP）谈判显然是重中之重。从表面看，通过进一步的贸易和投资自由化促进欧盟的经济增长，增加就业是欧盟在 TTIP 谈判中的现实经济利益诉求；但就其本质而言，通过重掌全球贸易和投资规制的制定权，重构全球经贸规则，抑制新兴市场国家特别是中国在经济全球化和多边贸易发展背景

---

① Boris Rigod, "The EU's New Trade Policy in Its Legal Context", *Columbia Journal of European Law*, Vol. 18, No. 1, 2012, pp. 277 – 306.

② European Commission, "Global Europe: Competing in the World-A Contribution to the EU's Growth and Jobs Strategy", Brussels, 14. 10. 2006, 567 Final.

③ European Commission, "Trade, Growth and World Affairs-Trade Policy as a Core Component of the EU's 2020 Strategy", Brussels, 9. 11. 2010, 612 Final.

下的快速崛起，以提振并最终扭转欧盟在全球贸易体系中地位下降的颓势，才是欧盟在 TTIP 谈判中的真正地缘战略考量。

　　TTIP 需要进行非常复杂的国际谈判，最终它的内容不仅取决于谈判结果，还要看它在多大程度上回应公民社会的关切。不同于传统的自由贸易协定，TTIP 谈判的目标不仅限于削减关税，更重要的是要清除货物贸易和服务贸易中的非关税壁垒，减少投资管制，在包括农业、食品安全、产品和技术标准、环境和劳工、知识产权、政府采购和可持续发展等等方面达成新的双边规则①。当 TTIP 谈判触碰这些非关税壁垒时，欧盟作为在贸易监管上标准更为严格的一方，势必要承受较大的压力。事实上，来自重量级谈判对手兼最重要盟友美国的压力还在其次，欧盟内部极为活跃的各类公民社会组织或非政府组织才是其最需要正视的压力源。众所周知，欧盟内部存在一系列事关上述问题的法案，它们与欧盟成员国的普通民众和消费者的生活息息相关。从环境组织到消费者组织，从非营利的研究机构到伞形的社会运动组织，欧盟内部的公民社会组织非常清楚：不透明的 TTIP 谈判一旦完成，极有可能导致欧盟在牺牲普通民众的基本权益的前提下，修改相关内部立法，从而在特定贸易领域放松监管。因此，阻止 TTIP 谈判的达成是大量欧洲非政府组织的重要行动目标之一。其实，在促成 2012 年 7 月欧盟否决《反假冒贸易协定》（ACTA）②的过程中，欧洲非政府组织掀起的反 ACTA 的社会运动就起到了至关重要的作用。经由这次成功的社会运动所累积的经验，欧盟公民社会组织针对跨大西洋贸易与投资伙伴关系协定谈判所进行的倡导更为全面。从参与其中的欧盟公民社会组织的基本构成类别、主要的政策主张、主要倡导渠道和倡导方式，可以管窥欧盟内部这类重要的非国家行为体的国际政

①　叶斌：《欧盟贸易协定政策的变化和影响》，《欧洲研究》2014 年第 3 期。
②　《反假冒贸易协定》（ACTA）是近年来由美国、日本和欧盟主导订立的一项新的知识产权国际贸易协定。其目标在于绕开新兴市场国家，进一步强化知识产权执法，构建知识产权国际保护新秩序。詹映：《〈反假冒贸易协定〉（ACTA）的最新进展与未来走向》，《国际经贸探索》2014 年第 4 期。

治作用。

第一节　针对 TTIP 谈判进行倡导的
非政府组织基本构成

"据《全球市民社会》报告的相关统计，有 60% 以上的国际非政府组织将总部设在欧盟国家，有 1/3 的国际非政府组织其内部成员集中在西欧。"显然，欧盟框架下的非政府组织历史比较悠久，规模较大，组织健全，经费也相对充足。① 特别是近年来其对欧盟自由贸易协定谈判的倡导热情极为高涨。参与其中的欧洲主要非政府组织包括欧洲社会运动网络、消费者权益保护组织、环境保护组织、劳工组织、非营利性的相关研究机构等。

一　非政府组织的社会运动网络

一般而言，社会运动网络是在各类非政府组织支持下围绕某核心倡导议题临时组成（或其后长期存在）的社会运动倡议架构。围绕阻止 TTIP 这一核心议题，欧盟框架下的最大社会运动网络就是"欧洲公民自组织动议——阻止 TTIP"② 社会运动网络。有超过 500 个欧盟成员国内部的非政府组织（包括工会组织）联合起来，共同支持该社会运动。同时该运动在多个欧盟成员国③都设有国家联络员，负责组织各欧盟成员国的非政府组织及其所号召的普通民众采取针对 TTIP 谈判的倡导行动，并协调各国非政府组织间的一致行动。该社会运动网络

---

① 徐莹：《当代国际政治中的非政府组织》，当代世界出版社 2006 年版，第 60 页。

② The Self-organized European Citizen's Initiative Stop TTIP, http：//stop-ttip. org/about-stop-ttip/.

③ 奥地利、比利时、保加利亚、克罗地亚、捷克、丹麦、爱沙尼亚、波兰、德国、希腊、匈牙利、爱尔兰、意大利、拉脱维亚、卢森堡、荷兰、葡萄牙、斯洛文尼亚、罗马尼亚、西班牙、瑞典和英国（http：//stop-ttip. org/national-contacts/）。

一方面在其官网上通过直观的视频和简明扼要的文字列举出 TTIP 谈判之于欧盟普通民众利益的关键损害所在，另一方面则是在欧盟各成员国民众中搜集大量网络签名。该行动于 2014 年 10 月 7 日发起网络签名，于 2015 年 10 月 6 日结束。另一个针对 TTIP 的大型社会运动网络名叫"西雅图到布鲁塞尔网络"（Seattle to Brussels Network），简称 S2B①。不同于临时组建的"欧洲公民自组织动议——阻止 TTIP"社会运动网络，S2B 在 1999 年世界贸易组织西雅图部长级会议之后即已建立，其主要行动目标就是挑战在商业利益驱动下的欧盟和欧洲各国政府的贸易议程。同时，它的成立也是为了顺应欧洲公民社会组织发起一致行动的需要。该社会运动网络致力于建设民主的新贸易体系，以促进经济公正，社会小康，性别平等，生态可持续发展，进而为所有人提供体面的工作，必要的物品和服务。S2B 架构下的非政府组织成员有 54 个，分别来自奥地利、比利时、克罗地亚、法国、德国、匈牙利、爱尔兰、意大利、荷兰、挪威、波兰、西班牙、瑞典、瑞士和英国等 17 个国家。S2B 在其官网上就欧盟的贸易战略、投资政策和自由贸易协定等问题都援引了多篇专业性较强的文章加以介绍。同时，其组织的行动多以温和性倡导为主，如邀请欧洲议会议员与欧盟各类非政府组织的成员一起就 TTIP 谈判中的投资者—国家争端解决机制（ISDS）问题进行公共辩论②；播放欧美著名国际贸易专家批评 TTIP 的受访音频及公众的提问和反思③。显然，S2B 社会运动网络针对的倡导目标一方面是权势部门的成员（如欧洲议会议员），另一方面则是有一定智识水平和思辨能力的欧洲精英阶层。

---

① Seattle to Brussels Network，http：//www.s2bnetwork.org/about-us/overall-goal/.

② Seattle to Brussels Network，http：//www.s2bnetwork.org/invitation-to-a-public-debate/.

③ Seattle to Brussels Network，http：//www.s2bnetwork.org/investor-state-dispute-resolution-will-eu-us-trade-deal-encourage-attacks-public-interest－2/.

二 欧盟层面的单个非政府组织

（一）伞状消费者组织

TTIP 谈判的多个条款涉及食品安全、技术标准、化学品风险管控、互联网商务和可持续发展等，这一切都与欧洲普通消费者的日常生活、基本隐私权和个人信息的保护息息相关。因此，旨在保护欧洲消费者权益的非政府组织在对 TTIP 谈判的倡导上也非常活跃。这样的组织共分两种，一种是完全由欧洲各国特别是欧盟成员国消费者组织组成，主要在欧洲活动的大型伞状消费者群体。其中，在维护欧洲消费者权益方面扮演着至关重要角色的欧盟最大的消费者非政府组织——欧洲消费者组织①就是最典型的代表。另一种则是跨越大西洋两岸，由欧洲和美国消费者权益保护组织共同组成的旨在通过对 TTIP 谈判的倡导最大限度地保护欧美消费者利益的对话类机制，如跨大西洋消费者对话组织（TACD）②。

欧洲消费者组织这一总部位于布鲁塞尔的消费者权益保护类非政府组织以伞状架构组合在一起，囊括了来自 31 个欧洲国家的 41 个国家级消费者组织，主要致力于对欧盟所有可能影响欧洲消费者权益的政策决策及其进展进行调查，其调查重点主要集中在最受欧洲消费者关注的五个方面：金融服务、食品、数字权益、消费者权益保护及可持续发展。BEUC 位于各国的成员组织雄厚的专业技术水平、丰富的相关知识储备以及各成员国组织间极强的集体协调能力，都赋予了这一伞状组织以超强的倡导实力。自 2013 年 7 月欧盟和美国启动 TTIP 谈判开始，BEUC 便与欧洲公共健康联盟以及欧洲地球之友（Friends of Earth Europe）共同组织了题为"欧美贸易谈判——公民社会的恐惧和期待"的记者招待会③，从消费、环境保护和公共健康的视角公开

---

① BEUC 是欧洲消费者组织（The European Consumer Organization）的别称。

② TACD 是"The Transatlantic Consumer Dialogue"的缩写。

③ BEUC, http://www.beuc.eu/publications/beuc－x－2014－033_ mgo_ annual_ report_ 2013. pdf.

为欧盟普通民众发声。该组织在业内的专业水平和广泛的号召力也同时得到欧盟委员会的认可，其主席莫妮卡·格耶恩斯（Monique Goyens）于 2014 年 1 月被任命为欧盟委员会 TTIP 顾问小组（TTIP Advisory Group）成员①，参与顾问小组的专门会议并提供政策谏言。随后，BEUC 开始组织并参与多个欧盟层面和欧盟成员国内部以 TTIP 为主题的研讨会。其中，BEUC 与欧洲地球之友及 BEUC 的下属成员 AK EUROPA 组织的一场关于"投资者—国家争端解决"② 机制的会议请到了国际贸易委员会主席伯纳德·兰吉（Bernd Lange）和美国驻欧大使安德鲁·加德纳（Andrew Gardner）等重量级主旨演讲者，为相关非政府组织直接与 TTIP 谈判方的互动和建言搭建了平台。此外，利用 2014 年恰逢欧洲议会选举年和欧盟委员会换届年这一契机，BEUC 还采取了一系列针对新议员和欧盟委员会新委员的倡导，以便使之对欧洲消费者而言迫在眉睫的问题一目了然。比如，BEUC 推出了《选举宣言》，为 2014—2019 年欧洲议会相关法案设定了消费者优先条款；组织了选举后的辩论，从而与欧洲议会新议员共同讨论欧洲议会选举结果对消费者的可能影响；出版了《消费者书：新委员会指南》，明确提出了新的欧盟委员会委员在任期内该为欧洲消费者做些什么。③ 在跨大西洋层面，BEUC 主要成员曾于 2014 年 5 月前往华盛顿参加主题为"TTIP 一年来——消费者就意味着生意"的跨大西洋消费者对话年会，来自欧美双方监管机构的高官和双方 TTIP 的主要谈判代表都参加了会议。可以说，在对欧盟和美国涉及 TTIP 谈判的权势部门及其官员

---

① 这个群体有 16 个成员，8 个代表来自非政府组织，其中有两人来自消费者组织。

② ISDS 对于国家政策变动、体制改革的接受程度非常低，在很多情况下将民众的合理要求、政府的合理应对与外资利益保护完全对立起来，对主权国家政府制定法律、调整政策都可能产生很大影响。在 TTIP 谈判中，美国坚定维护 ISDS，欧盟代表曾提出建立国际投资法庭（International Investment Court），但被美国否决。

③ BEUC, http://www.beuc.eu/publications/beuc - x - 2015 - 050_ annual_ report_ 2014. pdf.

所进行的倡导方面，BEUC 可谓不遗余力。而在针对欧盟普通消费者的倡导方面，BEUC 一方面为确保随时倾听欧洲草根民众有关 TTIP 的呼声和诉求而在其网站主页上创建了一个名为"消费者 TTIP 观"的博客①；另一方面则从 2015 年 8 月开始，连续发布了《TTIP 谈判中的食品》《TTIP 谈判中的数据流动》《TTIP 谈判中的化学物质》《TTIP 谈判中的投资者—国家争端解决》等一系列情况说明书，以简明扼要的方式陈述在与欧盟消费者息息相关的食品、化学物质、个人数据隐私安全等方方面面欧盟和美国在立法上的差异，其可能对欧盟消费者造成的影响以及政策建议。②

成立于 1998 年的跨大西洋消费者对话组织是旨在保护大西洋两岸消费者权益的伞状非政府组织，其成员包括 75 个美国和欧盟相关非营利性消费者群体。例如美国方面的美国消费者利益委员会、美国金融改革委员会、数字民主中心、食品安全中心、公共利益科学中心、媒体与民主中心、消费者行动组织、消费者报告组织、消费者监察等；欧盟一方的英国公民意见组织、希腊消费者保护中心、爱尔兰消费者协会、欧洲消费者合作群体、丹麦消费者委员会、欧盟健康行动国际组织、欧洲公共卫生联盟等等。③ 该组织的主页显示，TACD 经常将大西洋两岸参与 TTIP 谈判的政策制定者汇聚到一起，与欧盟和美国的消费者群体这一利益攸关方共同探讨特定议题④，因此其官网 TTIP 栏目显示的内容既有宏观的 TTIP 政策影响介绍，又对事关欧美普通消费者的多个议题展开分析探讨并提出建议。比如，TTIP 总揽（TTIP：Overview）一栏是从消费者权益角度对 TTIP 的总体评价；而 TTIP 政策陈

① The Consumer View on TTIP，参见 http：//www. beuc. eu/blog/.

② BEUC，http：//www. beuc. eu/transatiantic-trade-deal-factsheets.

③ TACD，http：//www. tacd. org/about-tacd/member-list/.

④ 2016 年 1 月 26 日召开的 TACD 年度论坛以 TTIP 谈判中关涉消费者的重要问题为核心进行讨论，论坛的主题为"TTIP 中的预警原则：是贸易壁垒还是对消费者的根本保护？"论坛参与者包括欧美双方政府官员，非政府组织代表，法律和商界人士等（http：//www. tacd. org/event/2016 - annual-forum/）。

述（TTIP：Policy Statement）一栏则以 9 份文件的形式，就 TTIP 中涉及欧美之间监管合作与协调、投资者—国家争端解决、金融监管、食品与营养问题、数字流动、互联网商务、知识产权和化学品监管等问题，着重从消费者权益维护的视角提出了 TACD 的政策建议；TTIP 信件（TTIP：Letters）一栏刊载了 TACD 给时任美国总统奥巴马、参与 TTIP 的美国贸易代表以及欧美的贸易官员的信件，要求各方敦促实现 TTIP 的透明性。[①]

（二）"社会正义组织"：欧洲公司观察组织（Corporate Europe Observatory）

欧盟公众对于 TTIP 的疑虑之一便是，一直暗箱操作的谈判很可能是在最大限度地保护大公司（企业）利益，从而牺牲欧盟的中小企业和普通民众的基本权益。于是，自 TTIP 谈判伊始，一些反对大公司特权的社会正义组织便应运而生，其中最为活跃抢眼的便是欧洲公司观察组织[②]。该组织是一个将研究和倡导行动集于一身的非政府组织，它深信阻遏大公司权势并曝光其漂绿行为及其对欧盟的政策游说，对于真正解决全球的贫困、气候变化、社会不公正、饥饿和环境恶化至关重要。因此，该组织主要是在调查研究的基础上，揭露和挑战在欧盟决策中发挥巨大影响的大公司及其利益。一旦发现欧盟的相关政策决策有加剧社会不公，引发环境问题等的恶果时，就是该组织的"出手"之时。目前，它的主要项目运作集中于国际贸易谈判、环境、经济和金融、食品和农业以及大公司对欧盟游说的专家群体。

针对 TTIP 谈判，欧洲公司观察组织从 2013 年底开始便连续在其官网上发表多篇文章，质疑欧盟委员会唯大企业马首是瞻。该组织揭露欧盟委员会为准备 TTIP 谈判曾与各利益攸关方举行了 135 次闭门会议，其中有 119 次是与大企业的游说者（Big Business Lobbists）碰头。

---

① TACD, http：//www.tacd.org/topics/policy/ttip.

② Corporate Europe Observer, http：//www.corporateeurope.org/about-ceo.

该组织还发表了泄漏出的谈判文本和欧盟委员会应对反 TTIP 声浪的公关战略。这一切行动不仅激起了欧洲议会对欧盟委员会的质疑，也吸引了各大媒体如德国公共电视台（German Public TV）、英国卫报和纽约时报的广泛关注，更激发了公民社会群体针对 TTIP 的一致行动。此外，欧洲公司观察组织还多次在布鲁塞尔组织围绕 TTIP 的公共辩论会，并在欧洲议会的听证会上发言。① 由于紧盯大公司和其游说团队是欧洲公司观察组织工作的重中之重，因此结合 TTIP 谈判中的投资者—国家纠纷解决机制，该组织于 2014 年发表了大量报告和文章抨击 ISDS 可能对现有欧洲环境标准造成的威胁，以及现有投资协议中的 ISDS 条款对危机中的欧洲正在造成的损害。此外，该组织还与比利时农民组织（Belgian Farmers' Groups）和一些工会团体一起发动了多次重要的社会动员，以促请欧盟委员会尽快停止在 ISDS 这一问题上与美方的磋商。②

（三）环境保护组织和劳工权益组织

2015 年 11 月 6 日，欧盟委员会公布了包括劳工及环境问题在内的贸易和可持续发展提案，强调该提案将作为重要内容纳入欧美正在进行的 TTIP 谈判。这是自 2013 年 7 月启动 TTIP 以来欧盟首次将劳工和环境条款纳入贸易协定谈判。该提案的主要目的是，在童工、工作健康和安全、工人的权益和环境保护等方面确保坚持高标准的劳工和环境标准。一旦达成协议，欧盟将努力确保该提案的所有条款得到尊重，执行和实施。提案主要内容包括"增强欧美之间合作以打击非法伐木、捕捞及买卖濒危野生动物；制定政策，防止或尽量减少对人类健康和环境不利的化学品或废物；促进绿色产品和技术的贸易和投资；支持国际劳工组织有关促进就业、劳工权益、社会保障包括非歧视和性别平等的战略目标；确保国际劳工组织核心劳动标准，包括结社自

---

① Corporate Europe Observer, http://www.corporateeurope.org/sites/default/files/ceo_ annual_ review_ 2013. pdf.

② Corporate Europe Observer, http://www.corporateeurope.org/sites/default/files/annualreview_ 2014. pdf.

由和集体谈判权利等"。①应该说,自谈判伊始一直闭门谢客、遮遮掩掩的欧盟,在谈判文本遭泄露之后,招致欧洲公民社会组织的强烈不满。此次欧盟委员会迫于压力将劳工及环境问题的相关提案最终纳入 TTIP 显然要归功于环保和劳工权益组织的持续倡导行动。这其中既有在欧盟自上而下开启的正式管道(TTIP 顾问委员会)内进行的温和性倡导,也有自下而上从官方管道外部发声的环保类和劳工权益类的非政府组织的倡导。

于 2015 年 4 月被纳入欧盟 TTIP 谈判顾问委员会的非政府组织共有 5 个,其中两个是环保类组织,另外三个是劳工权益类组织。环保类组织分别是欧洲环境署(EEB)和运输与环境组织(Transport & Environment);劳工权益组织包括欧洲工会联合会(European Trade Union Confederation),"一切工业"欧洲工会(Industri All European Trade Union)以及欧洲工会联合会。组建于 1974 年的欧洲环境署是欧洲最大规模的草根环境非政府组织联合会,其 159 个下属环保组织来自欧洲各国,特别是欧盟成员国。该组织最大的特色便是拥有智识非常强大的专家团队专门应对环保领域涉及生物多样性、废物处理、纳米技术、化学品、生态标签和气候变化等的棘手问题。也正是基于此,EEB 才拥有了长期向欧盟委员会、欧洲议会和欧盟理事会就环保问题建言的机会。始建于 1990 年的运输与环境组织代表了全欧洲 50 多个环境倡导组织的共同诉求,即在欧洲的地方、区域和国家层面推行对环境亲和的可持续的物流政策。在针对 TTIP 谈判的倡导上,欧洲环境署和运输与环境组织经常联合行动,例如,在获知被欧盟委员会纳入 TTIP 顾问委员会后,两个组织共同发布声明,审慎回应这一邀请,但也表示受邀进入顾问委员会本身是欧盟 TTIP 谈判提升透明度和诚信度的第一步。②而两组织近两年的年度报告显示,二者都将对 TTIP 倡导

---

① 商务部官网(http://www.mofcom.gov.cn/article/i/jyjl/m/201511/20151101160545.shtml)。

② European Environmental Bureau, http://www.eeb.org/index.cfm/news-events/news/eeb-ad-te-participate-in-ttip-advisory-group/.

的重点放在了 TTIP 谈判文本对欧盟公众的透明度、ISDS 机制问题、敦促组织公众咨商以探讨一切涉及环境和可持续性的所有监管合作问题上。

此外，大量未被纳入顾问委员会的环保机构也相当活跃，其中欧洲地球之友就非常典型。作为国际地球之友的欧洲分支和欧洲规模较大，极有声望的草根环保组织联合体，欧洲地球之友聚合了 30 个欧盟成员国国家级别的会员非政府组织和上千个地方性环保群体。其官网主页显示，自 2015 年 9 月开始该组织便连续发布了三份题为《TTIP威胁地方和国家民主》《TTIP 对农民、消费者和食品安全规则的影响》及《TTIP 谈判中的投资者—国家争端解决机制意味着什么》① 的情况说明文件（Fact sheets），分别向地方政策决策者（欧盟成员国政府和欧洲议会议员）以及欧盟的普通公众阐释了 TTIP 相关谈判条款对其可能造成的负面影响。2016 年该组织更是连续四个月发布了有关 TTIP危害欧洲环境的相关报告。其情况说明文件结构清晰紧凑，语言简洁通俗。而在"食品与 TTIP"专栏部分，该组织则用彩色卡通画配文字的方式向欧盟普通百姓说明，如若接受 TTIP 谈判，大家的餐桌上就得被 TTIP 送来经氯化处理的鸡肉、打了激素的牛肉制品、含有动物生长素的香肠、转基因的爆米花等等，那么最终的结论当然是坚决阻止TTIP 谈判！② 除了对欧盟普通民众进行倡导，欧洲地球之友可谓多管齐下：响应"欧洲公民自组织动议——阻止 TTIP"等社会运动网络的号召，在官网上发起阻止 TTIP 的网络签名，并协调欧洲各类非政府组织关切 TTIP 的步调以统一发起游行示威活动；与欧洲消费者组织紧密配合，组织有欧洲议会议员参加的主题研讨会，将民众最关心的 TTIP涉及的环保问题渗入其中加以倡导。如表 3－1 所示，随着 TTIP 谈判紧锣密鼓的进行，地球之友欧洲部针对欧盟和欧洲民众的环境倡导也

① Friends of the Earth Europe, http: //www. foeeurope. org/TTIP-factsheets-issues-explained－240915.

② Friends of the Earth Europe, http//www. foeeurope. org/served-by-ttip.

更加频密。自 2016 年 1 月开始至 4 月底，在地球之友欧洲部发表的 6
份报告中，有 4 份是关于 TTIP 对欧盟可能造成的环境危害，可以想见
该组织对 TTIP 议题的重视。

表 3－1　　　　地球之友欧洲部 2016 年前四个月发布的环境报告

报告发布时间	报告名称	英文名	备注
2016 年 4 月 28 日	出卖欧洲农民：TTIP 对欧洲农业的风险	Trading Away EU Farmers: the Risks to Europe's Agriculture from the TTIP	自由贸易协定对欧洲农业的可能危害
2016 年 4 月 19 日	投资法院系统试运行：新欧盟提议将促使投资人对健康和环境造成损害	Investment Court System put to the Test: New EU Proposal Will Perpetuate Investors' Attacks on Health and Environment	自由贸易协定对欧洲健康和环境的可能危害
2016 年 2 月 22 日	石油公司与气候：投资者如何利用贸易协定破坏环境行动	Oil Corporations VS Climate: How Investors Use Trade Agreements to Undermine Climate Action	自由贸易协定下石油公司对环境的可能危害
2016 年 2 月 19 日	投资法院系统，乔装改扮的 ISDS 体系：欧盟提议无法修复系统漏洞的 10 个原因	Investment Court System, ISDS in Disguise: 10 Reasons Why the EU's Proposal Doesn't Fix a Flawed System	从环境角度分析自由贸易协定中 ISDS 体系对欧洲的可能危害
2016 年 1 月 26 日	气候的淘气鬼：错误导向的花费阻碍欧洲清洁能源的转型	Climate's Enfants Terribles: Misguided Spending is Holding Back Europe's Clean Energy Transition	欧盟环境投入对清洁能源转型的负面影响

续表

报告发布时间	报告名称	英文名	备注
2016 年 1 月 25 日	自然是我们的权利：欧洲自然保护政策人人受益	Nature is Our Right: Policies to Protect Nature in Europe for the Good of Everyone	欧盟可能削弱关键法令而对环境造成的可能危害

资料来源：Friends of the Earth Europe，http：//www. foeeurope. org/publications.

　　根据表 3 - 2 的统计，从劳工权益的立场看，大部分欧盟的劳工非政府组织对 TTIP 谈判已经表现出了非常强硬的反对态度。虽然被纳入顾问委员会的"一切工业"欧洲工会没有坚决反对 TTIP，但其对谈判的多个方面表达了关切，并通过其立场文件明确了支持 TTIP 的 9 个最低门槛：第一，TTIP 不能被当成不作为的借口；第二，必须确保透明度；第三，提高工人权益；第四，主动促成"体面工作议程"；第五，TTIP 不能成为降低监管门槛的工具；第六，保留预警原则；第七，服务方面不可自由化；第八，剔除 ISDS 机制；第九，TTIP 不能替代民主权利。"一切工业"欧洲工会强调，是否尊重上述要求将决定未来该工会组织是否支持 TTIP 的谈判进程。①而另一在册的顾问委员会成员欧洲工会联合会则在其立场文件中②非常详尽地陈述了其在劳工权益保护、环境保护、欧洲议会的责任、投资者—国家争端解决机制、农业、音像及文化产品及服务条款等方面的具体关切。

---

　　① IndustriAll European Trade Union，http：//www. industriall-europe. eu/committees/IP/Polpaper/PP2014 - o3 - TTIP-EN. pdf.

　　② European Trade Union Confederation，http：//www. etuc. org/documents/etuc-position-transatlanti-trade-and-investment-parnership#. Vovi0hE800c.

表 3 - 2   欧盟工会组织对于 TTIP 的立场

工会名称缩写	所在地	对 TTIP 立场	对 ISDS 立场
GdG-KMSfB	奥地利	停止	反对
OGB	奥地利	停止	
ABVV/FGTB	比利时	停止	
FOA	丹麦	关切	
CGT	法国	停止	
FSU	法国	停止	
USS	法国	停止	
DGB	德国	停止	反对
GEW	德国	停止	
IG Metall	德国	停止	
Ver. di	德国	停止	
IFUT，INTO	爱尔兰	停止	反对
ICTU	爱尔兰	停止	
CGIL	意大利	停止	
UIL	意大利	停止	
COBAS	意大利	停止	
LCGB	卢森堡	停止	
Syprolux	卢森堡	停止	
FVN	荷兰	停止	
OGBL	卢森堡	停止	
CCOO	西班牙	停止	
CGT	西班牙	停止	
UGT	西班牙	停止	
USO	西班牙	停止	
GMB	英国	停止	反对
NASUWT	英国	关切	反对
NUT	英国	停止	
PCS	英国	停止	
UNISON	英国	停止	反对
TUC	英国	停止	
Unite the Union	英国	停止	反对

续表

工会名称缩写	所在地	对 TTIP 立场	对 ISDS 立场
UCU	英国	停止	反对
EFPSU	欧洲	关切	
ETUC	欧洲	关切	反对
ETUCE	欧洲	关切	
Industri All ETU	欧洲	关切	
IUF	欧洲	停止	
PSI	欧洲	停止	
UNI Europa	欧洲	停止	

资料来源: Stop TTIP, http://www.stop-ttip.org/trade-union-positions-on-ttip-ceta-isds/.

第二节　欧洲非政府组织对 TTIP 的主要政策关切及主张

一　化学品管控①

2006 年欧盟出台了世界上最为雄心勃勃的化学品规则 REACH②, 以确保人与环境的安全, 其基本原则是"无数据—无市场"(No Data-No Market), 即不提供欧盟标准的化学品相关数据, 就无法进入欧盟市场。而美国虽然也有《有毒物质控制法》(TSCA Toxic Substances Control Act), 但其在化学品风险管理方面采用的方法与欧盟有很大不同, 特别是在涉及对人体内分泌系统和纳米物质产生影响的化学品干预等方面, 欧盟的法律显然要更为严格。在此背景之下, 欧盟和美国开始了跨大西洋贸易投资伙伴关系谈判, 而其重点主要是消除非关税贸易壁垒, 提高市场准入。TTIP 的主要目标是防止和缩小欧美在贸易

---

① BEUC, http://www.beuc.eu/publications/beuc - x - 2015 - 075_ factsheet_ food_ in_ ttip.pdf.

② 欧盟委员会于 2006 年出台的《欧盟化学品规则 2006》是关于化学品注册、评估、批准和限制的法规。Regulation (EC) No 1907/2006 Concerning the Registration, Evaluation, Authorization and Restriction of Chemicals (REACH).

规范方面的差异（如会优先考虑在化学品评估和评估方法上的合作；在化学品的分类和标记方面的合作以及在关涉纳米物质和对人体内分泌系统影响上的合作）。而美国贸易年度报告①却显示，美国强烈批评欧盟的环境和化学法案，指责其是为贸易设置技术壁垒。美国反对欧盟实施 REACH，也反对欧盟对影响内分泌系统的化学物质设置科学标准。2014 年的报告还批评了一些欧盟成员国对相关纳米物质进行国家登记。显然美国并不认同欧盟的理念，即预警原则（Precautionary Principle）和风险管控方式（Hazard-based Approach），也不希望欧盟使用风险评估的办法来管控农药和杀虫剂，更不支持采用积极举措去替代危险化学品。因此，欧盟消费者组织和环境保护组织最大的担心之一是，欧盟和美国在 TTIP 谈判中的化学品领域（Chemical Sector）的合作会使得欧盟实施 REACH 法案的速度减慢，而在未来其他相关法案和举措的出台和实施方面也会越来越保守。如若欧盟迫于美国压力偏离其风险管理办法，那么欧洲民众在与美国更为密切的合作中将毫不受益。

二 农产品与食品②

欧盟和美国在现有的食品安全和标签标准等食品政策上完全不同。从基础原则看，欧盟采取的是预警原则，美国是效益原则。欧盟食品法的一大特点是尊重消费者的选择并承认其他如社会因素、经济因素、伦理因素或环境关切及消费者期待等因素的存在，并将之纳入到欧盟食品政策制定和食品安全的考量中。依据欧盟的食品标签规定，任何进入欧盟的食品或农产品都必须告知欧盟消费者其所含的转基因或纳米成分，但美国目前在食品标签方面没有此类规定；此外，欧盟禁止

---

① United States International Trade Commission, *The Year in Trade 2014: Operation of the Trade Agreements Program 66ᵗʰ Report*, July 2015, http://ww.usitic.gov/publications/332/pub4543.pdf.

② BEUC, http://www.beuc.eu/publications/beuc-x-2015-072_factsheet_food_in_ttip.pdf.

激素和其他任何类型的牲畜催长素，但这些物质在美国不但不被禁止，美国农民还抱怨欧盟的方法是不公平的贸易壁垒；欧盟要求，只要食品中的转基因含量超过 0.9%，就必须在食品标签中进行标注，但美国没有此类要求，且还在 TTIP 谈判中提出通过信息扫码而非标签标注的方式向消费者提供转基因信息；欧盟有 83% 的消费者不愿食用克隆动物食品，而美方代表明确提出他们将对欧盟法律中任何针对克隆技术的不科学判断提出挑战。

当下各欧洲非政府组织，特别是消费者组织和环保群体对欧盟委员会的主要倡议是必须在有关化学品、农产品和食品的条款谈判中严格坚持预警原则和风险管控原则；必须自由设定保护标准，绝不牺牲监管主权；敦促美方为消费者权益向监管上线看齐；采取更严厉措施解决家禽过度（误用）抗生素问题；在食品供应中禁止使用工业生产的反式脂肪酸。

三　投资者—国家争端解决机制

事实上早在 1966 年便被国际复兴开发银行确立的这一机制，其原本意图是为了保护投资者在相关法律法规不甚健全的国家免受侵害。而今，投资者—国家争端解决机制是被广泛纳入到双边贸易协定中的重要的投资者—东道国仲裁机制。依照该机制，投资者可以以国际法基本准则为依据保护其投资权益。具体而言就是，一旦因为东道国的原因投资者认为保护其权益的基本标准[①]受到侵害，就可将相关争端诉诸联合国"解决投资争端国际中心"寻求解决。而执意要将 ISDS 纳入到 TTIP 谈判的欧美双方则遭到了欧洲非政府组织，特别是一些环保组织以及普通民众的广泛质疑。他们认为，既然该投资仲裁并不在东道国的司法体系下进行而是由独立的仲裁机构完成，那么 ISDS 实际

---

① 如非歧视原则，即外国投资者享有最惠国待遇和国民待遇；反对非法征收，即反对投资东道国基于非公众利益的没收，且没有进行公平补偿；公平与公正待遇、尤其是诉讼中的正当程序；保证投资者资本和收益的自由转移等原则。

上赋予了投资者超越东道国法律的权利，即便最终的仲裁结果与东道国的法律不一致东道国也要接受。他们特别担心一些实力强劲的美国大企业利用国际法庭状告政府，进而迫使欧盟降低在环境、劳工、食品安全等方面的一些保护性准则以"取悦商业游说团"。[①] 在很多欧洲非政府组织看来，尽管欧盟委员会承诺会就该机制的原则模糊性和争端处理程序透明度低的问题采取相应改进措施，但这不能从实质上改变该机制的结构性不公正问题，即这本质上就是一个维护商业利益的机制，其包括仲裁方、律师和公司等的所有积极参与者都在提请诉讼和增加诉讼案的过程中有既得利益可循。它只赋予了投资者权利，而当投资者的行为造成了负面影响并损害了公民的各项权利时，欧洲的普通民众却无力将其绳之以法。因此，绝大部分欧盟的消费者组织、环保组织、社会正义组织和部分工会组织都强烈要求欧盟委员会将IS-DS 机制排除在 TTIP 谈判之外。

四　数据隐私问题

TTIP 的谈判还涉及电子商务和跨大西洋信息流动，即谈判中所包含的多边贸易服务协议试图在金融服务、电信和电子商务方面开放市场，允许金融机构在国与国之间自由传输数据，包括个人信息。对于数据保护，欧洲人把它看作是公民的一项基本权利，而美国却把它视为贸易壁垒。欧盟的各类非政府组织，特别是消费者群体极为担心经过 TTIP 谈判，欧盟公民的个人信息将毫无保障地被传入美国；所有美国公司掌握的欧盟消费者信息，在没有任何法律保护的前提下，随时可以被美国法律执行机构调取；同时，这些信息还可以在没有达到欧盟隐私标准的情况下，从美国被转入任何与美国签署了双边贸易协议的第三方国家。而这一切也将减慢欧盟内部数据保护框架的改革步伐。欧洲数字权利协会（European Digital Rights，简称 EDRI）就此指出：

---

① 宋锡祥、闵亮：《美欧 TTIP 谈判最新进展及中国的应对策略》，《国际商务研究》2015 年第 3 期。

"在 TTIP 框架下，如果把自由流动的数据隐私交由 TTIP 争端解决法庭来裁决，欧盟将失去保护数据隐私所需要的必要手段。"[①] 因此，欧洲非政府组织建议欧盟在不承认隐私和数据信息是贸易壁垒的前提下，在 TTIP 谈判关于个人信息流动和数据保护原则的磋商中有所保留，至少要等到欧洲议会和成员国通过了数据保护改革一揽子计划之后再做决定。

五 欧盟公众的民主权利

欧盟非政府组织在 TTIP 谈判背景下所关注的民主问题涉及两个方面，一方面是协议的决策过程和谈判过程是否民主；另一方面是一旦协议被批准通过，那么 TTIP 会怎样影响到欧盟政策的民主决策。面对欧盟各类非政府组织的强大压力，欧盟委员会于 2014 年 11 月誓言要增加 TTIP 谈判的透明度，允许所有欧洲议会议员查阅谈判文件，并将欧盟谈判提案向社会大众公开[②]。对于后一个问题，众多欧洲非政府组织认为 TTIP 将威胁到地方和国家层面的民主决策。一个原因是 TTIP 的整体设计就是鼓励公共服务的私有化，这其中包括教育和环保服务的私有化。那么地方政府决定如何用最佳方式提供地方公共服务的权限将被大大缩减甚至剔除，而待到要想回收这些公共权限时，则会代价巨大。同时，由于民主选举产生的地方和国家政权在健康和安全、食品标准、环境、公共采购规则和国家补贴等等方面必然受到 TTIP 协议具体细节条款的束缚，因此欧盟的公共政策空间将受到极大限制。例如，地方政府将无法制定社会或环保标准或出台对转基因农作物的限制法令。简而言之，当相关服务达不到公众要求时，欧盟普通公民无法诉诸经民主选举产生的地方和国家政府以解决问题，公民影响公共政策决策的民主权利也便被相应的剥夺了。目前，大量欧洲

---

① EDRI，"TTIP and Digital Rights"，http：//edri. org/files/TTIP_ and_ Digital-Rights_ booklet_ WEB. pdf.

② European Commission，http：//ec. europa. eu/news/2014/docs/c_ 2014_ 9052_ en. pdf.

非政府组织反对任何破坏地方民主和决策并试图规范公共利益的贸易协定，同时建议欧盟的各地方政府宣布所辖地区为"TTIP 自由区"并公开表达它们对 TTIP 谈判的严重关切。

第三节　欧洲非政府组织对 TTIP 谈判的倡导及实质分析

一　关键欧洲非政府组织被欧盟制度化，其倡导的合作性明显

如前所述，根据法兹和史密斯两位专家的研究，欧盟目前主要通过 5 种方式将非政府组织纳入其制度设计中。而在于 2015 年 4 月成立的欧盟—美国 TTIP 谈判顾问委员会中，欧洲非政府组织代表则基本上已被纳入欧盟 TTIP 谈判的总体框架之中。欧盟—美国 TTIP 谈判顾问委员会总共有 15 名成员，其中有 10 名来自于欧盟级别的大型伞状非政府组织。而贴着"欧盟伞状组织"的组织标签就意味着这些非政府组织历来与欧盟各机构，特别是欧盟委员会，具有非同寻常的关系。事实上，一些组织不仅长期接受欧盟各机构的资助，甚至它们在建立之初就得到了欧盟委员会的鼎力协助。以欧洲环境署为例，该伞状非政府组织从欧盟获取的资助主要来自于欧盟委员会气候行动总司（DG Climate Action）、环境总司（DG Environment）、国际合作与发展总司（DG International Cooperation and Development）以及研究与创新总司（DG Research & Innovation）。[①] 此外欧洲环境署也从顾问委员会中的成员组织欧洲运输与环境联合会获得资助。再以在欧盟委员会资助下组建成立的欧洲消费者组织[②]为例，该组织自成立以布鲁塞尔为总部的欧洲协会以来，一直长期接受欧盟委员会相当数量的资金资助。2014 年欧盟委员会对欧洲消费者组织的资助占到欧洲消费者组织运营预算

---

① EEB, http://www.eeb.org/index.cfm/about-eeb/our-donors/.

② 该组织在 1962 年 3 月由比利时、卢森堡、法国、荷兰、意大利和德国的消费者组织合力始建；后来在上世纪 90 年代以布鲁塞尔为总部创建消费者组织欧洲协会。

的39%以及总预算的30%。欧盟在2014—2019年对欧洲消费者组织的总体运营资助达到了140万欧元,平均每年高达28万欧元。① 即便在组织建立之初没有得到欧盟委员会的扶持,但与这两个组织相类似的是,所有欧盟—美国TTIP谈判顾问委员会的其他在册非政府组织都是直接或间接依托二级伞状组织在欧盟委员会特定网站注册并获得对欧盟委员会进行咨商资格的非政府组织。而也正是凭借与欧盟委员会相关总司的这样一种关系,这些组织长期通过申请欧盟相关项目获得活动和运营资金,历来与欧盟委员会合作愉快,即便是一般说来最具斗争精神的工会组织也不例外。被选中的三个工会组织在回应欧盟委员会有关TTIP谈判的咨商方面,态度相较于其他工会组织明显缓和,对TTIP的总体态度是"关切"而并非"反对"。因此,被通过金钱资助及咨商安排相当程度地纳入欧盟政策决策机制中的欧洲非政府组织,到底能在多大程度上代表欧洲草根民众真正发出事关民众重要利益的呼声,其实是一个值得商榷的问题。

表3-3　　欧盟—美国TTIP谈判顾问委员会非政府组织成员信息

成员人名	所在非政府组织名称	备注信息
1. 乔斯·丁斯 Jos Dings	欧洲运输与环境联合会（European Federation for Transport and Environment）	二级伞状组织绿10成员（绿10也是CSCG成员）
2. 莫妮克·戈耶斯 （Monique Goyens）	欧洲消费者组织（BEUC, European Consumer's Organization）	二级伞状组织
3. 伊万·霍达克 （Ivan Hodac）	欧洲汽车制造商协会（European Automobile Manufacturers'Association）	二级伞状组织
4. 汤姆·詹金斯 （Tom Jenkins）	欧洲工会联合会（European Trade Union Confederation）	二级伞状组织
5. 苏珊·尼罗格斯特鲁普（Susanne Logstrup）	欧洲心脏网络（European Heart Network）	二级伞状组织

---

① BEUC, http://www.beuc.eu/about-beuc/financial-information.

续表

成员人名	所在非政府组织名称	备注信息
6. 奎多·奈利森（Guido Nlissen）	工业欧洲工会组织（Industrial European Trade Union）	二级伞状组织
7. 菲利克斯·纽加特（Felix Neugart）	德国工商协会（Association of German Chambers of Commerce and Industry）	欧洲工商协会（为二级伞状组织）成员组织
8. 派克·派森内（Pekka Pesonen）	农业游说组织（COPA-COGECA, Committee of Professional Agricultural Organizations-General Confederation of Agricultural Coaperatives）	二级伞状组织
9. 彼得·德·波斯（Pieter de Pous）	欧洲环境署（European Environmental Bureau）	二级伞状组织
10. 妮娜·仁肖（Nina Renshaw）	欧洲公共健康联盟（EPHA, European Public Health Alliance）	二级伞状组织

资料来源：European Commission，http：//trade. ec. europa. eu/doclib/docs/2014/october/tradoc_ 152842. pdf.

二　在咨询委员会中纳入工商业非政府组织群体，使公民社会构成复杂化

在欧盟—美国 TTIP 谈判初期，欧洲非政府组织最大的不满便是谈判以闭门会议为主，同时对其涉及欧洲普通公民的重要细节不做公开的状态。对欧盟试图保护大企业和大资本的利益而罔顾欧洲普通民众权益的批判声音不绝于耳。于是，欧盟在压力之下开始将 TTIP 的谈判细节适度开放并同时将一些欧洲既有的法律条款如有关环境、食品安全、消费者私人信息保护等的法令也纳入谈判条件，做出了对欧洲公民个人权益诉求的一种认可和保护的姿态。这些进步与非政府组织的倡导，特别是对抗性倡导不无关系。但是，欧盟这一历来善于与非政府组织打交道的超国家机构也自然有其应对公民社会组织的独到之处。参与合作性倡导的欧盟—美国 TTIP 谈判顾问委员会的非政府组织成员不仅仅包括为底层草根民众利益和诉求"出头"的环保组织、劳工组

织、农业组织和消费者群体，作为工商业组织代表的欧洲汽车制造商协会和德国工商协会也被纳入其中。事实上，欧洲经济社会委员会在对非政府组织的划分上一直将雇主组织与劳工群体并立。那么将代表雇主利益的非政府组织群体纳入到顾问委员会显然是无可厚非的。就欧盟—美国 TTIP 谈判所涉及的主要内容而言，谈判如若成功，最为受益的无疑是工商业界。因此，引入欧洲汽车制造商协会的代表以及德国工商协会的代表，显然是旨在平衡劳工组织以及其他类型草根非政府组织所代表的普通欧洲民众的利益。虽然从数量对比上而言，工商业雇主组织的人数毫不占优，但其所拥有的财富以及相应的社会资本却不容小觑。根据学者海克·克鲁弗（Heike Kluver）的实证研究，经济实力"极大地助力于"包括非政府组织在内的"利益群体"的倡导结果。[①] 以这种复杂构成的公民社会群体进行对欧盟—美国 TTIP 的顾问和咨商，在一定程度上可能会弱化对欧洲草根民众利益诉求的全方位保护。但这种最大限度选取公民社会群体广泛代表的做法又是无可厚非的。

三 对抗性倡导更多在欧盟成员国层面展开，策应欧洲非政府组织的合作性倡导

对于欧盟—美国 TTIP 谈判的对抗性倡导主要由跨国社会运动网络发起。欧洲跨国社会运动的特点在于，作为发起方的主要社会运动组织是被排除在欧盟制度化的政策决策参与之外的。也正是由于置身制度之外，它们可以不受制度的限制与束缚，向欧盟相关决策发起更猛烈的批评。但由于深知不能靠几个社会运动组织势单力薄的行动，它们总是在地方（欧盟成员国）和欧洲层面联合起大量有类似目标和诉

---

① 在海克的实证研究中，决定倡导结果的 3 个重要因素是（面对欧盟委员会的咨商）能够提供大量的专业知识与信息、拥有广泛的民众支持以及强有力的经济实力。因此，组织的经济实力在其倡导中是一个十分重要但非决定性的因素。Heike Kluver, *Lobbying in the European Union*: *Interest Groups*, *Lobbying Coalitions*, *and Policy Change*, Oxford University Press, 2013, pp. 167 – 172.

求的非政府组织作为同盟，共同向欧盟相关政策发起"冲击"。"欧洲公民自组织动议——阻止 TTIP"这个欧洲层面的跨国社会运动网络大量策动了对 TTIP 有共同质疑的欧洲非政府组织以及欧盟各成员国的非政府组织对 TTIP 的抗议行为。为了全方位动员欧洲民众，"阻止 TTIP"跨国社会运动首先在其网站上设置了"为什么"（Why）这个栏目。用最为简洁清晰的语言归纳了有关 TTIP 的 8 个"严重问题"，并辅之以相关视频，用直观的方式凸显 TTIP 如若达成的严重后果。这些政治信息通过网络在欧洲的广泛传播旨在使广大欧洲民众产生必须通过集体行动才能最终解决问题的动力。在大量搜集名为"反对 TTIP 欧洲动议"的网络签名之后（截至 2016 年 3 月 3 日已经搜集到 340 多万），组织和协调大规模的游行示威活动是该跨国社会运动组织最擅长的抗议性倡导活动。迄今为止针对 TTIP，社会运动网络及其网络之下的大量非政府组织已经策动了两次大规模的游行示威。发生于 2015 年 4 月 18 日的欧洲大游行正值欧盟—美国 TTIP 第 9 论谈判进行的过程中，德国民众在柏林、慕尼黑、法兰克福、斯图加特等城市举行了约 200 场抗议示威，参与人数多达近 3 万人。欧洲其他主要城市，包括布鲁塞尔、马德里、赫尔辛基、布拉格和华沙都有上千人响应。而 2015 年 10 月在德国进行的反 TTIP 欧洲大游行更是规模罕见，有 25 万人从德国各地乃至其他欧盟成员国赶到柏林加入游行队伍。而在游行进行前，"欧洲公民自组织动议——阻止 TTIP"运动向欧盟委员会递交了一份要求"立即终止 TTIP 谈判"的请愿信。通过检索"欧洲公民自组织动议——阻止 TTIP"社会运动网络主页上长长的联盟（Alliance）组织名单[①]，不难发现，其主要的联盟组织都是欧盟成员国级别的非政府组织，其中德国的非政府组织最多，数量为 129 个。这也就是为什么两次大规模游行时，德国的声势最为浩大，而第二次游行主要在德国进行的原因。

———————

① 共 522 个非政府组织。Stop TTIP, http：//www. stop-ttip. org/wp-content/uploads/2015/12/ECI-Partner-List_ 15_ 12_ 18. pdf.

这些由社会运动网络策动和发起的，主要在欧盟成员国进行的反TTIP游行，看似声势浩大，但到底影响力几何呢？事实上在政治场域中，有多个要素决定了社会运动的真正影响潜力。第一，那些对正式或非正式参与政策决策的渠道加以限定的制度安排；第二，社会运动搭建起的广泛政治联盟的稳定性；第三，有影响盟友或支持群体的存在或缺乏；第四，统治精英的裂隙程度；第五，不断变化的规范。①在欧盟—美国 TTIP 谈判的背景之下，欧盟各主要政策决策机构可被视为统治精英，而 TTIP 谈判的具体内容则可看作是不断变化的规范。将这两点作为给定条件，从前三点一一考察就不难发现，实施对抗性倡导的社会运动网络虽然能够在声势上对欧盟机构构成一定程度的表面压力，但是对于习惯于制度化精英游说的欧盟而言，大部分社会运动网络中的非政府组织连欧盟机构政策决策的非正式渠道都难以进入，就更不用说那些正式渠道了。要想真正对欧盟决策施加实质性的影响还是要依赖欧洲非政府组织的合作性倡导。但是问题在于，如果把这些与社会运动网络建立战略联盟并主要实施合作性倡导的欧洲非政府组织看作是"有影响力的盟友或支持群体"，它们的数量却又相对较少，总共只有 37 个，这说明大部分欧洲非政府组织至少并不坚决反对TTIP。更重要的是，在这仅有的 37 个欧洲非政府组织中还有多家非政府组织是被欧盟各机构制度化了的、定期向欧盟进行咨商的组织，如欧洲环境署、地球年轻之友欧洲（Young Friends of the Earth Europe）、无条件基本收入欧洲部（Unconditional Basic Income Europe）、慢食国际（Slow Food International）、绿色预算欧洲（Green Budget Europe）、欧洲地球之友、食物与水欧洲（Food & Water Europe）以及欧洲公司观察组织。这些组织其实是属于观点上的骑墙组织，即它们在表面上态度坚决，似乎反对 TTIP 谈判的一切条款，但事实上这些组织在其网

---

① Jackie Smith, Ron Pagnucco and Charles Chatfield, "Social Movements and World Politics: A Theoretical Framework", in Jackie Smith, Charles Chatfield and Ron Pagnucco eds, *Transnational Social Movements and World Politics: Solidarity Beyond the State*, Syracuse, NY Syracuse University Press, 1997, p. 68.

站上有关 TTIP 的立场文件只是针对 TTIP 可能对欧洲公众利益带来的特定问题表示担忧，并不打算坚决阻断 TTIP①。如果社会运动组织的支持群体数量本身就有限，同时还与跨国社会运动"阻止 TTIP"的极端诉求目标不完全一致，那么其对欧盟相关政策决策的真正影响力就自然要大打折扣了。一般而言，"一个社会运动越能将广泛的公众利益凝聚成具体的政策要求，就越能有效协调其跨国战略，并利用政府间制度安排所提供的政治机会"。②但"阻止 TTIP"社会运动事实上没有为相关的欧盟政策决策改进留出任何余地，而直接要求欧盟停止 TTIP 谈判，这对不习惯给予对抗性倡导任何参与政策决策谈判空间的欧盟③而言无疑是不可能接受的现实。从另一个角度看，只要欧洲非政府组织与欧盟之间有关 TTIP 的合作性倡导互动一直在进行之中，就说明欧洲非政府组织只是在修正欧盟在 TTIP 谈判中的立场以便尽最大努力保护欧洲公众的利益，而并非彻底消灭 TTIP。总体而言，真正能够对欧盟机构政策决策进行咨商和倡导的只有欧洲层面的非政府组织；而跨国社会运动网络所策动的欧盟成员国发起的大规模游行也仅止于是一种声势上的压力而已，这种对抗性倡导更多的还是在策应欧洲非政府组织的合作性倡导，从而使合作性倡导的倡导重点能够更多地得到欧盟政策决策机构的真正重视和采纳。

---

① 目前这些组织对于 TTIP 最主要的纠结之处是 TTIP 谈判不公开不透明的不民主操作以及投资者—国家争端解决机制（ISDS）。欧盟针对欧洲民众对 ISDS 的广泛不满，又炮制出了一个新的投资法院系统（Investment Court System），但大部分非政府组织认为这只是新瓶装旧酒，换汤不换药，因此不买账。

② Jackie Smith, Ron Pagnucco and Charles Chatfield, "Social Movements and World Politics: A Theoretical Framework", in Jackie Smith, Charles Chatfield and Ron Pagnucco eds., *Transnational Social Movements and World Politics: Solidarity Beyond the State*, Syracuse, NY Syracuse University Press, 1997, p. 69.

③ Gary Marks and Doug McAdam, "On the Relationship of Political Opportunities to the Form of Collective Action: the Case of the European Union", in Donatella Della Prota, Hanspeter Kresi and Dieter Rucht, eds., *Social Movements in a Globalizing World*, Great Britan, Macmillan Press Ltd, 1999, p. 103.

　　问题在于，虽未全盘否定 TTIP，但若要满足欧洲非政府组织在针对 TTIP 的合作性倡导中对欧盟各主要权势机构提出的要求和条件却并非易事。在欧洲非政府组织的"搅扰"之下，欧盟—美国之间的 TTIP 谈判仍将步履艰难。据德国联邦经济和能源部近期的一份内部评估报告透露，双方经过 14 轮艰苦谈判，却未能在近 30 个章节中的任何一项达成一致，更在政府采购、原产地标识、降低农产品关税、投资保护等问题上分歧严重。①而英国脱欧及美国两位总统候选人对自贸协定的质疑，都将为双方 TTIP 谈判的前景增加极大的不确定性。

---

　　① 商务部：《德国经济部内部报告认为 TTIP 谈判短期内成功无望》（http://www. mofcom. gov. cn/article/l/jyjl/m/201608/2016081376943. shtml）。

第 四 章

欧洲环境非政府组织与
欧盟的环境治理

作为当今世界一体化程度最高的区域性超国家组织，欧盟一直在环境治理上展现出"全球领跑者"的姿态。其独具特色的一体化环境政策体系，无论是在对欧盟内部的环境治理方面，还是在欧盟对全球环境治理的参与方面都取得了十分显著的效果。而在这一过程中，欧洲环境非政府组织对欧盟从内而外的全方位环境治理的积极介入功不可没。当然，欧洲环境非政府组织的作用发挥又在很大程度上得益于欧盟为其提供的较为完备的政治机会结构。

第一节　欧盟委员会为欧洲环境非政府
组织提供政治机会结构

作为政治社会学中的一个经典概念，政治机会结构是"由用于社会动员的资源、制度安排和历史惯例所形成的格局"或"政治背景"。[①] 这种"一致的但并不一定是正式或永久的政治环境……为集体

---

① Herbert P. Kitschelt, "Political Opportunity Structures and Political Protest: Anti-Nuclear Movements in Four Democracies", *British Journal of Political Science*, 16, 1986, pp. 57 – 85.

行动提供了动力"。① 具体而言，政治机会结构主要是指民族国家、政府间国际组织，亦或是超国家行为体等的权力中心，为（跨国）社会行为体（如非政府组织）的集体行动所提供的物质性和（或）非物质性组织资源以及相应的制度性结构安排。② 在内部的环境治理层面，欧盟这一超国家行为体便为欧洲环境非政府组织打造了一套较为完备的政治机会结构，以期促成环境非政府组织在欧盟制度架构之内与之进行更为全面深入，同时也是尽在欧盟掌握之内的可控合作。

一 完备的法律与制度性结构安排

欧盟作为一个政治开放程度极高的权力中心，首先在其极为重视的环境领域为非政府组织创制了相当健全的制度性结构，即其为非政府组织正式参与其环境政策决策过程而特别进行了相应的法律化和制度化的安排。

（一）《奥尔胡斯公约》奠定法律基础

在法律层面，欧盟于 1998 年签署的《奥尔胡斯公约》（Aarhus Convention）在赋予公民环境权的同时，为环境非政府组织全面参与欧盟的环境治理奠定了法律基础。1998 年 6 月在丹麦小城奥尔胡斯，在联合国欧洲经济委员会（UNECE）资助下召开的题为"为了欧洲的环境"（Environment for Europe）的第四次部长级会议将来自欧洲 40 多个国家的代表汇聚了在一起，并于会上签署了《在环境问题上获得信息、公众参与决策和诉诸法律的公约》。这一被称为《奥尔胡斯公约》的环境协议于 2001 年 10 月 30 日正式生效，目前已被欧盟及其所有成员国批准。作为维护公民环境权的重要国际法律工具，《奥尔胡斯公

---

① Sidney Tarrow, *Power in Movement: Social Movements and Contentious Politics*, 2ⁿᵈ, Cambridge: Cambridge University Press, 1998, p. 77.
② 徐莹：《当代国际政治中的非政府组织》，当代世界出版社 2006 年版，第 17 页。

约》具有三个重要支柱：第一是公民具有获取环境信息的权利（Access to Environmental Information），即任何人或环境非政府组织都有权获得由公共权威机构所掌握的相关环境信息而无须自证其正受某特定环境事件的影响；第二是公众有权参与环境决策（Public Participation in Environmental Decision-making），即相关环境决策被做出之前，公众有权参与其决策过程并提出意见，而相关环境政策的制定主体应向公众提供参与决策的机会；第三是诉诸法律的权利（Access to Justice），即公民或环境公民社会组织可以通过法院等司法部门对违反环境法的行为提起申告和诉讼。由于《奥尔胡斯公约》早在约10年前即已全面适用于欧盟，这就意味着欧洲环境非政府组织可以将这一公约作为最基本的法律依据积极参与到欧盟对内环境治理的政策决策和法律监督中。

（二）制度安排下的内部复查与公共咨商

在欧盟各机构中，欧盟委员会对于欧洲的环境保护工作最为关键。因为欧盟委员会是所有欧盟机构中唯一有权提出有关环境的法律草案，并要求各个成员国批准执行的机构。可见它对于欧洲整体的环境可持续发展至关重要。在95%的欧洲人认为环境保护对他们的生活至关重要的前提下，欧盟委员会非常清楚重视环保并加强与欧洲环境非政府组织的互动是其增强自身合法性的重要途径之一。在这一方面，欧盟委员会通过依托其环境总司为欧洲环境非政府组织的作用发挥提供正式的制度性结构来强化与这些组织的合作。例如，欧洲环境非政府组织可以遵照特定程序，就已内化成欧盟规制的《奥尔胡斯条约》（又称《奥尔胡斯规则》）的行政执行方面欠妥或疏漏的情况提请欧盟委员会环境总司进行内部复查（Requests for Internal Review）。于是，根据2006年《奥尔胡斯规则》第10款第1367条[①]的相关规定，一些欧

---

① European Commission, Article 10 of Regulation (EC) No 1367/2006 (Aarhus Regulation).

洲环境非政府组织①便于 2007 年对欧盟委员会有关遴选欧洲化学品署执行主任人选的问题提出了不同的意见并要求环境总司进行内部复查。此外，公正与环境组织（Justice & Environment）、生态服务组织（EPS）、杀虫剂行动网络组织（Pesticides Action Network）以及地球客户等许多欧洲环境非政府组织曾分别于 2007 年、2008 年和 2009 年向环境总司提出内部复查的要求，并且全部得到了环境总司的信件回复。②

此外，欧盟委员会还创设了"欧盟委员会与公民社会"（The European Commission and Civil Society）、"你的声音在欧洲"以及"欧洲透明动议"（The European Transparency Initiative）等网站主页，作为欧洲的公民及其非政府组织参与欧盟政策决策的公开平台。通过这些平台，欧盟委员会的环境总司定期推出有关欧盟环境治理的政策草案，而欧洲各环境非政府组织则可以透过这些平台针对自己擅长和极为关注的环境领域议题向欧盟提供环境政策咨商。从表 4 - 1 可以看出，环境总司的咨商议题基本涵盖了环境领域的全部内容。这其中有环境法实施方面的行政咨商，如对现有特定环境法的相关执行情况的审议和评价（"环境政策监督和报告手续简化""欧盟自然立法的'健康检查'"以及"欧盟生态标签规则"等）；也有就实质性环境问题所做的咨商，如"环境噪声方针评估""环境污染物排放和转移登记""欧盟水俣病公约""欧盟饮用水质量"以及"打击野生动物走私"等具体环境议题。但无论是对相关环境法令及执行情况的评价，还是对特定环境议题的咨商，都离不开欧洲环境非政府组织的积极参与，这也是表 4 - 1 中目标群体一栏中大量出现非政府组织字样的原因。

---

① 这些欧洲非政府组织包括欧洲环境局（EEB）、欧洲地球之友（FOEE）、健康与环境联盟（HEAL）以及欧洲妇女共同未来组织（WECF）。

② European Commission, http://ec. europa. eu/environment/Aarhus/requests. htm.

表 4 - 1　　　欧盟委员会环境总司部分已完成的环境政策咨商

名称及描述	政策活动	目标群体	完成时间
1. 欧盟打击野生动物走私的方法	环境、自然和生物多样性、野生动物贸易	各类组织和公民社会	2014. 4. 10
2. 欧盟生态标签规则	环境、产品政策	所有有兴趣的公民	2014. 7. 18
3. 欧盟的饮用水质量	环境、水、水供应、健康、消费者权益保护、微观生物学、化学品	公民、利益攸关方	2014. 9. 23
4. 生物多样性和生态系统服务	环境、自然、生物多样性、生态系统	公民、政府机构、商业部门、非政府组织	2014. 10. 17
5. 水的再利用	环境、水	公民、利益攸关方	2014. 11. 7
6. 欧盟水俣病公约	环境、化学品、水银战略	公民、非政府组织、政府机构、公司	2014. 11. 14
7. 欧盟木材规则	环境、森林	所有利益攸关方、非政府组织	2015. 7. 3
8. 对欧盟自然立法的"健康检查"	环境、自然	公众与各类组织	2015. 7. 26
9. 循环经济	环境、循环经济	所有利益攸关方	2015. 8. 20
10. 欧盟废料市场功能	环境、废物管理	利益攸关方和废料处理专家	2015. 9. 4
11. 欧洲污染物排放和转移登记	环境、工业	所有公民及各类组织	2015. 10. 15
12. 电子设备中的特定物质限制	环境、废物	任何利益攸关方	2016. 1. 8/ 2015. 10. 16/ 2015. 6. 19
13. 环境政策监督和报告手续的简化	环境	所有公民和非政府组织	2016. 2. 10
14. 环境噪声方针评估	环境、噪声政策	关心过度噪声的公民及非政府组织	2016. 3. 28

资料来源：European Commission，http：//ec. europa. eu/environment/consultations_ en. htm.

（三）欧盟组织召开环境会议吸纳环境非政府组织参与

环境会议这类标志性事件也可以为欧洲环境非政府组织与欧盟就相关环境议题的互动提供契机。事实上，无论是作为会议的协办者、主旨发言的代表，抑或是观察员，欧洲环境非政府组织已然成为欧盟组织召开的大部分环境会议的常客，不断地从自身知识和经验的角度为欧盟的环境治理献计献策。

表4－2　　　　欧盟委员会环境总司近两年组织召开的部分环境会议

时间	会议名称
2015.3.23—24	第四届欧洲水资源大会
2015.5.20—21	生态创新第18届研讨会：促进竞争和创新
2015.5.25—29	2015 "灵感" 地理空间世界论坛大会
2015.6.3—5	绿色周2015自然——我们的健康，我们的财富
2015.6.25	循环经济：促进商业，减少废物
2015.7.6	农业可持续发展的最佳实践
2015.10.20	"健康土壤——滋养地球，调节气候变化" 大会
2015.10.27	欧盟商业与生物多样性平台年会
2015.10.27—28	第19届生态创新研讨会：生态创新中的商业机会
2015.11.3—4	环境足迹试验期中期大会
2016.1.29	欧洲循环经济背景下废物分类收集大会
2016.2.10	欧洲创新伙伴（EIP）水资源大会
2016.3.21	欧盟委员会组织的循环经济研讨会

资料来源：European Commission，http：//ec. europa. eu/environment/agenda_ en. htm.

二　充足的物质性组织资源

欧盟委员会为欧洲环境非政府组织所提供的物质性组织资源是指其依托三大特定金融工具（Financial Instrument）不断向欧洲环境非政府组织进行充足的环境项目补给和资助。这三大金融工具包括欧盟环境与气候行动 LIFE 计划（EU LIFE Program for Environment and Climate Action）、能源效率私人资金（Private Finance for Energy Efficiency，缩写为 PF4EE）和自然资本融资工具（Natural Capital Financing Facility，缩写为 NCFF）。

欧盟环境与气候变化 LIFE 计划是欧盟委员会最早实施的一项专门支持环境和资源保护项目的金融机制，自 1992 年至今，该项目计划已经资助了超过 3700 个环境研发与创新项目。其最大的特点还在于，有相当数量的 LIFE 项目资金（每年约 900 万欧元）由欧洲环境非政府组织获得，专门支持其组织运营以帮助塑造欧洲的环境政策。2015年，有 24 个欧洲环境非政府组织被欧盟委员会选中获得运营资助；2014 年是 28 家非政府组织；2013 年为 32 家。其中有一半以上的组织已经连续三年以上获得欧盟委员会的运营资助。[①]

表 4 - 3　2015 年获得 LIFE 计划运营资金资助的欧洲环境非政府组织

欧洲环境非政府组织名称	英文名称	资金（欧元）
正义与环境协会	Association of Justice & Environment	186022
碳公开项目 gGmbH	Carbon Disclosure Project gGmbH	500000
中东欧银行观察网络	CEE Bankwatch Network	350232
气候行动网络欧洲	Climate Action Network Europe	259762
洁净波罗的海联合	Coalition Clean Baltic	425781
海岸与海洋联合会	Coastal & Marine Union	207611
环境伙伴协会	Environmental Partnership Association	201800
欧洲骑行者联合会	European Cyclists' Federation	375000
欧洲环境局	European Environmental Bureau	900000
自然资源保护与田园主义欧洲论坛	European Forum on Nature Conservation and Pastoralism	410718
欧盟狩猎与资源保护协会联合会	Federation of Associations for Hunting and Conservation of the EU	160000
欧洲地球之友	Friends of the Earth Europe	813720
健康与环境联合	Health & Environment Alliance	379699

① European Commission，http：//www. ec. europa. eu/environment/life/funding/background/index. htm#liferegulation.

续表

欧洲环境非政府组织名称	英文名称	资金（欧元）
有机农业运动国际联合会欧洲区域组织	International Federation of Organic Agriculture Movements European Regional Group	496374
自然解码—发展与环境中心	Nature Code-Centre of Development & Environment	205425
NGO 拆船平台	NGO Shipbreaking Platform	180000
欧洲杀虫剂行动网络	Pesticide Action Network Europe	115511
可再生网络动议	Renewables Grid Initiative	471312
慢进食	Slow Food	460000
鸟类生活欧洲部	Stichting Bird Life Europe	382999
零废物欧洲部	Stichting Zero Waste Europe	344897
第三代环境主义	Third Generation Environmentalism	294372
世界自然基金会欧洲政策项目	WWF European Policy Program	621503
世界自然基金会多瑙河—喀尔巴阡山国际项目	WWF International Danube-Carpathian Program	708617

资料来源：EC，http://ec. europa. eu/environment/life/publications/lifepublications/ngos/documents/ngo_ compi15. pdf.

　　在 LIFE 计划基础上，欧盟委员会和欧洲投资银行（European Investment Bank）于 2015 年 2 月 16 日又推出了 PF4EE 和 NCFF 这两个新的金融工具。新的金融工具主要通过整合欧洲投资银行的融资与欧盟环境与气候行动 LIFE 计划的资金筹措，以推动提高能源效率、保护自然资源和气候变化适应的相关投资。其中 PF4EE 旨在增加能源效率项目的私募融资，主要针对小型能源项目的效率提升进行投资。[①] 而欧洲很多环境非政府组织因其在环保领域的高端知识储备和经验积累，也有机会通过项目申请获得相应的资金。此外，NCFF 所提供的贷款

[①] 欧盟委员会网页（http://ec. europa. eu/environment/life/funding/financial_instruments/pf4ee. htm）；欧洲投资银行网页（http://www. eib. org/products/blending/pf4ee）。

和投资资金则覆盖包括生态系统服务、绿色基础设施、生物多样性抵消、生物多样性与气候变化适应创新等方面的环境保护项目。[①] 欧洲环境非政府组织也可以有机会成为该融资工具的受益方。这几种金融工具的投放证明，欧洲环境非政府组织能够借重欧盟强大的公共投资及欧盟支持下日益活跃的私人投资，为实现欧盟 2020 年的资源效率目标、生物多样性目标和气候行动目标，并使欧洲稳步走在可持续增长的道路上做出积极贡献。

　　当然，几年前也有欧洲学者指出，欧洲环境非政府组织的资金来源多元化倾向已经初露端倪[②]，即一些欧洲环境非政府组织开始寻找欧盟以外的资助方。从表 4 - 4 所展示的 "G10" 主要成员所获资助中的欧盟委员会资助占比，也可以看出这样一种趋势。首先，欧盟委员会对 G10 主要成员组织的资助占比从 2010 年的 44% 下降到 2016 年的 38%；其次，欧盟委员会的资助占比在包括欧洲环境局、健康与环境联合以及气候行动网络欧洲部在内的几个主要环境组织的资金来源中都显著下降。特别是欧洲环境局，欧盟对之的资助占比竟从原来的 73% 下降到了 34%，降幅达到 39%；而欧盟委员会对健康与环境联合的资助占比也下降了 22%。这说明，这几个环境非政府组织在进行明显的资金来源多元化的尝试。但与此同时，地球之友欧洲部和中东欧银行观察网络这两个组织却在进一步吸纳欧盟委员会的资助，且欧盟委员会对这两个组织的资助占比分别达到了 54% 和 69%，上升幅度分别为 12% 和 16%。应该说，在总体向资金来源多元化方向努力的同时，欧洲仍有一些环境非政府组织在愈益依赖欧盟委员会的资助。

---

　　① 欧盟委员会网页（http://ec. europa. eu/environment/biodiversity/business/assets/pdf/ncff. pdf）；欧洲投资银行网页（http://www. eib. org/products/blending/ncff/）。

　　② Justin Greenwood, *Interest Representation in the European Union*, 3rd Edition, Palgrave Macmillan, 2011, pp. 144 - 158.

表4-4　G10环境非政府组织主要成员所获资助中的欧盟委员会资助占比

组织名称	欧盟委员会资助占比 （2010）	欧盟委员会资助占比 （2016）
1. 欧洲环境局（EEB）	73%	34%
2. 鸟类生活欧洲部（Bird Life）	26%	26%
3. 世界自然基金会欧洲部（WWF Europe）	13%	17%
4. 气候行动网络欧洲部（CAN Europe）	33%	21%
5. 地球之友欧洲部（FoEE）	42%	54%
6. 中东欧银行观察网络（CEE）	53%	69%
7. 健康与环境联合（HEAl）	68%	46%
平均	44%	38%

资料来源：Justin Greenwood, *Interest Representation in the European Union*, 3rd Edition, Palgrave Macmillan, 2011, pp. 152 – 153；欧盟透明注册（Transparency Register）的注册搜索（http: // ec. europa. eu/transparencyregister/public/consultation/search. do? firstTabActive = false）。

第二节　欧洲环境非政府组织的倡导

在完备的法律与制度性结构安排及充足的物质性组织资源的支撑之下，欧洲环境非政府组织的倡导活动极为活跃。无论在倡导对象、倡导方式和倡导策略方面都独具特色。

一　欧洲环境非政府组织的主要倡导方式

塑造及执行欧盟的环境政策是欧洲环境非政府组织参与欧盟环境治理，积极进行环境倡导的主要表现。所谓"塑造及执行"包含两个向度，一个是自下而上针对欧盟各主要机构，一个是自上而下指向欧盟各成员国及欧洲环境非政府组织的会员组织所在的欧洲其他国家。

（一）欧洲内部"塑造向度"的倡导

在"塑造向度"的倡导过程中，欧洲环境非政府组织所采取的主要倡导方式有参与欧盟相关机构组织的"专家组"（Expert Group）；回应欧盟对之进行的有关环境问题的咨商；定期向欧盟提交立场文件（Position Paper）、政策简讯（Policy Briefings）、新闻简报（News Letters）等文件；定期给欧盟各相关机构写信，陈述对环境治理的意见和要求；借助自身的网络媒体公开评价涉及欧盟环境治理的特定政策、事件等；参与欧盟的环境会议并主动发起、组织、召开环境会议。

1. 参与欧盟"专家组"①

由外请专家组成的"专家组"参与欧盟机构的政策制定是欧盟政策决策的重要组成部分。欧盟委员会对专家组的界定是"由欧盟委员会或其服务机构建立的咨商群体，至少由 6 个公共部门和（或）私营部门的成员构成，并在可见的未来不止进行一次会面"。② 从这一概念界定可见，欧盟委员会的各个专家组中一定有至少 6 个非政府组织的代表参与其中。以欧盟委员会所辖的各个行政总司为依托，专家组作为由多元行为体组成的松散知识、经验与技术网络，在各个政策领域之内向欧盟提供没有政策约束力的意见和建议，从而对欧盟正式的政策决策进行有益的补充。这些专家组可以是临时组建的，也可能是永久存在的，这主要取决于所在问题领域的重要性、紧迫性和长远影响。专家组的基本构成相对多元，包括来自政府部门的代表（来自国家、区域或是地方）、非政府组织代表、商业部门的代表以及独立的专家。在欧盟委员会中有 75% 的专家组与欧盟的 10 个行政总司密切相关。

将环境保护置于重中之重的欧盟环境总司更是就各项环境问题定期不定期地组成颇具知识与技术含量的专家组。环境总司下辖专家组的数量与研究总司和企业总司下辖专家组的数量位于欧盟委员会中的前三甲，它们各自拥有超过 120 个专家组。③ 当然，由于环境

---

① European Commission, http：//ec. europa. eu/transparency/regexpert/index. cfm? do = faq. faq&aide = 2.

② European Commission, *Communication from the President to the Commission*： *Framework for the Commission Expert Groups*： *Horizontal Rules and Public Register*. C (2010) 7649 Final, Brussels, (10. 11. 2010) .

③ Ase Gornitzka & Ulf Sverdrup, "Who Consults? The Configuration of Expert Groups in the European Union", *West European Politics*, Vol. 31, No. 4, 2008, p. 734.

问题渗入到欧盟治理的方方面面，因此欧洲环境非政府组织对于欧盟专家组的参与并不仅仅限于环境这一类专家组，即只要是涉及环境因素的情况，都可能有环境类非政府组织在提前申请的前提下被欧盟委员会的特定总司邀请成为专家组成员。2012 年，在欧盟委员会 LIFE 计划的运营资助下，主要的欧洲环境非政府组织参与了欧盟 11 个专家组的工作。① 像"绿 10"的主要成员，长期接受欧盟运营资助的大批欧洲环境非政府组织如公正与环境组织、中东欧生态多元化网络②、世界自然基金会欧洲政策项目部（AISBL）以及慢进食组织（Slow Food）等，都是欧洲各个专家组，特别是相关环境专家组的成员，常年不定期为欧盟各个总司提供专门性的环境政策建议。

表 4 - 5　　　参与欧盟环境专家组的主要欧洲环境非政府组织举例

专家组名称	参与的欧洲环境非政府组织名称	组建时间
1. 欧盟生态标签董事会（European Union Eco-labeling Board）	1. 欧洲环境局	2010 年至今
2. 前景 2020 专家组：应对来自"气候行动、环境、资源效率和原材料"的 5 挑战（Horizon 2020 Advisory Group for Societal Challenge 5 "Climate Action，Environment，Resource Efficiency and Raw Materials" E02924）	1. 中东欧生态多样化网络（CEEWEB for Biodiversity） 2. 欧洲气候基金会（European Climate Foundation）	2013 年 10 月 4 日

---

① European Commission Environment Directorate-General, *Involving Civil Society in the EU Policy Process*：*Life Support for Environmental NGOs in 2012*, Luxembourg: Publications Office of the European Union, 2014.

② 该网络是欧盟绿色基础设施（Green Infrastructure）专家组成员。European Commission Environment Directorate-General, *Involving Civil Society in the EU Policy Process*：*Life Support for Environmental NGOs in 2012*, Luxembourg: Publications Office of the European Union, 2015.

专家组名称	参与的欧洲环境非政府组织名称	组建时间
3. 环境足迹专家组（Environmental Footprint E03019）	1. 欧洲标准化环境公民组织（ECOS） 2. 欧洲环境局	2014 年 5 月 19 日
4. 公民对话组织环境与气候变化专家组（CDG Environment and Climate Change）	1. 蜜蜂生活组织（BEE LIFE） 2. 鸟类生活欧洲部（Birdlife Europe） 3. 气候行动网络欧洲（CAN） 4. 欧洲生物柴油组织（EBB） 5. 欧洲植物保护协会（ECPA） 6. 欧洲环境局（EEB） 7. 欧洲动物保护群体（EFA） 8. 欧洲农业可持续发展动议（EISA） 9. 动物健康国际联合会欧洲部（IFAH） 10. 杀虫剂行动网络欧洲部（PAN Europe） 11. 慢进食 12. 世界自然基金会欧洲部	2014 年 9—12 月
5. 欧洲环境权威网络专家组——融合政策下的管理权威（The European Network of Environmental Authorities——Managing Authorities for the Cohesion Policy E00510）	1. 鸟类生活组织 2. 中东欧银行观察组织	2015 年 11 月 11 日

续表

专家组名称	参与的欧洲环境非政府组织名称	组建时间
6. 为水资源框架指令组成的洪灾与战略协调专家组（Floods and Strategic Coordination for the Water Framework Directive E00371）	1. 欧洲环境局 2. 湿地国际（Wetlands International） 3. 杀虫剂行动网络欧洲部 4. 世界自然基金会	2013—2015 年

资料来源：http：//ec. europa. eu/transparency/regexpert/index. cfm？ do = search. resultNew &page = 1.

但总体而言，来自欧盟成员国的政府代表是各个专家组的最主要组成部分①。此外，来自商业部门的代表也占据一定比例，这就使得非政府组织的成员数量显得相对有限。2014 年 7 月，欧盟监察专员（The European Ombudsman）② 对欧盟委员会农业总司下辖的专家组的构成进行了调查和质询③，并得出结论：非经济行为体（Non-economic Actors）最多时候占据34％的席位，而最少的时候则只占到4％，而经济利益群体或者说商业部门代表的数量则占到了82％的席位。因此，欧盟监察专员要求欧盟委员会能够采取相应措施，不仅使专家组的选择过程能够公开透明化，同时要确保专家组成员的分布更为平衡，

---

① Julia Metz, "Expert Groups in the European Union： A Sui Generis Phenomenon？", *Policy and Society*, Vol 32, 2013, p. 269.

② 欧洲监察专员依据《马斯特里赫特条约》于 1995 年由欧洲议会选出。第一任当选的专员是芬兰人贾克博·索德曼（Jacob Soderman）；现任专员为爱尔兰人艾米莉·奥莱莉（Emily O'Reily）。任何欧盟的公民都有权基于欧盟机构的错误行为请求欧盟监察专员进行调查。

③ European Ombudsman, "Decision of the European Ombudsman Closing Her Own-initiative Inquiry OI/7/2014/NF Concerning the Composition of Civil Dialogue Groups Brought Together by the European Commission's DG Agriculture", http：//ombudsman. europa. eu/en/cases/decision. faces/en/60873/html. bookmark.

特别是要保证非政府组织成员在专家组中的数量占比。尽管欧洲环境非政府组织因为能力较强，比较受欧盟委员会的重视，能够较多地参与到各环境专家组之中，但相较于商业部门代表在其中的占比，除了专门的公民对话组织专家组（Civil Dialogue Group）之外，欧洲环境非政府组织并未在其他环境专家组中占据任何数量优势。因此，进一步争取大量参与欧盟委员会专家组的会议和研讨，努力对欧盟环境治理进行谏言是欧洲环境非政府组织未来进行环境倡导的一个重要方向。

2. 回应欧盟机构有关欧洲环境保护的咨商

如前所述，欧盟委员会环境总司经常定期不定期地面向欧盟成员国的各多元行为体发布有关欧盟环境政策的草案，供各利益攸关方从知识技术特别是实践层面进行充分的讨论和权衡，并提出可行的修改意见和建议，从而使欧盟相关环境政策的最终出台能够尽可能体现欧盟乃至欧洲大多数人的利益诉求。在欧盟委员会环境总司的环境咨商过程中，以欧洲环境局、气候行动网络欧洲部等为代表的欧洲主要环境非政府组织，或从自身优势出发单独回应，或与其他环境组织取长补短共同发声，其回应的频度极高，以期充分发挥对欧盟主要环境政策及指令等的倡导作用。气候行动网络组织欧洲部在 2016 年初就欧盟有关《能源效率指令》审议稿的公共咨商频繁发声，既单独从组织相关技术经验的角度提出建议，同时又同欧洲环境局和世界自然基金会一道共同提交全面细致的咨商回应稿，在其中明确说明各组织在欧盟能源节约方面应重点关注的细节。在 2015 年，气候行动网络组织还就"欧盟新的能源市场设计""液化天然气和天然气的存储""欧盟成员国如何在 2030 年达到欧盟温室气体减排承诺标准"以及"欧盟碳排放指令修改"等欧盟环境咨商作出了具体的回应[①]。此外，作为欧洲

<hr />

① Climate Action Network，http：//www.caneurope.org/component/finder/search?q = consultation&itemid = 160.

环境非政府组织的龙头老大，欧洲环境局①对于欧盟委员会环境总司面向全体欧洲公民包括非政府组织的环境咨商更是当仁不让，几乎达到了逢咨商必回应的程度。由于欧洲环境局坐拥 17 个工作组②，其在欧洲环境保护领域的全面技术优势几乎没有任何其他环境组织能够望其项背，因此，该组织对欧盟委员会环境总司的咨商回应主要是单独完成的。

表4-6　　欧洲环境局对欧盟委员会环境总司有关环境咨商的回应情况

咨商主题	回应组织名称	其他回应伙伴
自然指令适宜检测（2015.3）	欧洲环境局	
循环经济（2015.6）	欧洲环境局	
欧盟废料市场功能（2015.7）	欧洲环境局	
欧盟废料管理目标（2015.8）	欧洲环境局	
有关水银灯具的咨商（2015.10）	欧洲环境局	水银政策计划组织（MPP）、负责任购买网络
欧盟能源效率指令（2016.1）	欧洲环境局	气候行动网络欧洲部、地球之友欧洲部、世界自然基金会
2020 之后的可再生能源新指令（2016.2）	欧洲环境局	

资料来源：European Environment Bureau，http：//www.eeb.org/index.cfm/search-results/？q＝consultation.

① 欧洲环境局是欧洲最大、历史也最悠久的伞状非政府联盟组织，始创于 1974 年，办事处设在布鲁塞尔。直到 1986 年，该组织仍然是世界环保主义者在布鲁塞尔的唯一欧洲协调点。目前它已拥有来自 31 个国家的 143 个非政府组织成员，这些成员主要来自欧盟内部。

② 欧洲环境局的能源工作组包括生物能源、里约＋20、空气、生物多样性、农业、化学品、能源节约、氟化气体、生态产品政策、工业、环境财政改革、纳米、噪声、废料、土壤、水、零水银工作组。

3. 发布并提交立场文件

如果说参与欧盟环境专家组和回应欧盟特定的环境咨商还是在依循由欧盟主导的环境治理和议程设置的话，那么立场文件的发布和提交则是欧洲环境非政府组织从欧洲环境治理的大局，根据自身多年参与环境治理的技术能力和经验，对欧洲各个层面环境问题的主动识别。这种主动识别有时是对欧盟主导的环境治理议题的进一步深挖；有时则是在欧盟相关环境机构并未注意到的环境细节方面提出具有专业视角的问题解决办法。和回应欧盟环境咨商较为类似的一点是，各欧洲环境非政府组织依然依据自身的特点和优势，时而单独发声，时而抱团展示力量。但总体而言，像欧洲环境局这种一家独大的欧洲环境非政府组织在更多情况下是独自发布立场文件[①]，而一般相对规模小一些但在业内又有一定知名度的组织则倾向于与同类组织或其他类型的非政府组织共同发声。以健康与环境联盟组织（Health and Environment Alliance）为例，该组织专门应对环境影响人类健康的问题，并特别重视通过政策倡导来保护欧洲公民的健康，提高欧洲百姓的生活质量。作为"绿10"的成员之一，健康与环境联盟组织在介于环境与健康的交叉领域还是非常有知名度和影响力的。但因其只有70个下属的非政府成员组织，健康与环境联盟总体规模和影响力显然不及欧洲环境局这样的"庞然大物"。因此，在立场文件的发布上，健康与环境组织总体上选择了与其他有影响力的欧洲环境非政府组织，特别是"绿10"或其中部分成员，以及其他和环境与健康相关的大型非政府组织一道发布立场文件的做法。

---

① 欧洲环境局网站"Position Paper"检索结果（http：//www. eeb. org/in-dex. cfm/search-results/？q = position%20paper&start = 0）。

表 4 - 7　　　　　　　　　　环境与健康联盟组织近年发布的立场文件

立场文件名称	发布方	性质
发电站二氧化碳排放标准（CO_2 Standards for Power Plants）2014. 6. 25	鸟类生活欧洲部、气候行动网络欧洲部、中东欧银行观察网络、变化伙伴组织、地球客户、环境医生组织（Doctors for Environment）、欧洲环境局、世界自然基金会、健康与环境联盟、绿色和平组织、第三代环境主义组织（E3G）、沙袋组织（Sandbag）	联合立场文件
国家排放封顶指令修改（Revision of the NEC Directive）2014. 10. 31	空气气候组织、地球客户组织，欧洲环境局、健康与环境联盟、运输与环境欧洲联盟	联合立场文件
PVC 塑料中的 DEHP 塑化剂（DEHP in PVC Plastic）2014. 11. 25	乳癌行动基金（Action for Breast Cancer Foundation）、地球客户、欧洲环保药品学院（European Academy for Environmental Medicine）、欧洲可再生能源太阳能联合会（European Association EUROSOLAR for Renewable Energy）、欧洲环境公民标准化组织、欧洲能源局、绿色和平欧洲部、健康与环境联盟、无伤害健康护理欧洲部（Health Care Without Harm Europe）、杀虫剂行动网络欧洲部、欧洲妇女共同未来组织欧洲部、零废料欧洲	联合立场文件
对中级燃料工厂空气污染清除的建议（Recommendations to Clean up Air Pollution from Medium Combustion Plants）2015. 2. 28	地球客户、欧洲环境局、空气气候组织、环境保护网络系统（Environmental Conservation Online System）	联合立场文件

续表

立场文件名称	发布方	性质
削减水银排放改善人民健康（Cutting Mercury Emissions, Improving People's Health）2015. 3. 23	欧洲环境局、世界自然基金会、绿色和平、地球客户（Client Earth）、空气气候（AidClim）与改变伙伴（Change Partnership）	联合立场文件
欧洲环境与健康程序中期审议（European Environment and Health Process Mid Term Review）2015. 4. 30	生态论坛（Eco Forum）、环境与健康联盟、欧洲妇女共同未来组织（Women in Europe for a Common Future）	联合立场文件

资料来源：Health and Environment Alliance，http：//www. env-health. org.

4. 发表公开信或公开建议与评价

单独或"抱团"给欧盟特定机构或官员写信或发表公开信也是欧洲环境非政府组织经常采用的一种合作型倡导方式。2015 年 4 月 12 日，杀虫剂行动网络欧洲部（Pesticide Action Network Europe）依托其在农药使用研究方面的突出优势牵头，连同健康与环境联盟组织以及慢进食和绿色和平欧洲部一道，共同给欧洲议会的全体议员写信，希望他们能够投票反对使用草甘膦（Glyphosate）这种有害的除草剂。而在一年之后的 2016 年 4 月 11 日，杀虫剂行动网络再次联合更多欧洲环境非政府组织，如绿色和平组织、地球之友欧洲部、欧洲环境局、健康与环境联盟、我们行动欧洲组织（We Move. EU）、欧洲公司观察组织以及世界在行动组织（AVaaz），一起回应负责健康与食品安全的欧盟委员会委员维特尼斯·安德鲁凯提斯（Vytenis Andriukaitis）的询问，给其写信详细说明草甘膦在工业领域被秘密使用的情况。[①] 从之前对欧洲议会的泛泛之提醒，到一年之后得到欧盟委员会专门负责健康与食品安全的官员的高度重视，并受邀写信具体说明草甘膦对欧洲

---

① Pesticide Action Network Europe，http：//www. pan-europe. info/resources/other.

人的健康所造成的危害，整个过程说明杀虫剂行动网络组织的信件倡导形式已经发挥作用。健康与环境联盟组织也在发表联合公开信方面十分积极。除了与杀虫剂行动网络一起反对使用草甘膦之外，它还与欧洲环境局、健康照顾无伤害组织（Health Care Without Harm）共同致信欧盟委员会，要求欧盟及其成员国尽快批准有关水银危害的水俣病公约。①

相较于公开信，各环境组织对欧洲环境政策信息随时给出的公开评价、建议或陈述则显得比较短小精悍，多是各环境组织的主要专家和核心领导者对环境焦点问题的精准论断。以欧洲环境局为例，仅2016年三四月间，欧洲环境局就先后有气候能源政策官员罗兰德·杰博斯蒂（Roland Joebsti）、零水银项目经理伊莱娜·林博瑞蒂·赛提莫（Elena Lymberidi-settimo）、水与土壤资深政策官员巴拉兹·霍尔瓦斯（Balazs Horvath）、化学品资深项目官员多罗雷斯·罗玛诺（Dolores Romano）以及欧洲环境局秘书长杰里米·维茨（Jeremy Wates）分别就欧盟委员会对《巴黎协定》的疏离态度、水银控制、欧盟的食品与畜牧业政策、有毒激素的应用问题、切尔诺贝利核泄漏事故的影响以及纳米技术的应用等等欧洲民众最为关心的环境问题发表简短的评价，申明自身立场和对欧盟相关机构的总体倡议，充分凸显其基于扎实专业功底而对欧盟相关环境信息的简短但却是及时有力而又切中要害的回应。② 事实上，除了欧洲环境局这个超大型组织之外，其他欧洲环境非政府组织在发表公开陈述和评价方面也不甘落后，只是它们更注重从组织自身最为关注和富有经验的环境问题和视角出发而已。健康与环境组织在2016年3月在其网站主页上分别发表的两个环境评论就是例证。2016年3月23日，该组织首先在其官网发布消息称，《临床内分泌学与新陈代谢》杂志中的一篇题为《欧盟破坏内分泌的化学品引起的女性生殖失序、疾病及花费》的科研论文的最新研究显示，有

① Health and Environment Alliance，http：//www.env-health.org/resources/letters/.

② European Environmental Bureau，http：//www.eeb.org/index.cfm/news-events/.

两种女性生殖健康问题都与影响内分泌的化学品有直接关系。在引述
了更多相关科研例证之后，健康与环境组织的化学品政策资深官员李
赛特·冯·伟烈特（Lisette Van Vliet）最终提出了解决办法和相关政
策建议。① 2016 年 3 月 31 日，该组织再次发表题为《美国研究显示三
分之二的食品罐内衬检测含有有毒 BPA》的报告。在将该报告的要点
加以提炼并醒目罗列之后，健康与环境组织的化学品政策官员再次给
出目前的替代性办法和其他相关建议。同时，他还对欧盟就此问题的
当前政策进行了批评。② 显然，健康与环境组织围绕自身在环境导致
健康问题方面的多年智识经验连续引证科研论文与报告，并及时进行
评价以随时发起针对欧盟相关政策的环境倡导。

5. 发起召开环境会议

除了欧盟相关机构发起的环境会议，一些欧洲环境非政府组织还
结合自身优势，主动组织环境会议，将欧盟机构官员，欧洲业内的专
家学者以及环境非政府组织代表汇集在一起，就焦点环境问题让各个
利益攸关方都有发声的机会，以期形塑欧盟环境政策制定者对特定环
境问题的总体认知。从表 4 - 8 中可以看出，在 2015 年欧洲环境局发
起召开的三次主要欧洲环境会议中，对于欧盟环境政策决策最为核心
的环境部门欧盟委员会环境总司、欧洲议会环境委员会议员、欧洲环
境署的官员以及与环境密切相关的其他欧盟委员会重要部门如农业总
司等的官员皆被邀请到场。此外欧洲某些致力于环境研究，早就与欧
洲环境非政府组织有项目合作的一些专家学者也应邀做重要发言，从
学术和科技角度支持环境非政府组织的环保观点。在此基础上，各环

① Health and Environment Alliance, "Women's Reproductive Problems from Hormone Disrupting Chemicals Costs Europe 1. 4 Billion Euros Per Year", 23 March, 2016, http：//www. env-health. org/resources/press-releases/article/women-s-reproductive-problems-from.

② Health and Environment Alliance, "Two Thirds of Food Cans Tested Have Linings Containing BPA, US Study Shows", http：//www. env-health. org/resources/press-releases/article/two-thirds-of-food-can-linings, 31 March, 2016.

境非政府组织的项目专家和运营官员继续加大力度通过会上发言和提问—回答环节进行倡导，从而影响、形塑和强化欧盟主要环境政策制定者对环境焦点问题解决方式的认知。

表 4-8　　　　　　　　　**2015 年欧洲环境局发起召开的环境会议**

会议名称	发起单位	主要参与人员	召开时间
可持续发展的农业大会（Sustainable Agriculture Conference）	欧洲环境局、鸟类生活组织、生态委员会（The Ecological Council）、维拉克斯基金会（The Velux Foundations）	1. 欧洲议会议员 1）保罗·博拉纳（Paul Brannen），英国 2）吉尔瓦尼·拉·威尔（Giovanni La Via），意大利，欧洲议会环境委员会主席 3）玛格丽特·奥肯（Margaret Auken），丹麦 2. 欧盟委员会农业与农村发展总司委员菲尔·霍根（Phil Hogan） 3. 部分欧洲环境非政府组织成员 1）欧洲环境局农业与生物能源资深项目官员法斯汀·德弗赛兹（Faustine Defossez） 2）有机农业运动国际联合会主席简·普拉格（Jan Plagge） 3）欧洲公共健康联盟秘书长妮娜·任晓（Nina Renshaw） 4. 部分专家学者 1）丹麦生态委员会主任克里斯汀·爱吉（Christine Ege） 2）哥本哈根大学副教授阿莱克斯·杜布嘉德（Alex Dubgaard）①	2015.3.4

① European Environmental Bureau, http：//www.eeb.org/index.cfm/library/sustainable-agriculture-conference-4th-march-2015/.

续表

会议名称	发起单位	主要参与人员	召开时间
欧洲的长期食品安全走上了一条正确的道路吗？（Is the EU on the Right Path to Long-term Food Security?）	欧洲环境局和鸟类生活组织	1. 欧洲环境局主席及项目官员 2. 欧洲环境署（European Environmental Agency）简·埃里克·彼得森（Jan-Erik Petersen）；欧盟委员会农业与农村发展总司主任皮埃尔·巴斯科（Pierre Bascou） 3. 农业生态与生物多样性研究所（Institute for Agroecology and Biodiversity）劳拉·萨特克里夫（Laura Sutcliffe）；瑞典农业科学大学（Swedish University of Agricultural Sciences）埃里克·斯梯恩·简森（Erik Steen Jensen） 4. 鸟类生活欧洲部、慢进食等的欧洲环境非政府组织的项目官员①	2015.9.14
欧洲环境局 2015 年年会：可持续发展的欧洲的改革议程（EEB 2015 Annual Conference：A Reform Agenda for a Sustainable Europe）	欧洲环境局	1. 欧洲环境局主席和主要领导人 2. 欧盟委员会环境总司司长丹尼尔·伽列禾·克莱斯博（Daniel Callejia Crespo） 3. 欧洲议会议员莫里·斯科特·卡图（Molly Scott Cato）②	2015.10.19

资料来源：European Environmental Bureau Website.

---

① European Environmental Bureau，http；//www.eeb.org/index.cfm/library/conference-report-is-the-eu-on-the-right-path-towards-long-teerm-food-security/.

② European Environmental Bureau，http：//www.eeb.org/index.cfm/library/eeb-annual-conference-report – 2015/.

（二）欧洲内部"执行向度"的倡导①

以比利时的布鲁塞尔为基地的欧洲环境非政府组织，除了自下而上针对欧盟各相关机构进行"塑造向度"的环境倡导之外，还以政策传播的方式自上而下地从政治、工具和社会学习这三个层面将欧盟制定的环境政策及其理念渗入欧盟各成员国（特别是新近加入的成员）以及欧洲环境非政府组织的会员组织所在的欧洲其他国家。这里所说的"政治学习"是指行为体学习如何提升自己的倡导经验与能力从而更有效地进行政策倡导的学习过程。"工具学习"是指学习并了解相关环境政策工具、政策进程以及政策设计的可行性。不同于政治和工具层面的学习过程，"社会学习"层面是一个所谓提升氛围的过程，它的目的是使得欧洲的环境倡导精英以及欧洲民众能够时刻浸淫在一种高级别的环境保护氛围之中，并始终保持一种强烈的参与意愿，愿意主动自下而上地参与相关的环境活动，并提出环境建议和意见，从而层层递进地完成对欧盟环境政策决策的塑造。

1. 政治学习：培训及能力建设

总部位于布鲁塞尔的欧洲环境非政府组织在欧盟持续东扩中的一个最主要的工作便是向它们位于新入盟国家的多个会员组织提供能力建设、相关信息与帮助，从而提升这些国家级别或地方级别组织的倡导能力。而组织研讨会和培训会是最为直接和行之有效的"政治学习"方式。这些研讨会和培训涵盖非常宽泛的主题。例如，如何有效针对欧盟进行倡导；如何利用媒体发声等等。事实上相比较而言，由于位于中东欧的环境非政府组织的组织资源相对缺乏，倡导能力偏弱，因此它们与总部位于布鲁塞尔的欧洲环境非政府组织的跨境联合以及接受来自这些欧洲环境非政府组织的倡导技能培训就显得尤为重要。

---

① Elizabeth Bomberg, "Policy Learning in an Enlarged European Union: Environmental NGOS and New Policy Instruments", *Journal of European Public Policy*, 14: 2 2007, pp. 248 – 268.

2. 工具学习：塑造工具

工具学习主要集中在相关环境政策的可行性这个问题上。而这方面的培训不仅指向刚入盟国家，也指向欧盟的老成员国。欧洲环境非政府组织采取的一个可行办法就是建立由欧盟老成员国和新成员国代表共同组成的工作组，一起对特定环境政策工具的发展进行探索和塑造。在这一方面，欧洲环境非政府组织中的"老大哥"——欧洲环境局走在最前列。因为迄今为止，欧洲环境局已经成立了包括欧盟环境财政改革、生态产品政策、生物多样性、化学品、纳米物质、废料、水、噪声、生物能源、土壤、农业、零水银、工业、节能、里约＋20和氟化气体等在内的 18 个工作组，将新老欧盟成员国的环境非政府组织的主要专家和倡导者融合在一起，让"新欧洲"的倡导者能够更快地了解和全面掌握欧盟的环境政策，统一认识，以便未来对几乎涵盖欧盟环境政策方方面面的问题进行共同的倡导。总体而言，"工具学习"维度的主要目的是提升那些政策倡导精英，特别是新入盟国家以及欧洲环境非政府组织的成员组织所在的其他欧洲国家的环境倡导精英对欧盟主要环境政策和相关设计的了解程度，以便团结起来，进行泛欧的环境倡导。

3. 社会学习：塑造总体的氛围

检索几乎任何一家欧盟环境非政府组织的网站，我们都不难发现网站上会定期详细地发布欧盟扩大布告（Enlargement Bulletins）、体现环境组织特色的新闻简报、政策文件和新闻播报等等。事实上这些发布不仅仅是针对欧盟各相关环境机构的倡导，同时也是对塑造欧洲普通民众的环境意识，同时通过散播环境知识的方式努力改变民众环境认识的过程。

由于大部分欧洲环境非政府组织在其所在的特定环境领域都具备相当程度的专业特长和知识技术优势，因此凭借这些经验和优势以及对特定环境问题的敏感度，大部分欧洲环境非政府组织都会定期不定期发布体现其组织特长的环境报告（Report）、事实概况（Factsheet）和新闻简报。以空气气候组织为例，2016 年 3 月该组织连续发布了三份环境报告，分别是《为了挽救波罗的海，全球气温需要保持 A1.5 的目标》《在欧洲逐步淘汰化石气体》和《挪威的碳捕捉与储存，第二版》①。这三个报告都是以气候或是空气为主题。杀虫剂行动网络组织欧洲部的报告也充分体现了该组织的环保特色，其在 2015 年发布的三份报告的主题都围绕害虫和杀虫剂，分别是《统一害虫管理与自然合作》《欧洲激素政策下滑之下的泛欧重建》以及《杀虫剂对内分泌破坏之泛欧影响评估》。② 相较于有相当科学研究基础的环境报告，事实概况的内容就相对简单，其文字和陈述都比较言简意赅。一般情况下，环境报告与事实概况的倡导对象不尽相同。环境报告更多是提交给欧盟相关机构，同时也是针对那些受教育程度相对较高的欧洲公民，因此其必须有一定的科学佐证和相关的实证调查研究作为依据。而事实概况更多倾向于向普通欧洲百姓进行倡导，用朴实简洁通俗的文字说清楚与老百姓息息相关的关键环境问题才是其存在的目的。因此，大部分欧洲环境非政府组织发布的事实概况陈述都比较简短且通俗易懂，很多还搭配上色彩鲜艳活泼轻快的插图，令有些枯燥的环保问题变得更易于被了解和接受。而在欧洲各个环境非政府组织的网站主页上，我们还随时可见定期发布的新闻简报，其目的是令上至欧盟各主要相关机构、下至欧洲关注环境的普通民众能随时了解其特定环保项目和重点运作及倡导活动的进展情况。以杀虫剂行动网络组织欧洲部为例，其新闻简报近三年来每年发布两期，主要内容包括该组织主要项目的进展情况，与欧洲各地普通百姓就杀虫剂使用问题的采访互动，其主要倡导对象——欧洲议会对杀虫剂及相关化学品使用问题的讨论

---

① 这三个报告的英文名分别是 "A 1.5 Target is Needed to Save the Baltic Sea"，"Phasing Out Fossil Gas in Europe"，"Carbon Capture and Storage in Norway, 2nd Edition" (http://www.airclim.org/publications/reports)。

② 这三个报告的英文名分别是 "Integrated Pest Management-Working with Nature" "Pan Europe Reconstruction of the Downfall of the EU Endocrine Policy" "Pan Europe Impact Assessment of the Endocrine Disrupting Pesticides"。

进展情况等。①

此外，欧洲环境非政府组织组织召开的公开环境大会，并不仅仅是针对欧盟各相关环境机构的自下而上的倡导，它还是自上而下指向各成员国及环境非政府组织所在的其他欧洲国家民众的环境意识倡导过程。事实上，这些大会明确吸纳大批新入盟成员国的国家级别甚至是地方级别的环境非政府组织广泛参与，是一个将泛欧环境精英聚合在一起的重要平台。特别是资源有限的中东欧国家的环境非政府组织成员，完全可以利用会议平台，在倡导策略和政策倡导重点等方面向其他环保倡导经验更为丰富的欧洲环境非政府组织取经，同时，尝试和老欧洲的先导环境非政府组织站在一起，共同实现特定的环境诉求。一些欧洲环境非政府组织的代表就明确指出："我们就是要把新老成员国来自不同层级的利益攸关方聚合在一起，这一过程的实现与塑造欧盟的环境政策同等重要。"②

表4-9　　　欧盟环境非政府组织对新入盟国家的倡导培训

学习方式	培训机制	例子
政治学习：培训与能力建设	组织各种研讨会和培训会；提供信息册	1. 运输与环境组织："如何应对媒体"研讨会 2. 欧洲环境局："构建 NGO 意识"研讨会
工具学习：塑造工具	向欧盟委员会、欧洲议会及商业部门的游说；组织有关特定政策工具的大会及工作组	1. 气候行动网络："欧洲排放交易"研讨会 2. 欧洲环境局：欧洲财政改革工作组

① Pesticide Action Network Europe, http://www. pan-europe. info/sites/pan-europe. info/files/public/resources/newsletters/campaign_ news201509. pdf。

② Elizabeth Bomberg, "Policy Learning in an Enlarged European Union: Environmental NGOS and New Policy Instruments", *Journal of European Public Policy*, Vol. 14, No. 2, 2007, p. 261.

续表

学习方式	培训机制	例子
社会学习：塑造政策氛围与政策决策过程	提升公共意识：拓展和改革环境政策审议过程	1. 世界自然基金会："入盟议程" 2. 欧洲环境局："欧盟东扩布告"；召开名为"东扩会使欧洲更可持续发展"大会

资料来源：Elizabeth Bomberg，"Policy Learning in an Enlarged European Union：Environmental NGOS and New Policy Instruments"，*Journal of European Public Policy*，Vol. 14，No. 2，2007，p. 259.

（三）走出欧洲的环境倡导：担当欧盟全球环境治理的推手

欧盟的环境治理并不仅仅限于欧盟内部，事实上，欧盟在全球环境与气候治理中也扮演着极为重要的角色。早在1997年《京都议定书》谈判时，欧盟就提出了削减二氧化碳排放量并将自身标准列为主要工业化国家之首。2001年欧盟部长理事会批准了《京都议定书》。此后哥本哈根、坎昆、德班气候峰会所取得的成果都未能超越《京都议定书》的核心内容。欧盟对全球环境治理的积极参与固然有因气候变化将使欧洲大陆遭受环境恶化之危险以及开发可再生能源与可持续发展对于能源紧缺之欧洲的重要性等的现实考量，但其更根本的原因无外乎两点。第一是要突出欧盟"安静的超级大国"的全球形象。众所周知，美国在全球气候谈判中的表现相对消极，基本放弃全球环境治理的主导权，大多数发展中国家又因自身能力所限在环境治理上难有作为，而欧盟"恰好拥有区域内环境治理的成功经验、业务成熟的专家队伍以及低碳环保的产业转型"[①]。以欧盟的规则和标准为基础来塑造全球的环境治理秩序，正是欧盟打造全球形象的最佳切入点。第二是欧盟在全球环境治理中的积极作为得到了由欧洲环境非政府组织凝聚起来的广大欧洲民众的支持。欧盟有志于在这一分歧最少的政策

---

① 杨娜：《欧盟的全球治理战略》，《南开学报（哲学社会科学版）》2012年第3期。

领域将管辖权从成员国转移到超国家机构，增强欧盟的合法性，并进而通过这一环境管道不断推动欧洲一体化的进程。欧盟非常清楚举起全球环境治理的大旗对于欧盟的全球声望和整体凝聚力的重要性，因此始终致力于对国际环境合作和国际环境组织的参与及其对全球环境谈判的推动。而在这一系列过程中，欧盟环境非政府组织则扮演着欧盟环境保护技术和经验的主要提供者和欧盟参与全球环境治理的强力推动者之角色。

自 1973 年欧共体实施第一个环境行动计划至今，欧盟始终对国际环境合作高度重视，并参加了几乎所有重要的国际环境公约。这些国际条约不仅成为欧盟在环保领域权利和义务的重要渊源，其中的某些条款甚至对欧盟具有直接效力。此外，欧盟还是国际环境组织的积极参加者，长期与联合国的相关机构，如联合国环境规划署、联合国人口基金、联合国粮农组织、世界卫生组织、联合国欧洲经济委员会等保持非常紧密的合作关系。在全球环境谈判，特别是国际气候机制的打造方面，欧盟不仅在促成《京都议定书》的生效过程中起到了十分关键的作用，率先承诺并推行《京都议定书》的减排目标，还单方面提出 2012—2020 阶段减排指标，在联合国框架内积极塑造和引领"后京都"时代的全球环境行动计划。应该说，无论是欧盟还是联合国相关环境机构都作为足够强有力的权势平台为欧洲环境非政府组织大展拳脚提供了契机。

欧洲环境非政府组织曾广泛参与了《生物多样性公约》《联合国气候变化框架公约》《京都议定书》及《防止荒漠化公约》等的国际环境保护文件的起草、谈判工作以及相关环境会议。2015 年 12 月，在联合国环境规划署欧洲区域办公室和挪威环保部的支持下，欧洲环境局完成了名为《可持续发展目标：在欧洲的实施》的报告，并受邀参加了联合国环境规划署的欧洲区域咨商会议，与欧洲经济和社会委员会和欧盟委员会环境总司的主要官员、联合国环境规划署的官员以及其他欧洲环境非政府组织（如中东欧生物多样性网络组织、国际计划组织欧洲办公室、自然保护国际联盟）一道，重点探讨了如何在

2030 年完成可持续发展议程中的环境目标。①而作为欧盟在环境领域的公民社会代表组织，欧洲环境局之所以受联合国相关环境机构之邀撰写报告并参加环境治理会议，则完全凭借了该组织的资深专家团队在欧洲经年积累的环境保护工作经验。

此外，欧洲环境非政府组织还经常公开发表强势言论，敦促欧盟坚决担负全球环境治理的领导者角色。在 2009 年哥本哈根举行联合国气候谈判之际，恰逢欧盟环境部长委员会于 2009 年 10 月 21 号召开会议。为了敦促欧盟在联合国气候谈判中展现欧盟在全球环境治理中的领先地位，原欧洲最大环境非政府组织——欧洲环境局秘书长约翰·洪特雷兹（John Hontelez）便公开要求欧盟环境部长们"展示欧盟努力达成公平有力的国际气候协议的决心"，而且强调"欧盟环境部长们必须同意要每年为发展中国家的环境调整提供至少 350 亿欧元的资助……并批准'快速启动资金'（Fast Start Funding）计划，以从 2010 年开始每年向较为贫穷的国家提供 50 亿到 70 亿欧元的资助"。② 显然，在欧洲 31 个国家拥有 143 个成员组织的欧洲环境局，凭借其在欧洲民众中的广泛号召力，一直以积极敦促者的姿态带头发声，激励欧盟承担全球环境治理的更大责任。除欧洲环境局外，很多其他欧盟环境非政府组织也是欧盟加大参与全球环境治理力度的敦促者。2016 年 4 月 22 日，175 个国家的领导人齐聚纽约联合国总部，共同签署了有关气候变化问题的《巴黎协定》，为 2020 年后全球应对气候变化行动做出安排。而就在会议的前一天，气候变化网络组织欧洲部主任温戴尔·特里奥（Wendel Trio）就与欧洲工会联盟及公司领导人群体（Corporate Leaders Group）一道，代表超过 70 个欧盟各类非政府组织，

① European Environmental Bureau（EEB）,"Sustainable Development Goals: Implementation in Europe", http://www.eeb.org/index.cfm/libarary/outcome-conference-sgds-implementation-in-europe/.

② EEB,"Environment Ministers Must Make EU Lead at UN Climate Talks", http://www.eeb.org/index.cfm/news-events/news/environment-ministers-must-make-eu-lead-at-un-climate-talks/.

特别是环境非政府组织，在欧洲著名网络媒体 EurActiv. com① 上撰文，以"欧盟领导人必须在气候行动上表现出更大的抱负"为题，强调在2016 年这一绝佳时机，欧盟必须通过切实践行其环境承诺，如在减排温室气体等方面通过一揽子重要的气候和能源法案，来引领全世界的环境治理进程。② 在这篇文章中，欧盟在气候变化层面的全球领导地位被多次提及，文章要求欧盟要"上前一步，提高减排目标……为在遏制气候变化影响方面表现不佳的国家做出表率"③ 的呼吁不绝于耳。很显然，欧洲环境非政府组织在推动欧盟引领全球环境治理的标准和路径上始终处于排头兵的位置。也是在这种敦促之下，欧盟在全球环境治理方面的内外形象甚佳，其无论对内还是对外的合法性也便同时得到了有效提升。

第三节　欧洲环境非政府组织的倡导特点

一　欧洲环境非政府组织的倡导对象呈现多元化

制度结构完备加之资金充沛，欧洲环境非政府组织在欧洲内部的倡导对象极为多元，不仅包括欧盟委员会和欧洲议会这些公共权势部门，还包括欧洲各大银行以及欧盟成员国的学界及管理精英。而在欧洲之外，欧洲环境非政府组织的倡导对象则指向了联合国相关机构，如联合国环境规划署（UNEP）等政府间国际组织。

由于欧盟委员会在欧盟环境立法方面的特殊地位，同时由于在欧盟机构中欧盟委员会为非政府组织提供的制度性安排和物质性组织资

---

① EurActiv. com 是一个独立的媒体网络，专门登载有关欧盟政策的信息（http: //www. euactiv. com/about-euractiv/editorial-mission/）。

② Eliot Whittngton, Montserrat Mir and Wendel Trio（from Climate Action Network Europe, ETUC, and Prince of Wales's Corporate Leaders Group），"EU Leaders Must Show Greater Ambition on Climate Action", http: //www. euractiv. com/section/climat-envionment/opinion/eu-leaders-must-show-greater-ambition-on-climate-action/.

③ Ibid. .

源最为充分，其对环境非政府组织倡导的欢迎态度自然也吸引了这些组织对之不断加大的倡导力度和对欧盟环境治理的总体参与。以欧洲最大也是历史最为悠久的环境非政府组织——欧洲环境局为例，该组织对于欧盟委员会的大部分环境咨商主题都认真回应。如 2016 年 1 月 29 日，EEB 在回应欧盟委员会关于能源效率指令（Energy Efficiency Directive）的咨商时，就指出"《巴黎气候协定》要求欧盟委员会加大节能力度"。① 此外，EEB 的领导者还随时对欧盟委员会的文件从环境保护的视角做出公开评价。如 2015 年 10 月 27 日，该组织秘书长杰里米·瓦提斯（Jeremy Wates）就对欧盟委员会 2016 年的工作计划提出质疑："欧盟委员会到底有没有环境意识？"② 2016 年 3 月 4 日，EEB 的气候与能源政策官员罗兰德·杰布斯（Roland Joebsti）再次批评欧盟委员会"越来越偏离《巴黎协定》签署时的决心"③。

除欧盟委员会之外，欧洲议会也是欧洲环境非政府组织的重要倡导对象。2014 年 5 月时值欧洲选民选举 2014—2019 年度欧洲议会的时刻，由于大部分欧盟成员国的环境法都起源于欧盟，而 751 名欧洲议会议员有权对事关欧洲的关键环境政策做出决定，因此一些欧洲环境非政府组织便借机对欧洲议会的议员候选人进行倡导。以世界自然基金会欧洲部（WWF Europe）为例，该组织发起了一次泛欧大行动，请求欧洲议会的候选人支持建立一个更为可持续发展的全新欧洲。该行动还鼓励欧洲选民与他们所属的环保团体及所在国家的候选人联系，请求他们做出这一环保承诺。结果所有 28 个欧盟成员国中有 640 名候

---

① Philippa Nuttall Jones，"Paris Climate Deal Requires European Commission to Boost Energy Savings"，http://www.eeb.org//index.cfm/news-events/news/paris-climate-deal-requrires-european-commission-to-boost-energy-savings/.

② Philippa Nuttall Jones，"Has the Environment Entered the European Commission's Consciousness?"，http://www.eeb.org/index.cfm/news/has-the-environment-entered-the-European-Commission-s-consciousness/.

③ Roland Joebsti，Phillippa Nuttall Jones，"European Commission Increasingly Isolated over Lack of Post-Paris Ambition"，http://eeb.rog/index.cfm/news-events/news/european-commission-inclreasingly-isolated-over-lack-of-post-paris-ambition/.

选人签署了承诺，其中 19 个成员国的 133 名签署了环保承诺的候选人当选欧洲议会议员。① 此外，连续 3 年获得欧盟委员会 LIFE 计划运营资金的公正与环境组织则定期向欧盟委员会委员和欧洲议会环境委员会（The Environmental Committee of the European Parliament）发送相关环境主旨文件。②

由于欧盟的环境与气候行动 LIFE 计划为欧洲环境非政府组织拨付的运营资金主要在这些组织塑造和影响欧洲环境政策时发挥作用，因此欧洲环境非政府组织在欧盟环境治理上可谓倾尽全力。除了针对欧盟相关机构的倡导之外，环境组织对涉及环境保护的欧洲公共投资也积极进行监督。最近连续 3 年获得 LIFE 运营资金的中东欧环境观察网络组织（CEE Bankwatch Network）就在欧洲，特别是中欧及东欧地区扮演了环境守门人的角色。这一始建于 1995 年在中东欧 16 个国家积极活动的环境组织，主要对欧洲投资银行、欧洲重建与发展银行以及欧盟融合基金的公共投资进行监督，以确保这些金融机构在欧洲的项目投资及其政策充分体现环保和可持续性的特点。作为"绿 10"的成员，中东欧银行观察组织在欧洲层面的环境政策倡导上始终是急先锋之一。③

在欧盟看来，其环境治理不仅需要环境非政府组织的政策建议，同时也需要这些组织将欧洲的科学精英与管理精英的智慧加以整合，共同运用在全欧洲的环境保护上。而长期获得欧盟 LIFE 计划运营资助的欧洲保护区联盟组织（Europarc Federation）便是服务于这一目的的欧洲环境非政府组织。该组织与詹姆斯·霍顿学院（James Hutton In-

---

① World Wide Fund for Nature, *Annual Review（EU）2014*, Brussels, WWF, April 2015, p. 26.

② European Commission Environment Directorate-General, *Involving Civil Society in the EU Policy Process: LIFE Support for Environmental NGOs in 2012*, Luxembourg: Publications Office of the European Union, LIFE Publication, 2014, p. 8.

③ http://bankwatch.org/about-us/who-we-are; http://bankwatch.org/our-work/who-we-monitor.

stitute）以及阿尔弗雷德·托珀弗尔基金会（Alfred Toepfer Founda-
tion）共同协作，将欧洲各大保护区的经理以及詹姆斯·霍顿学院的
研究人员聚集在一起，将保护区的需要与科学研究成果相结合，大大
提升了欧洲各大自然保护区生态系统管理的科学性。[①] 尽管这一项目
过程属于环境非政府组织的操作实践，但也涉及对欧洲各个保护区的
管理精英以及欧洲的科学精英进行环境倡导（提升其环境保护意识及
科研项目环保指数）的过程。

因此从总体而言，欧洲环境非政府组织的环境倡导对象非常多元，
从主要的欧盟机构如欧盟委员会、欧洲议会，到欧洲的公共投资机构
如欧洲投资银行和欧洲重建与发展银行，再到欧洲的科学精英及环境
管理精英等等，明显呈现出倡导对象多元化的趋势。

二 针对欧盟的软性环境治理政策以鼓励和调适的倡导策略为主

欧盟素以其严谨的环境法律体系和完备而全面的环境政策闻名于
世，其在环境治理方面的传统模式有以下几方面的特点。第一，欧盟
在环境治理的结构要素上具有权威式的自上而下的模式特征。其中欧
盟委员会和成员国负责提出环境政策动议、其环境政策行政机构负责
政策执行；欧盟理事会和欧洲议会在决策过程中发挥作用；欧洲法院
则对不履行环境义务的行为进行裁决并实施司法强制执行。第二，欧
盟坚持通过正式立法的方式管理和解决环境问题，在环境治理的规制
风格上体现了法条主义传统。第三，欧盟环境治理的干预主义色彩明
显。特别是在 20 世纪七八十年代，大量"命令—控制"式的环境立
法不断涌现，且要求环境治理的义务主体必须严格遵守。从总体而
言，欧盟的环境立法和环境司法极大地推动了欧盟环境政策的一体
化进程并积极促进了欧盟环境的可持续发展。然而，20 世纪 90 年代

---

① European Commission Environment Directorate-General, *Involving Civil Society in the EU Policy Process*: *LIFE Support for Environmental NGOs in 2014*, Luxembourg: Publications Office of the European Union, LIFE Publication, 2015, p. 10.

初，欧盟环境治理开始强调公众参与和软性治理，即在环境治理过程中要充分进行协商并强调权利和责任的分担。[①] 这种环境软性治理的基调为欧洲环境非政府组织对欧盟环境治理的参与拓开了空间。借助这一空间，欧洲各环境非政府组织基于对欧盟扩大过程中可能对环境造成影响以及可行的环境治理方式的认知，对在软性治理基调上欧盟采取的有别于传统模式的"新"环境政策工具（Environmental Policy Instruments）采取了鼓励和调整等政策影响策略。这些工具包括财政和责任工具（Fiscal and Liability）以及信息工具（Information Tools）。[②]

欧盟在财政和责任方面采用的环境政策工具包括生态税和补贴（Eco-taxes and Subsidies）、排放权交易（Emissions Trading）、环境责任（Environmental Liability）三个方面。目前生态税和补贴政策较受环境非政府组织的欢迎，因为这是一种"污染者偿付"政策，以鼓励生产和消费者减少对环境造成危害的行为方式。显然，生态税的征收主要是针对水污染和空气污染，资源利用或者像杀虫剂和石油等对环境有害的产品。欧洲环境非政府组织中的"带头大哥"——欧洲环境局在推动生态税的征收方面尤其积极。该组织在 2001 年便发起了欧洲财政改革（European Fiscal Reform）。该改革致力于推动从高劳动税（High Labor Taxation）的征收逐渐转向征收环境污染和能源使用税，纳入鼓励可再生能源和节能产品使用的生态补贴，同时要求欧盟能够取消对环境污染企业的任何补贴。

在排放权方面，主要的欧洲环境非政府组织都对此环境工具持有疑义，只有气候行动网络（Climate Action Network）一家组织认为这

---

① 傅聪：《欧盟环境政策中的软性治理：法律推动一体化的退潮》，《欧洲研究》2009 年第 6 期。

② Elizabeth Bomberg, "Policy Learning in an Enlarged European Union: Environmental NGOs and New Policy Instruments", *Journal of European Public Policy*, Vol. 14, No. 2, 2007, pp. 248 – 268.

是一项关键的政策工具①。环境非政府组织之所以反对这一政策工具是因为毕竟排放权是在暗示"有权排放"。这也激起了环境非政府组织对于那些权势企业超强的政府游说能力的拒斥和高度怀疑。也正是由于欧洲环境非政府组织的强力反对，排放权计划这一环境政策工具在近些年来已经有一定程度的缩减。因此在这方面，欧洲环境非政府组织还是强调运用强有力的法治手段以及相应的财政工具对不配合者进行惩治，而绝不给予任何形式的豁免。欧洲目前也正在讨论如何改革欧盟的排放权计划以便使之服务于 2020 年之后的欧盟环境治理。欧盟委员会也于 2015 年 7 月发布了相关的改革建议供大家讨论。

环境责任规则也包括一系列的激励措施和弹性刺激工具，即环境破坏主体必须承担污染破坏行为的代价。为此，欧盟委员会在 2000 年制定了环境责任指标（Directive on Environmental Liability）以敦促市场行为体减少环境破坏的风险。尽管环境非政府组织对该政策工具持积极态度，但它们还是提出该责任指标必须进行重要补充，才能成为一个真正有活力的并且是全面的规制（Robust and Comprehensive Regime）。② 为此，欧洲环境局还于 2004 年专门推出了一份关于非政府组织如何参与实施环境责任指标的指导手册③。在各欧洲主要环境非政府组织的督促之下，欧盟委员会于 2008 年就环境责任指标中的环境损害修复问题进行了第一次调研。目前欧盟委员会正在对该指标的具体作用发挥进行进一步的修改。

———————

① 但 CAN 为这项政策工具的采用设定了非常严格和全面的基础条件。参见气候行动网络组织的相关立场文件。CAN Europe, CAN Europe's Position on the Post - 2020 ETS Reform, March 2016, http: //www. caneurope. org/docman/position-papers-and-research/eu-ets - 2/2875 - can-europe-position-detailed-ets-reform-recommendations-march - 2016/file.

② Birdlife International, EEB, Greenpeace International, WWF-European Policy Office, "Letter to All Permanent Representations to the EU on the Proposed Directive on Environmental Liability", Brussels, 5 June, 2002.

③ EEB, *EEB Handbook: NGO Guidelines for Implementation of the Environmental Liability Directive* (2004/35/CE), 2004.

　　欧盟环境软性治理中的生态标签这一信息工具也得到了欧洲环境非政府组织的回应。欧盟生态标签又称"花朵标志"，是欧盟于1992年开始出台的生态标签体系，旨在鼓励欧洲生产和消费"绿色产品"，从而塑造消费者乃至生产者的绿色消费行为。欧洲环境非政府组织并不反对这一信息工具，但也并没有表现出十分积极的态度①。无论怎样，它们还是成功游说了欧盟机构拓展生态标签计划的范围，简化其条款，并使之与欧盟成员国的国家相关体系很好地结合在一起。其实在欧洲环境非政府组织看来，生态标签体系只是为消费者提供产品环境影响的标准化信息罢了，这种软性工具只有在与其他政策动议（如公共采购计划）并用时才是最有效的。

　　总体而言，尽管欧洲环境非政府组织对欧盟环境的软性治理工具持鼓励和调整的态度，但可以看出，大部分组织还是期待欧盟"命令—控制"式的环境立法和严格的环境执法始终贯穿欧盟环境治理的基调，而软性治理工具只能作为一种辅助性的治理手段。

三　欧洲环境非政府组织更倾向于与其他组织的横向协作
（一）与同类环境非政府组织横向协作

　　欧洲环境非政府组织大多为伞状组织，特别是那些总部设在布鲁塞尔的组织，其会员组织几乎都由几十个甚至上百个中小型环境非政府组织构成，代表性和动员能力极强。例如欧洲最大的环境非政府组织——欧洲环境局的会员组织有143个之多，全部为非营利性组织；欧洲交通与环境联盟组织（European Federation for Transport and Environment）则拥有41个会员组织，全部是分布于欧洲各国关涉环境保护的非政府组织；欧洲骑行者联合会仅在欧洲就拥有75个非营利性的环境组织作为会员。其中欧洲骑行者联合会是欧洲交通

---

①　笔者在大部分欧洲环境非政府组织的网站主页上都没有找到关于生态标签体系的栏目或文章。而唯一在活动一栏中提到生态标签体系的EEB指出，将生态标签体系和绿色公共采购并用才能真正发挥作用。http：//www.eeb.org/index.cfm/activities/sustainability/ecolabel/.

与环境联盟组织的支持性组织（即支持其理念，但不参与其会员大会），而欧洲交通与环境联盟组织则是欧洲骑行者联盟组织的会员组织。气候行动网络组织欧洲部（Climate Action Network Europe vzw-as-bl）是由来自 28 个欧洲国家的 127 个会员组织组成。而欧洲地点组织（Eurosite）则由来自欧洲 21 个国家的 60 多个非政府性会员组织构成。

尽管本身作为伞状组织实力已经很强大，但这些环境非政府组织依然倾向于与同类环境组织进行横向协作。根据对欧盟海洋类环境非政府组织（Marine Environmental NGOs）的相关调查，约有 84% 的组织乐于与具有共同目标的环境组织协调合作；而已经有 81% 的组织开始在特定环境领域同其他环境非政府组织进行合作。[①] 这有两方面的原因，一方面是由于欧盟委员会的 LIFE 计划深知很多环境问题都并非单独存在而是多个问题盘根错节，需要进行交叉治理。因此 LIFE 一般倾向于资助那些对交叉性环境问题进行攻关的环境项目运作。另一方面，从欧洲环境非政府组织的特征而言，它们都各有各的优势。例如，正义与环境组织的特点在于对环境正义和责任的强调和对环境立法和执行的监督；海洋风险组织（Seas at Risk）则在保护欧洲海域的海洋环境上极具技术特色；健康与环境联盟组织则将欧洲的总体环境与欧洲人的健康紧密结合。而今错综复杂的环境问题要求各个欧洲环境非政府组织彼此靠近，共同应对。因此，为了在影响欧盟环境治理的进程中发出更为强有力的声音，欧洲环境非政府组织经常与其他同类环境非政府组织一道将其力量进一步加以汇聚，通过横向合作，抱团发出欧洲环境保护的最强音。

首先，欧洲最大的十个环境非政府组织创立了一个在欧洲层面的环境非政府组织平台，称为"绿 10"。这十个组织分别是鸟类生活欧

---

① J. P. Richards & J. Heard，"European Environmental NGOs: Issues, Resources and Strategies in Marine Campaigns"，*Environmental Politics*，Vol. 14，No. 1，2005，pp. 23 –41.

洲部（Bird Life Europe）、中东欧环境银行检测网络（CEE Bankwatch Network）、气候行动网络组织欧洲部、欧洲环境局、健康与环境联合（HEAL）、欧洲交通与环境联盟组织、地球之友欧洲部、世界自然基金会欧洲部、绿色和平欧洲部和自然之友国际（Naturefriends International）。作为欧洲最大的 10 个环境非政府组织的共同平台，"绿 10"主要在以下几个方面共同行动：第一，在成员国层面鼓励欧盟环境法和环境政策的充分执行；第二，向欧盟进行新的环境建议游说；第三，与欧盟各机构合作以确保在各相关政策的实施过程中将环境因素纳入其中；第四，促进欧盟在全球环境整治领域的领导力。迄今为止，"绿 10"已经在宪法协定（The Constitutional Treaty）和欧盟可持续发展战略（The EU's Sustainable Development Strategy）等方面发挥了重要的环境政策倡导和监督等作用。[1]

其次，"绿 10"成员也经常根据环境政策领域的差异同"绿 10"之外的环境非政府组织一道进行团队协作。例如，地球之友欧洲部、中东欧银行观察网络和自然基金会欧洲政策办公室于 2012 年共同发起了"花得好"运动[2]（"Well Spent" Campaign），主要目的是促进欧盟资助的投资项目能够着眼于整个欧洲的可持续发展。同年，欧洲环境局和正义与环境组织一道召集多次专家会议，共同商讨如何对"环境影响评价指令"（Environment Impact Assessment Directive）草案提出中肯可行又富有技术含量的修改建议。2014 年 6 月，世界自然基金会欧洲部曾与饮料盒与环境联盟组织（The Alliance for Beverage Cartons and the Environment）在欧盟委员会主办的绿色—周（Green Week）活动中成功组织了一场关于欧盟能否帮助企业进行可持续资源利用的辩论[3]。同年，世界自然基金会又同海洋环境组织（Oceana）以及环境正义基金会（Environmental Justice Foundation）共同致力于打击非法、

---

① 参见"绿 10"（Green 10）网站主页（http：//www. green10. org）。

② 主要目的是促进欧盟资助的投资项目能够着眼于整个欧洲的可持续发展。

③ WWF, *Annual Review EU 2014*, Brussels, Belgium, April 2015.

不规范和事先没有报告的捕鱼活动。2016 年 4 月 28 日，欧洲环境局、气候行动网络组织欧洲部、地球之友欧洲部和世界自然基金会对欧盟委员会有关能源效率指令的咨商共同做出了回应。①

（二）与其他类型非政府组织的交叉合作

由于环境可持续发展主题已经渗透到人类生活的方方面面，因此欧洲环境保护组织的活动已经与其他领域的非政府组织活动多有交叉和渗透，跨领域的非政府组织合作已经成为欧洲环境非政府组织行动的重要方面。首先，"绿 10"本身就是欧盟公民社会联络群体（EU Civil Society Contact Group，CSCG）的重要一员。为了促进欧盟的参与式民主、维护公众利益，8 个大型致力于公民权益和价值维护的非政府组织共同组成了名为 CSCG 的非政府组织联合体，其关注的领域囊括了文化、环境、教育、发展、人权、公共健康、社会与妇女等。"绿 10"对之的参与，将欧洲环境非政府组织的倡导延伸到非政府组织对欧盟倡导的各个方面，极大拓展了欧洲非政府组织价值和权益维护的环境维度。其次，各欧洲环境非政府组织与欧洲其他类型非政府组织的交叉合作目前十分普遍。针对欧盟制定的《化学品的注册、评估、授权和限制》（Regulation Concerning the Registration，Evaluation，Authorization and Restriction of Chemicals，REACH）这一法规，欧洲环境局、健康与环境联盟、法国生态主义者行动组织（Ecologistas en Accion）等欧洲环境非政府组织就联手一些健康组织，如亚美尼亚妇女健康与环境组织（Armenian Women for Health and Healthy Environment）、英国乳腺癌组织（Breast Cancer UK）以及妇女组织，如欧洲妇女共同未来组织（Women in Europe for a Common Future），于 2016 年初多次向欧盟委员会 REACH 委员会发出公开信，提出了这些组织对一些化学品使用对女性造成可能伤害的问题。欧洲环境局还多次与

---

① European Environmental Bureau，"Joint NGO Response to the Consultation on the Review of Directive 2012/27/EU on Energy Efficiency"，http：//www. eeb. org/？LinkS-ervID = 5686057C – 5056 – B741 – DBD09D72A06FA7BF&showMeta = 0&aa.

欧洲消费者组织一道，对欧盟旅游住宿服务生态标签以及木质、竹、软木质地板的生态标签使用情况提出建议。[①] 2016 年 3 月 22 日，113 个欧洲环境非政府组织及健康类非政府组织共同发出倡议，要求欧盟对其食品和农场业相关政策进行重大修正。

（三）总体采取合作性而非对抗性的政策倡导方式

从传统角度而言，环境组织主要采取两种倡导方式，即合作性倡导和对抗性倡导，这两种倡导又可分别称之为"内部人"和"外部人"策略。[②] 所谓内部人（外部人）划分的标准就在于，非政府组织要成为"内部人"，必须采取可接受的行为方式，才能够获得对特定权势机构的咨商和谏言的机会；如若拒绝这些限定条件，则只能存在于权势系统之外。因此，"外部人"群体始终处于政治主流之外的现实也就更迫使这些组织经常采取直接行动。以绿色和平组织的"非暴力直接行动"为例，其将直接行动和高调的媒体曝光结合在一起的倡导举措虽足够吸引眼球，但其对权势部门具体的政策决策之影响却难说完美。一直以来，建议其将直接行动建立于严谨认真的科学研究的基础之上以获得真正公信力的声音不绝于耳。除了直接行动之外，还有一种相对温和的对抗性倡导方式——诉诸司法程序。环境非政府组织当然可以采取司法手段起诉相关权势部门的环境违法行为，很多时候，这些组织口头上威胁要诉诸法律的言语会很快收到成功的奇效。但是，如若真正进入法律程序，其复杂冗长的过程和不菲的花费是很多环境非政府组织根本无法承受的。而最大的问题是，这种寻求法律解决的方式通常只能获得非常有限的媒体关注度，短时间内也不会有任何结果。

鉴于上述两点原因，再加之欧盟各相关机构在制度安排和物质性组织资源上向欧盟环境非政府组织的倾斜，绝大部分欧洲环境非政府

---

① European Environmental Bureau, http：//www. eeb. org/index. cfm/library/? firstpublications = 1.

② Wyn Grant, *Pressure Groups and British Politics*, Palgrave Macmillan, March 2000, p. 19.

组织几乎采取清一色的温和倡导方式。事实上，对于环境政策决策过程参与得越多，环境非政府组织的倡导态度就越容易由批判者向伙伴、咨商者和游说人转变。一般而言，环保专业知识与科学技术水平较高的环境非政府组织较多采用合作性倡导策略。而在欧洲的公众和权势部门（包括欧盟各相关机构和欧盟成员国的政府）眼中，作为"内部人"的欧洲环境非政府组织及其分布于各欧洲国家的成员组织在更多情况下被看作是能够长期与权势部门就欧洲环境问题进行互动的合法组织。它们更多时候是在法律允许的范围之内进行倡导，并试图以自上而下的方式影响欧盟乃至欧洲的环境政策决策。因此，欧洲民众甚至逐渐发展出一种共识，即只有正式渠道才能引入人人遵守的环境保护法案，而这才是实现长期政策改变的最佳路径。因此，越来越多的欧洲环境非政府组织试图通过做"内部人"的方式尽可能全面地参与欧盟环境政策的制定并影响欧盟环境政策的决策者。通过参与式的游说活动，持续不断地施加教育和劝说压力，以促使环境政策决策者更为审慎、全面、认真地思考特定环境问题，固然是大多数欧洲环境非政府组织所采取的总体环境倡导战略，但是这并不是说欧盟环境非政府组织放弃了任何对抗性的环境倡导手段。目前，其最常用的也是相对"激进"一些的"外部人"手段是群众示威（Mass Demonstration）和请愿（Petitions），间或也有部分组织采用法律手段进行环境法律诉讼。但很显然，合作性倡导已经成为欧洲环境非政府组织最主要的倡导策略。

尽管欧盟，特别是其中的西欧国家，对全球环境的恶化负有不可推卸的历史责任，但就单纯的环境保护而言，它是欧洲一体化进程中障碍最小，最能够凝聚欧洲人心、增强欧盟合法性的问题领域。同时，它也是当前欧盟最引以为傲，以其自身规则和标准来形塑全球环境治理秩序，领导全球环境治理，打造欧盟全球形象的最佳切入点。于是，无论对内还是对外，打环境牌对欧盟而言无疑都是加分。而在这一内外兼修的环境治理中，给予动员和倡导能力超强的欧洲环境非政府组织以完备的法律与制度安排和丰足的物质性组织资源，就可以将这些组织纳入欧盟的整体运作框架之内，使这些组织作为"局内人"在欧洲内部完成"塑造向度"（针对欧盟的政策决策）和"执行向度"（针对广大欧洲民众）的双向倡导，借由欧洲内部的环境治理提升欧盟机构的话语权，以推进欧洲一体化进程。同时在全球层面，欧盟会同联合国相关机构仍然将这些欧洲环境非政府组织吸纳在内，为这些组织提供充足的政治机会结构，使它们充分参与国际环境公约的起草，国际环境组织的会议，并拥有不断向欧盟发声以敦促其坚决占据全球环境治理领导地位的资格。显然，欧盟对内需要这些环境非政府组织通过环境保护这一话语整合关注切身乃至全球环境的欧洲民众；对外，它更需要这些组织明确向世界宣示欧盟在环境领域当仁不让的领导角色，这就使得欧洲环境非政府组织的倡导活动显得非常活跃，并展示出了自身独具特色的倡导方式和倡导策略。

第 五 章

欧洲社会非政府组织平台[*]

    作为欧洲一体化在社会领域的重要体现，欧盟的社会政策自 1951 年出台以来不断在整合欧盟就业，促进社会融合，确保欧洲公民的基本权益等方面取得突破性进展。而与欧洲普通民众的就业、安全、健康、性别平等和社会保障等问题息息相关的欧盟社会政策，之所以能在一体化程度上不断向前推进，欧盟与社会政策领域内非政府组织之间彼此倾听，互为依托的建构过程可谓关键。在这一过程中，欧盟不仅与社会政策领域内各种类别的单个非政府组织互动，同时还积极与由这些跨部门的非政府组织聚合在一起而形成的大型欧洲社会非政府组织平台具有紧密的咨商关系。因此，本章将重点呈现欧洲社会非政府组织平台与欧盟委员会的互动；而第六章则选取社会非政府组织中历史较为悠久并迄今极其活跃的欧洲妇女非政府组织为典型案例，重点探讨这一具有代表性的单个社会非政府组织与欧盟各主要超国家机构之间的相互关系。

    欧洲社会非政府组织平台是欧盟为协调和推动成员国在社会政策领域的合作在民间角度搭建的重要媒介。该平台是由 40 多个活跃于欧洲社会领域的非政府组织组成的联合网络。平台上的非政府成员组织

---

    * 本章主要参考的两部英文专著：Acar Kutay, *Governance and European Civil Society*: *Governmentality*, *Discourse and NGOs*, Routledge, 2014；Corinna Wolff, *Functional Representation and Democracy in the EU*: *The European Commission and Social NGOs*, ECPR Press, 2013.

声称它们代表着地方、地区和国家层面成千上万的组织、协会和志愿组织，代表着妇女、老年人、残疾人、失业人群、贫困人群、年轻人、儿童等各类人群的利益。除了以利益群体的身份在欧盟委员会的数据库上注册之外，这些非政府组织还随时对欧盟委员会进行网上咨商。

第一节　欧洲社会非政府组织平台的创建历史

1992 年，《马斯特里赫特条约》在荷兰签署，而该条约附件中的"社会协定"（Social Protocol）[1] 被广泛看作一个独立的社会政策草约。它意味着欧盟在社会政策方面的相关规约从内容上得到了拓展。1993 年，欧盟委员会又发表了一份《社会政策绿皮书》（Green Paper—Social Policy—Options for the Union[2]）。除了在其中进一步列举了大量的社会政策问题之外，欧盟最主要的意图还是想引起广大公众对欧盟社会政策走向的关注，同时引发公众对有关政策的积极讨论。可以说，《社会政策绿皮书》的颁布为欧盟委员会与非政府组织的互动提供了政策依据。[3] 随后，欧盟委员会开始着手搭建双方互动的基本构架和机制。欧盟委员会中的就业、社会事务和融合总司首先决定发起欧洲社会论坛（European Social Forum），并于 1995 年正式搭建起欧洲社会网络，通过特定财政支持的方式在社会事务领域内扶助欧盟层面相关非政府组织平台的建立。在欧盟委员会的积极运作下，大批欧洲社会事务领域内的非政府组织理所当然地加入了该网络，比如欧洲妇女游说组织（EWL）、欧洲青年论坛（EYF）、欧洲发展类非政府

---

① Treaty of Maastricht on European Union, http：//eur-lex. europa. eu/legal-content/EN/TXT/？ uri = URISERY：xy0026.

② Commission of the European Communities, Green Paper—European Social Policy—Options for the Union, CEC, Brussels, Nov. 15, 1993.

③ Seamus Grimes, "The Green Paper on European Social Policy", *Regional Studies*, Aug 1994, pp. 827 –831.

组织联络委员会、欧洲反贫困网络以及欧洲残疾人论坛（EDF）等。从第一次欧洲社会论坛召开开始，欧盟委员会作为唯一出资方，在欧盟与非政府组织就欧洲社会政策的咨商互动方面发挥了关键性的作用。也是从第一次欧洲社会论坛起，欧盟委员会与欧洲非政府组织的互动开始被称作"公民对话"。①

在资金支持方面，欧盟对欧洲社会非政府组织平台的资助过程并非一帆风顺。尽管《马斯特里赫特条约》对之有相关的规定，但20世纪90年代初期欧盟对欧洲非政府组织的资助一直是时断时续的，缺乏全面的战略规划和布局。而20世纪90年代后期，欧洲经济社会委员会对欧洲非政府组织的身份提出质疑。该委员会认为欧洲非政府组织的存在和运作应该有法可依，否则无法自证其合法性。1998年，欧洲法院甚至明确提出欧盟委员会从1996年起对社会政策领域内非政府组织的资助是缺乏法律依据的。② 可以想象，这些由欧盟委员会资助成立，同时严重依赖该资助才能得以生存的欧洲非政府组织在当时几乎到了生死存亡的关头。于是，一方面，这些非政府组织发起了一场针对该质疑的抗议行动；另一方面，欧盟委员会也积极运作，一边成功施压欧盟理事会继续批准欧盟委员会对非政府组织的资助，一边在欧盟层面动员并加强与欧洲社会非政府组织的合作。2001年，"社会平台"终于成为一个独立的法律实体。最终，通过"公开协商方式"③架构下的财政计划，欧洲社会领域内的非政府组织在2002年之后得以定期从欧盟委员会那里获得稳定的资助。根据2006年其内部所采用的

---

① Justin Greenwood, "Review Article: Organized Civil Society and Democratic Legitamacy in the European Union", *British Journal of Political Science*, Vol. 37, No. 2, 2007, pp. 333 – 357.

② Robert Geyer, "Can European Union (EU) Social NGOs Cooperate to Promote EU Social Policy?" *International Social Policy*, Vol. 30, No. 3, 2001, pp. 477 – 493.

③ "公开协商方式"是欧盟里斯本首脑会议提出的一种社会标准化机制。具体说来就是，在尊重民族国家多样性的基础上，通过共同协商、统一目标和统计方式，让成员国以各自的资源、特色和方式去实现共同的目标，从而加强欧盟的一致性。

治理规制，"社会平台"将自己称作是"欧洲社会非政府组织平台"（Platform of European Social NGOs）。目前，有 47 个欧洲非政府组织在社会平台注册，每年与欧盟委员会举行两次会议。

表 5 - 1　　通过"公开协商方式"资助项目从欧盟就业总司获得资助的社会平台非政府组织成员（2002—2013）

非政府组织名称	获资助时间
1. 欧洲债务咨询组织（ASB Schuldnerberatungen）	2007 年
2. 欧洲明爱（Caritas Europe）	2005—2013 年
3. 欧盟家庭组织协会（COFACE）	2008—2013 年
4. 欧洲理事会（Council of Europe）	2007 年
5. 国际动力（Dynamo International）	2011—2013 年
6. 欧洲儿童（EFCW）	2002—2013 年
7. 欧洲城市（Euro Cities）	2008—2013 年
8. 欧洲宗教类非政府组织联合（Eurodiaconia）	2008—2013 年
9. 欧洲健康网络（Euro Health Net）	2011—2013 年
10. 欧洲反贫困网络（EAPN）	2002—2013 年
11. 欧洲工人、社会联合体及社会参与企业联合会（CECOP）	2008—2010 年
12. 欧洲应对无家可归者国家级组织联合会（FEANTSA）	2002—2013 年
13. 欧洲街头儿童基金会（EFSC）	2008—2010 年
14. 欧洲社会整合企业网络（ENSIE）	2011—2013 年
15. 欧洲公共社会平台（European Public Social Platform）	2002—2005 年
16. 欧洲社会网络（European Social Network）	2006—2013 年
17. 欧洲脑力健康（Mental Health Europe）	2007—2013 年
18. 跨欧洲社会接纳网络（RETIS）	2002—2007 年

资料来源：Corinna Wolff, *Functional Representation and Democracy in the EU: The European Commission and Social NGOs*, the ECPR Press, 2013, p. 97.

第二节　社会平台的基本情况

一　社会平台的机构建制、资金来源及宣传渠道

就行政管理角度而言，社会平台由一名协调员和一个总裁管理。其组织结构包括大会（The General Assembly）、高级别指导小组（Steering Group）、管理小组（The Management Group）、会员批准委员会（The Membership Accreditation Committee）以及秘书处。大会是社会平台的最高权力机构。[①]

社会平台总预算的70%来自于欧盟委员会的"促进积极欧洲公民参与共同体行动项目"（Community Action Program to Promote Active European Citizenship），而其他资金则来自于会费和会员的贡献。[②] 社会平台解释说，这些来自欧盟委员会的资金主要用于"向非政府组织的成员提供有关欧盟发展的相关信息，组织这些非政府组织参与论坛以彼此交换经验和分享知识，同时也用于安排欧盟各机构的代表和社会类非政府组织之间召开的会议"。[③]

由于对自身的倡导能力非常重视，平台设置了一套十分具体的宣传战略，其中包括"重组和简化社会平台的官方网站；出版多期 *ENGAGE*（接触）杂志[④]；在外部沟通上保持一致的形象和声音；回应媒体的要求并积极谋求媒体报道；寻找新媒体报道机会"。[⑤] 为了达到这些目标，"社会平台"会定期发布立场文件、决议、政策简报、倡导

---

① Social Platform, "About Us: Governance", http://cms. horus. be/site/99907/AboutUs. asp? DocID = 8149.

② Acar Kutay, *Governance and European Civil Society: Governmentality, Discourse and NGOs*, London and New York: Routledge: Taylor & Francis Group, 2014, p. 117.

③ Social Platform, http://www. socialplatform. org.

④ http://issuu. com/social_ platform/docs/engage_ issue_ 12.

⑤ Social Platform, *Social Platform's Response to the Green Paper on Equality and Non-Discrimination in an Enlarged Union*, Brussels: The Platform of European Social NGOs, 2009.

信件以及年度报告。其中，每月定期发布的新闻简报介绍的是平台的各项活动和欧盟政策；其每周向欧盟所有机构邮寄的信件则主要介绍平台上的重要非政府组织成员的活动情况。这些旨在提升社会平台能见度的宣传倡导活动由平台特别雇佣的一名在公共关系方面颇具职业素养的新闻官专门负责①。在新媒体沟通方面，"社会平台"最为倚重的对外沟通渠道就是它的官方网站（Social Platform. org），该网站在2000年之后曾经多次改版，就是希望通过更为贴近欧洲普通公众的网站内容和更为亲和的版式设计吸引欧洲民众关注欧盟的社会政策举措，进而发出自己的声音。

二 社会平台的主要目标和会员模式②

社会平台是在社会领域内积极运作的欧洲代表性非政府组织的联盟，主要是在欧洲特别是欧盟范围内致力于平等、团结、反歧视，并促进对基本人权的尊重。平台的目标主要有两个方面：一方面是消除贫困和社会隔离，取消各种形式的歧视和社会不公，促进男女在各个领域的平等；另一个方面是促进参与式民主，即促进并增强社会领域内非政府组织有组织地参与欧盟的公民对话，特别是那些因贫困、歧视而被排除在欧盟政策决策之外的人群的参与。③ 概括起来，社会平台就是试图通过在欧盟层面以对欧盟的政策决策者进行倡导的方式促进其会员的利益；同时，它也通过信息的向下散播加强欧洲社会非政府组织对欧盟相关政策的理解。

---

① Social Platform，"About Us：Team"，http：//cms. horus. be/site/99907/AboutUs. asp？DocID = 8154.

② Social Platform，"About Us：Membership"，http：//cms. horus. be/site/99907/AboutUs. asp？DocID = 8144；Acar Kutay，"A Case Study on the Social Platform：A Performing Agent of European Civil Society"，*Governance and European Civil Society：Governmentality*，*Discourse and NGOs*，Routledge，2014，p. 116.

③ Social Platform，"Statement of Values and Objectives"（Adopted by the Social Platform General Assembly in 2004），http：//cms. horus. be/site/99907/AboutUs. asp？DocID = 8148.

社会平台的会员模式主要有两种，分别是正式会员（Full Membership）和准会员（Associate Membership）。只有欧洲非政府组织能够成为正式会员；而国际非政府组织则只能申请成为准会员。正式会员身份和准会员身份有两点区别：第一，尽管两种会员身份都要缴纳会费，但当非政府组织参加社会平台大会和高级别指导小组会议时，"社会平台"会报销正式会员组织的参会费用，但准会员组织则要自己付费；第二，准会员组织没有资格投票或担任社会平台的行政职务。同时，社会平台也允许一些非政府组织以观察员的身份参与平台的工作。一般而言，未能在欧盟层面而仅在成员国国家层面运作的非政府组织可以获得观察员身份。观察员组织可以参与大会的会议，但是没有资格发言，同时也没有投票权。它们一般会得到"社会平台"各种活动的通知，并经常被邀请参加相关的研讨会和其他会议。

第三节 社会平台凸显自身作用及倡导角色扮演

一 抓住机会、凸显作用

在社会平台成立之初，欧盟委员会一年与之举行两次碰头会议，并在平时进行一些有限的网络咨商，这表明欧盟委员会最初只把与社会非政府组织的互动控制在较低的级别之内，同时也说明其在与非政府组织建立正式关系方面的动力不足，意愿似乎也不够强烈。当然，也有一种可能就是欧盟委员会在最初也并不完全清楚自身与欧洲社会非政府组织的互动应该控制在怎样的频度和范围之内，因此开始只是保持一种慢速推进，逐渐摸索的态势。但由欧洲社会事务领域非政府组织组成的"社会平台"却看到了凸显自身能力和作用、扩大自身影响力的契机。社会平台于 21 世纪初期适时地抓住了一个机会，这便是由欧洲理事会确定的于 2001 年召开的"欧洲未来大会"（Convention on the Future of Europe）。社会平台围绕"欧洲未来"这一主题发起了几个运动，这些运动包括"欧洲未来""公民大会"（Citizens' Assembly）和"为欧洲行动"（Act for Europe）。通过这三个主要行动，社会平台将欧洲的社会非政府组织群体动员起来共同探讨欧洲事务。其中在 2001 年 12 月于布鲁塞尔举行的"公民大会"动员了 700 多名来自全欧洲的非政府组织和政府代表。大会的主题从全球化、移民，到消除贫困；从《欧盟基本权利宪章》到《欧盟宪法》，内容极为广泛。许多参会的非政府组织还参与起草了名为《欧洲是我们的未来》的宣言。① 正是在社会平台的领导之下，一群非政府组织平台的联合体组建了"公民社会联络群体"。尽管 CSCG 最初只是一个松散的网络，其组织和管理工作由社会平台来完成，但其旨在动员欧盟成员国层面的非政府组织行动起来为"欧洲未来"献计献策的实际行动却对各层级的非政府组织有着相当的影响力。此外，社会平台还积极动员非政府组织参与到《欧洲宪法》的起草和批准过程之中②。在这一过程中可以清楚地看到，被社会平台汇聚在一起的欧洲社会非政府组织在被制度化的同时表现出强烈的配合意愿，随时期待与政治权势部门进行正式的协商和讨论，并在欧洲政治重构的过程中发挥了重要作用。

从总体上说，社会平台在其中扮演了两个角色，一个角色是参与到布鲁塞尔咨商体系之内，对欧盟的政策决策发表意见和建议，并将欧洲一体化的理念带入参与其中的主要非政府组织群体；另一个角色则是将欧盟治理的相关信息和知识，甚至是一整套与欧洲整合标准相一致的欧洲非政府组织管理机制，通过横向和纵向的方式传递给其他同级（但未参与咨商）的欧洲非政府组织以及成员国的

---

① Social Platform, "Democracy, Governance and European NGOs: Building a Stronger Structured Civil Dialogue", Brussels: The Platform of European Social NGOs, 2001, p. 14.

② Social Platform, "Open Consultation on the European Commission Future Programme on Active European Citizenship", Brusels: The Platform of European Social NGOs, 2005, p. 17.

国家级非政府组织，在向欧盟社会政策一体化的相关话语指令看齐的前提下，将非政府组织的行动加以制度化和模式化。例如在 2000年上半段，社会平台的信息与知识传播重点目标是中欧和东欧的非政府组织。于是社会平台多次组织其主要的非政府组织成员，直接访问一些刚加入欧盟的新成员国国内的非政府组织。如 2002 年社会平台曾组织到访波兰，2003 年到访捷克共和国，2004 年到访塞浦路斯、匈牙利和拉脱维亚。社会平台在这些国家组织大会和研讨会，以便在围绕欧盟主要社会政策理念的基础上，就非政府组织的政策倡导、资金筹措、沟通技巧和非政府组织管理等问题对成员国级别的非政府组织进行培训。①

二　两面性的倡导角色扮演

社会平台上的欧洲社会非政府组织在 2000 年之前一直扮演着和平的合作者角色，几乎从不曾与欧盟委员会剑拔弩张，而唯一的一次双方关系不睦还是因为社会平台反对欧盟取消欧盟委员会对这些非政府组织的资金支持②。这一事实说明欧洲社会非政府组织的地位并不牢靠，它不仅仰赖于欧盟委员会的资金，同时它也需要不断通过相关行动强化自身在欧洲一体化进程中的重要性。因此，社会平台非常依赖"公民对话"这类正式的互动制度安排来彰显其上传下达、促进欧洲整合的独特作用，以确保其在欧盟政策决策管道中的一席之地。但这是否就注定了社会平台要绝对远离所有对抗性倡导呢？答案是否定的。大约从七八年前起，平台开始对曾经的温和做

---

① Acar Kutay, *Governance and European Civil Society: Governmentality, Discourse and NGOs*, London and New York: Routledge: Taylor & Francis Group, 2014, p. 124.

② 1998 年 5 月，欧洲法院（European Court of Justice）取消欧盟委员会决定对86 个与欧洲社会非政府组织相关的项目资助。于是社会平台发起"亮红牌运动"（Red Card Campaign），联合相关欧洲非政府组织进行反对，并最终于 1998 年年底取得胜利。

派稍加调整，加入到了反对欧盟主要成员国为解决金融危机问题执行紧缩政策的行列中。为了在欧盟层面反对削减社会政策预算和欧洲公共部门开支，社会平台于 2009 年首次参与了街头的示威游行。但与示威形象截然不同的是，社会平台的绝大多数出版物上却找不到对该游行的任何报道。具体而言，除了社会平台的官方杂志《接触》在 2011 年第 10 期上刊登了一张展示示威场景的小图片之外①，社会平台的其他材料所展示的则更多是大会、研讨会和培训会议的场面。而再看社会平台的工作报告和年度报告就可以发现，游行抗议的照片和内容全不见踪影，到处是大小会议以及社会平台在组织和参与了学术访问之后所取得的成就的简介，可谓一派"祥和"之相。显然，《接触》中的游行示威形象具有的只是象征意义，而社会平台真正的核心形象还是在欧盟机构的合作倡导框架之内的"绵羊"而已。② 这一方面是因为按照欧盟机构设定的规制进行温和倡导，社会平台的社会非政府组织成员才能获得自己赖以生存的资金；而从另一方面而言，也只有坐下来，在欧盟社会政策领域理性地与欧盟机构展开磋商和对话，社会平台成员的具体利益诉求才有可能被明确清晰地表达，并进而在欧盟出台的相关社会政策措施中有所体现。

事实上早在 2008 年，社会平台就出台了一份名为《在国家和欧洲层面塑造有效的公民对话——"人民与人民政策"》的参考文件（Reference Paper）③ 以向它的成员组织进一步界定参与式民主、公

---

① Social Platform, Engage, ISSUE 10：Q4 2011, http：//cms. horus. be/files/999907/MediaArchive/News_ section/engage/Engage%20Issue%2010. pdf.

② Acar Kutay, *Governance and European Civil Society*：*Governmentality*, *Discourse and NGOs*, London and New York：Routledge：Taylor & Francis Group, 2014, pp. 140 – 141.

③ Social Platform, "Social Platform Reference Paper：Shaping an Effective Civil Dialogue at National and European Level-Policies for People with People", June 2008, http：//cms. horus. be/files/99907/MediaArchive/MembersRoom/Annual_ Theme/20080930_ reference_ paper_ AHfinal. pdf.

民社会和公民对话等概念。在这份文件中，社会平台特别强调了
欧洲社会非政府组织网络与在草根层面提供服务的传统社会非政
府组织的不同之处。第一，欧洲社会非政府组织网络要在成员国
之间增强凝聚力，并在欧洲层面积聚社会资本。第二，欧洲非政
府组织网络在四个方面创建了具有欧洲民主特色的公共空间。在
这个公共空间中，欧洲社会非政府组织的成员首先是通过彼此的
鼓励相互学习；其次是创造公共辩论的氛围；再次是汇聚共同的
呼声；最后是进行成员的能力建设。第三，欧洲非政府组织网络
在将社会底层的声音传递给欧盟权势部门的同时，加强了地方和
成员国层面非政府组织的影响力。参考文件中强调了欧洲社会非
政府组织网络自下而上所传递的是那些"经常被排除在决策进程
之外的，决策者听不到的和忘记了的声音。比如，那些来自穷人
的声音，那些被歧视者的声音和那些无家可归者的声音"。① 第四，
欧洲社会非政府组织网络也同时扮演着挑战者或是看门人的角色，
不时提出批判甚或是发起抗议，从而在一定程度上抵消欧盟政策
决策中的商业部门的声音。从这一参考文件当中我们可以清楚地
判断，欧洲社会政策领域内非政府组织平台具有双重身份。上述
第三点和第四点说明，它们是草根非政府组织及欧洲底层民众的
代言人；而第一点和第二点则显示，它们也试图在扮演欧盟政治
治理理性话语的传递者这样一个角色。其实从实质看，欧洲社会
非政府组织网络从其接受欧盟委员会资助而建立的第一天起就被
打上了制度化的烙印，而紧随其后由欧盟机构把控的非政府组织
数据库注册以及决策参与资格的遴选都说明，尽管欧洲社会非政
府组织也象征性地参与了为数有限的抗议活动，但其对欧盟政策
决策的倡导已经完全被纳入到欧盟的一体化制度设计和话语体系

---

① Social Platform, "Social Platform Reference Paper: Shaping an Effective Civil Dia-
logue at National and European Level-Policies for People with People", June 2008, http://
cms. horus. be/files/99907/MediaArchive/MembersRoom/Annual_ Theme/20080930_ ref-
erence_ paper_ AHfinal. pdf.

之中，因此，其倡导活动的象征意义似乎大过其实质性的政策倡导结果。

第四节　社会非政府组织成员的活动及其同欧盟的互动

一　社会平台上非政府组织成员的基本活动

欧洲社会政策领域内非政府组织的首要任务便是为欧盟的政策决策提供必要的"基层"信息。为了达到这一目的，位于布鲁塞尔的欧洲社会非政府组织调动其在各个欧盟成员国的分支组织（包括最为基层的地方组织），将具有地方特色的弱势群体生存情况信息以及成员国层面和欧盟层面具体的帮扶信息自下而上地传递给欧盟的权势部门。这些信息不仅是有相当质量的真实信息，同时它们也反映了这些基层非政府组织对于欧盟成员国社会情况的整体把握和相对深刻的理解。这其中包括社会非政府组织对其所身处的广阔社会背景的认知、对前因后果的了解、对凸显的或是被忽略问题的把握以及所具备的解决问题的相关经验，等等。而非政府组织所提供的信息与学术机构或智库专家提供的信息并不相同，这是因为所有这些信息的积累都基于非政府组织作为一定社会群体代表的使命感和多年基层工作的经验。从这个角度而言，它们的信息并非专业知识，而是通过草根非政府组织传递出来的来自公民和社会工作者的观点。这也是欧洲社会非政府组织之于人手相对匮乏的欧盟委员会而言最为突出的特点。此外，社会非政府组织的另一项任务是将欧盟的政策向下传递给各个成员国。各成员国的公民需要了解欧盟作为一个整体在社会政策领域正在面临哪些挑战，欧盟又在采取怎样的办法和举措进行回应。为此，这些欧盟层面的政策需要进行更为准确具体的表述以便令基层普通民众易于理解，明确这些政策怎样与他们平时的生活发生关联。而社会非政府组织作为特定的民众群体，在参与欧盟政策向下传递的过程中，正好可以对这些政策起到良好的解释作用。其实，欧盟机构最想看到的是非政府组织对基层民众的倡导能够在更大程度上依循欧盟的设计理念顺利传递，进而"改变公共态度并打击偏见"①，从而促成"一个更为公正和包容的社会"②。此外，强调非政府组织对欧盟政策决策的参与不仅可以向最底层欧洲民众传递欧盟的声音，同时还可以在一定程度上影响欧盟成员国的相关政策。其基本路径是由与社会平台互动的欧盟超国家机构的各主要部门出面支持相关社会非政府组织在欧盟成员国层面的活动，例如欧盟可以坚持让一些特定的非政府组织参与成员国层面以"公开协商方式"进行的相关政策决策研讨。从这一角度而言，作为欧盟的政治联盟，社会非政府组织完全可以起到影响和塑造成员国相关社会政策决策的作用。

从表 5-2 中我们可以发现，汇聚了大量欧洲社会非政府组织成员的社会平台，其主要目标中的"动员"和"能力建设"两项指向的是其内部社会非政府组织成员的经验交流、能力建设及相关社会政策意见的搜集；而"社会对话"环节则指向社会平台中的主要非政府组织与欧盟相关机构的政策互动；"沟通"环节是社会平台在完成与欧盟机构对话和咨商之后，向其分布于欧盟、成员国乃至整个欧洲层面的社会非政府组织成员传递欧盟有关社会政策方面的最新政策进展的过程。

---

① European Commission, Commissioner Anna Diamantopoulou, "The National and European Role of Social Welfare Organizations", Speech Given in Athens, 19 May 2000, http: //ec. europa. eu/employment_ social/speeches/2000/000519ad_ en. pdf.

② European Commission, Director-General Odile Quintin, Address at the Conference Civil Dialogue and Enlargement, Budapest, 23 June, 2003, http: //ec. europa. eu/employment_ social/speeches/2003/oq230603_ en. pdf.

表 5 – 2　　　　　　**社会平台的主要目标、次要目标和相关活动**

主要目标	次要目标	活动
动员	1. 通过汇集成员组织的意见定期影响欧盟的政策决策 2. 就事关成员组织共同利益的问题进行动员，特别是社会权利、欧盟社会政策和项目以及公民对话	1. 里斯本议程 2. 影响评估和可持续发展 3. 公共采购 4. 欧洲融合政策的未来 5. 企业社会责任 6. 公开协调方式 7. 人口变化和社会保护现代化 8. 就业和社会保护 9. 最低收入 10. 服务、社会服务和总体利益服务 11. 社会接纳战略 12. 反歧视侦测 13. 性别平等 14. 移民融合 15. 基本权利 16. 欧洲宪法条约 17. 参与式民主 18. 在地方、国家和欧盟层面的非政府组织资助
能力建设	1. 促进社会平台成员之间的经验交流并在信息方面互通有无 2. 帮助社会类非政府组织提升自身能力以影响欧盟政策并对公民对话做出有益贡献	1. 社会非政府组织之间的经验交流 2. 培训 3. 成员支持 4. 到新成员国和候选国家学习访问
社会对话	促进非政府组织与欧盟机构之间的关系，以便在多元参与的背景下共同探讨欧盟政策	1. 欧盟委员会 2. 欧洲议会 3. 欧盟理事会 4. 其他欧盟机构和国际机构

续表

主要目标	次要目标	活动
沟通	1. 促进社会平台的各个成员对相关欧盟政策发展的了解 2. 促进外部世界对社会平台及其成员相关活动和作用的了解	1. 向社会平台上的其他成员散播信息促进外部沟通活动开展 2. 促进社会平台和社会类非政府组织之间的知识共享

资料来源: Acar Kutay, *Governance and European Civil Society: Governmentality, Discourse and NGOs*, Routledge: Taylor & Francis Group, London and New York, 2014, pp. 145 – 146.

二 社会平台与欧盟主要机构的互动

相比较而言，在欧盟的所有机构之中，欧盟委员会各个总司与社会平台的互动相对较多。其中，欧盟委员会的下属机构——就业、社会事务和融合总司与欧洲社会非政府组织的关系最为密切。事实上，在就业总司相关文件中所指称的"利益攸关者"指向的就是社会非政府组织，而且其文件中也反复提及、探讨并强调非政府组织的重要性。同时，就业总司在其网站主页上的"新闻"与"事件"栏目频繁登载主要非政府组织所发起的活动和组织的大会情况。① 就业总司发布的季刊《社会议程》(*Social Agenda*)② 有一个叫作"其他声音"(Other Voices) 的专栏，每次都对某个利益攸关方进行采访，并在这个栏目中展示他（她）的观点。一般而言，这个所谓的利益攸关方通常是一个非政府组织的代表。此外，在就业总司社会融合部工作的政策官员几乎每天都要与至少一名非政府组织代表进行联系，以从非政府组织那里了解情况，因此就业总司社会融合部也被看作欧盟委员会中对社会非政府组织最为开放，同时也是最了解"基层"情况的

---

① DG Employment, Social Affairs & Inclusion, http://ec. europa. eu/social/main. jsp? langId = en&catId =21.

② DG Employment, Social Affairs & Inclusion, Social Agenda N 45 – Skills: A New Agenda, http://ec. europa. eu/social/main. jsp? catId = 89&langId = en&newsId = 2611& furtherNews = yes.

部门。①

　　与就业总司相类似，欧盟委员会的其他各个总司网站主页上的"新闻"与"事件"栏目中的信息也涵盖了大量有关各总司与相关社会非政府组织咨询和磋商的进展情况介绍。而与各总司专门打交道的非政府组织经常被吸纳到各领域的咨询委员会（Advisory Groups）之中。例如，食物链与动植物健康咨询委员会（Advisory Group on the Food Chain and Animal and Plant Health）就是一个囊括了专门向欧盟委员会健康与消费者保护总司提供咨商的主要非政府组织的专门机构。该委员会于 2004 年成立，经过 2011 年的成员扩大之后，目前拥有 45 个非政府组织成员②。这其中包括非常知名的消费者群体 BEUC③、动物福利委员会（ANIMALS ANGELS, Animal Welfare Association）、欧洲作物关爱协会（European Crop Care Association）、欧洲冷冻储存与物流协会（European Cold Storage and Logistics Association）、有机农业运动国际联合会欧盟区域部（IFOAM EU Group, International Federation of Organic Agriculture Movements-European Union Regional Group）、欧洲地球之友（Friends of the Earth Europe）、农药行动网络欧洲（Pan EUROPE, Pesticide Action Network Europe）以及慢进食等组织。值得一提的是，这其中有多个组织是社会平台正式会员组织④的下属成员组织。

　　而对于欧洲议会的各个委员会而言，与社会平台非政府组织的互动通常是邀请平台上特定社会非政府组织的专家参与委员会组织的专

---

　　①　Corinna Wolff, *Functional Representation and Democracy in the EU：The European Commission and Social NGOs*, ECPR Press, 2013, p. 122.

　　②　European Commission, http：//eur-lex. europa. eu/LexUriServ/LeUriServ. do? uri = OJ：L：2011：101：0126：0128：EN：PDF；http：// ec. europa. eu/dgs/health_ food-safety/dgs_ consultations/docs/ag/ag_ member-list. pdf.

　　③　该组织是唯一一个在食物链和动植物健康咨询委员会占有三个席位的非政府组织。

　　④　如欧洲消费者债务网络、欧洲公共健康联盟、欧洲康复平台、欧洲精神健康组织等。

题讨论，从而使这些非政府组织的专家意见得以被身为权势部门的欧洲议会所知晓、了解，进而采纳。例如，欧洲议会的妇女权利和性别平等委员会于 2015 年 11 月 25 日在斯特拉斯堡举行名为"消除对妇女暴力：欧洲挑战"的圆桌会议。该会议便请到了"妇女团结 SOS"组织的社会工作者——艾米莉·巴尼（Emillie Banny）作为其中一位主讲人。① 至于欧洲经济社会委员会与社会平台之间则更是关系紧密，因为绝大部分社会平台上的欧洲非政府组织同时也是欧洲经济社会委员会的非政府组织成员。因此，在欧洲经济社会委员会网站主页的"事件""观点与文件"以及"出版与新闻"等栏目上，我们经常可以看到与社会平台相关的新闻，如对社会平台主要领导人的采访以及社会平台主席对欧盟的一些重要政策决策发表的意见和看法，等等。②

根据表 5 - 3 我们可以看出，欧盟通过欧盟委员会的各个总司、欧洲议会的一些下属委员会、欧盟及成员国常驻代表理事会以及欧洲经济社会委员会等其他机构与欧洲社会非政府组织平台进行的互动，实际上是欧盟机构对欧洲社会非政府组织的一种制度化的过程。从本质上说这是一种结构性的控制，即通过掌握社会非政府组织的生存命脉，在一定程度上限定非政府组织探讨的议题范围，同时规制了非政府组织的理性协商方式，这样就从根本上把握了与社会非政府组织互动的主动权。因此，不必通过胁迫或恫吓，欧洲社会非政府组织便主动对欧盟设定的相关话语予以配合，将欧盟在社会事务领域的整合理念广泛全面地通过其位于各欧盟成员国的分支机构传输到最基层的欧洲民众之中，以不断强化社会政策领域内的欧洲认同。

---

① FEMM, http：//www. europarl. europa. eu/committees/en/femm/events-other. html? id - 20151113CHE00211.

② European Economic and Social Committee, http：//www. eesc. europa. eu/? i = portal. en. search&q = social + platform.

表 5 - 3　　　　　　　　　与社会平台互动的主要欧盟机构

欧盟委员会总司	欧洲议会各委员会	欧盟及成员国常驻代表理事会	其他
欧盟委员会健康与消费者保护总司（DG SANCO）	公民自由权利、司法与内政事务委员会（LIBE）	就业、社会政策、健康与消费者事务理事会（EPSCO Council）	欧洲经济社会委员会（EESC）
竞争总司（DG COM）	就业和社会事务委员会（EMPL）	司法与内政事务委员会（JLS Council）	区域委员会（CoR）
经济与金融事务总司（DG ECFIN）	法律事务与内部市场委员会（JURI）	欧洲理事会（European Council）	欧盟基本权利部（FRA）
就业、社会事务和融合总司（DG EMP）	环境、公共卫生和消费者政策委员会（ENVI）		欧洲生存与工作条件改善基金会（Eurofound）
教育与文化总司（DG EAC）	宪法事务委员会（AFCO）		
内部市场与服务总司（DG INT）	妇女权利和性别平等委员会（FEMM）		
公正、自由与安全总司（DG JLS）			
东扩总司（DG ELARG）			
研究总司（DG Research）			
预算总司（DG Budget SG）			

资料来源：Acar Kutay, *Governance and European Civil Society：Governmentality, Discourse and NGOs*, Routledge：Taylor & Francis Group, London and New York, 2014, p. 118.

表 5 – 4   欧洲社会非政府组织平台的正式会员组织

中文名称	英文名称
欧洲老龄人口平台	AGE Platform Europe
欧洲孤独症组织	Autism Europe
欧洲明爱组织	Caritas Europe
欧洲社会住房委员会	CECODHAS Housing Europe
欧洲工业和服务业领域合作社联盟	CECOP-CICOPA Europe
欧洲非营利组织委员会	European Council for Non-Profit Organization
欧洲志愿中心	The European Volunteer Center
欧盟家庭组织联合会	Confederation of Family Organizations in the EU
戴那默国际组织	Dynamo International
欧洲残疾人服务提供者协会	European Association of Service Providers for Persons with Disabilities
欧洲盲人协会	European Blind Union
欧洲消费者债务网络组织	European Consumer Debt Network
欧洲残疾论坛	European Disability Forum
欧洲反种族歧视网络	European Network Against Racism
欧洲公共健康联盟	European Public Health Alliance
欧洲康复平台	European Platform for Rehabilitation
欧洲社会行动网络	European Social Action Network
欧洲老年人联合会	European Federation of Older Persons
欧洲儿童组织	Eurochild
欧洲社会健康照顾组织联盟	European Federation for Diaconia
欧洲妇女游说团	European Women's Lobby
欧洲父母与在家照顾者联盟	European Federation of Parents and Carers at Home
各国无家可归者工作组织欧洲联合会	European Federation of National Organizations Working with the Homeless
社会工作者国际联盟	International Federation of Social Workers
社会福利国际委员会	International Council on Social Welfare
性与性别认同少数群体	ILGA Europe
智障人士及家庭工作者协会欧洲联合会	INCLUSION Europe
国际房客联盟	International Union of Tenants

续表

中文名称	英文名称
欧洲精神健康组织	Mental Health Europe
非法移民国际合作平台	Platform for International Cooperation on Undocumented Migrants
促进社会公正欧洲非政府组织网络	Solidar
欧洲跨性别者组织	Transgender Europe
女童子军国际协会欧洲部	World Association of Girl Guides and Girl Scouts Europe Region
欧洲工作能力组织	Workability Europe
欧洲青年论坛	European Youth Forum

资料来源：Social Platform，"About Us：Membership"，http：//cms. horus. be/site/99907/AboutUs. asp？DocID = 8144.

第 六 章

欧盟机构与欧洲妇女非政府组织[*]

　　迄今为止，女权运动可以被视作最持久的社会运动之一，而起源于法国大革命和启蒙运动的女性主义亦是现代欧洲政治、经济、社会中的重要力量。然而，欧洲女性主义的现实地位依然存有疑问。一方面，在欧洲范围内女性主义的影响力几乎达到了过去难以想象的广泛领域；另一方面，女性主义在更广义的公共话语体系中依然处于边缘位置。[①] 秉承女性主义思潮并作为女权运动最重要行为体而存在的欧洲妇女非政府组织，自建立之日起，就从未停止过就妇女权益、女性自决及社会公正等核心议题向特定权势中心发起倡导行动。也正因为如此，其在欧洲社会政策领域内数量庞大的非政府组织群体中始终占据重要的地位。而今，欧盟超国家机构作为在政治机会结构方面极具开放度的权势中心，已然成为欧洲妇女非政府组织首要的倡导对象。而二者之间的频密互动亦成为欧洲相关社会政策决策过程的一个极具代表性的缩影。

第一节　欧洲女性主义与非政府组织发展

一　欧洲女性主义的发展历程

　　一直以来，女性主义都充斥着特定社会背景下的分歧和冲突。这

　　* 致谢：感谢我的硕士生薛媛译茗对本书第六章所做的有益贡献。
　　① Jonathan Dean & Kristin Aune, "Feminism Resurgent? Mapping Contemporary Feminist Activisms in Europe", *Social Movement Studies*, Vol. 14, No. 4, 2015, p. 376.

就意味着即便对欧洲女性主义运动的历史进行梳理，我们也很难归纳出一条连续单一的轨迹。相反，我们能够看到的却是几次由不同组织、不同个人进行联合行动以应对特定社会环境下相关问题的运动浪潮。①

　　根据既往的文献叙述，欧洲女性主义的发展大致经过三次浪潮。② 第一波浪潮从 19 世纪中叶至 20 世纪初。19 世纪中期以后，女性主义者要求在各个领域中获得和男性同等的权利，譬如平等受教育的权利、平等工作的权利以及以选举权为标志的广泛参与公共生活的权利。两次世界大战带来的社会变局也对社会中的女性命运产生了深刻影响。战争期间，大批妇女进入了生产部门并发挥了重要作用，妇女的活动范围扩大，社会作用也得到加强，因此蓬勃发展的妇女权利运动也迅速得到了回应。女性主义运动的第一波浪潮随着 20 世纪初期许多西方国家女性参政权的实现而达到高潮。第二波浪潮主要是指 20 世纪 60 年代和 70 年代在欧洲国家（和美国）兴起的女权主义，目前这一阶段在学术界得到了广泛研究。第二波浪潮虽然以美国为发源地，但很快蔓延到了欧洲。也正是在 70 年代，女性主义的价值观开始获得更广泛的认同。1975 年第 30 届联合国大会宣布 1976—1985 年为联合国妇女 10 年，主题是平等、发展与和平，并在此期间分别于墨西哥首都墨西哥城、丹麦首都哥本哈根以及肯尼亚首都内罗毕举行了三次联合国妇女大会。③ 第三波浪潮则被用于指称从 20 世纪 90 年代后期起出现的女性主义运动的新形式。然而，第三波女性主义浪潮的含义仍然存有争议：④ 有学者认为第三波女性主义浪潮是对第二波浪潮遗产的保卫

---

　　① Annulla Linders, *Feminist Movements in Historical and Comparative Perspective*, http：//onlinelibrary. wiley. com/doi/10. 1002/9781118663219. wbegss458/pdf, 21 Apr 2016.

　　② Jutta M. Joachim, "NGOs, Feminist Activism and Human Rights", in Jill Steans and Daniela Tepe eds. , *Handbook on Gender in World Politics*. Cheltenham：Edward Elgar Publishing, 2016, p. 187.

　　③ Ibid. , p. 189.

　　④ Jonathan Dean & Kristin Aune, "Feminism Resurgent? Mapping Contemporary Feminist Activisms in Europe", *Social Movement Studies*, Vol. 14, No. 4, 2015, p. 379.

与超越，带有后结构主义与后殖民主义的理论色彩，关注女性问题与种族、阶级、性取向以及宗教之间的交叉点；还有的观点则将第三波女权主义浪潮用于指称新一代女性主义者，强调年轻一代女性主义者对上一代的反叛，以及两者之间的差异与冲突。

然而在实际进程中，欧洲各国的女性主义发展情况各不相同，前文中的笼统性三阶段划分也并不能完全适用。在一些南欧、中欧和东欧国家中，妇女获得选举权的时间晚于北欧国家。例如，比利时和希腊的女性于 1948 年和 1952 年获得选举权，瑞士女性更是在 1971 年才获得选举权，而此时以英国为代表的一些其他欧洲国家已经开启了第二次女性主义浪潮的进程。① 对于部分东欧国家而言，它们在 1989 年之后才出现妇女组织。由于缺乏公民社会的自治传统，这些东欧国家的妇女组织发展并不顺利。随着市场经济转型，休克疗法愈发恶化了这些国家妇女的生存环境。② 以波兰为例，1993 年波兰天主教会实施了对堕胎的禁令，同时波兰是当时欧洲女性就业率最低的国家之一。③ 而经过十多年的努力，自 2009 年开始，由波兰劳动与社会政策部主办的欧洲妇女大会成为波兰担任欧盟轮值国期间最重要的会议之一。④ 尽管堕胎禁令尚未改变，但波兰妇女的选举配额达到了 35%，并享有 3 年哺乳假。⑤

---

① Jonathan Dean & Kristin Aune，"Feminism Resurgent? Mapping Contemporary Feminist Activisms in Europe"，*Social Movement Studies*，Vol. 14，No. 4，2015，p. 381.

② Angela Coyle，"Fragmented Feminisms: Women's Organizations and Citizenship in 'Transition' Poland"，*Gender and Development*，Vol. 11，No. 3，2003，pp. 58 – 59.

③ Jonathan Dean & Kristin Aune，"Feminism Resurgent? Mapping Contemporary Feminist Activisms in Europe"，*Social Movement Studies*，Vol. 14，No. 4，2015，p. 382.

④ 《第三届欧洲妇女大会在华沙举行》2011 年 9 月 18 日，新华网（http://news. xinhuanet. com/2011 –09/18/c_ 122049267. htm）。

⑤ Agnieszka Graff，"Polish feminism is no Longer Ridiculed"，*The Guardian*，http://www. theguardian. com/commentisfree/2011/apr/09/polish-feminism-gender-equality，April 9，2011.

二　欧洲女性主义发展中的非政府组织

在欧洲女性主义的发展中，非政府组织扮演着最为重要的参与者角色。早在第一波女权运动的推动下，在 19 世纪中后期的欧洲就出现了一大批妇女非政府组织，比如英国在 1868 年成立的"全国妇女参政会"对该时期英国女权运动的发展起到了重要的引导作用；分别于1897 年和 1903 年成立的"妇女参政会全国同盟"和"妇女社会政治同盟"则共同推动了 20 世纪英国的女性运动。① 与此同时，"丹麦妇女联合会"于 1871 年成立，瑞典、芬兰、挪威和冰岛也在这段时期内先后成立女性组织，而这些女性组织都在本国女性主义运动中起到了重要的作用。② 20 世纪 90 年代，东欧和中欧虽然没有大规模群体性的女性运动出现，但依然涌现了一批活跃的女性主义非政府组织。

同大多数其他类别的非政府组织一样，妇女非政府组织有两种组建方式：一是由相关的利益群体自发联合，二是由政府机构或政府间国际组织设置议程。大多数情况下，混合方式成为各组织的选择：相关的利益群体搭建起妇女组织的基本架构，并接受来自主权国家政府或相关政府间国际组织的资金支持或其他的一些扶持性的优惠政策。③而在欧洲的话语环境下，欧盟的出现为欧洲女权主义非政府组织的发展提供了国家与国际组织层级之外的超国家层级外部环境。

在欧洲一体化进程中，欧盟的活动范围在持续扩大，其中包括对妇女日常生活产生直接影响的一些领域。尤其是在《单一欧洲协定》签署后，欧洲国家的合作从经济领域外溢到了共同体政策的各个领域，

---

① 陆伟芳：《19 世纪晚期英国妇女政治参与的历史考察》，《苏州科技学院学报（社会科学版）》2004 年第 21 期。

② 孙林芳、马向平、赵莎莎：《北欧妇女参政影响要素分析》，《法制与社会》2008 年第 3 期。

③ Katja M. Guenther, "The Possibilities and Pitfalls of NGO Feminism: Insights from Post-socialist Eastern Europe", *Signs*, Vol. 36, No. 4, 2011, p. 871.

欧盟层面成为妇女非政府组织可以广泛参与的重要范围。① 因此，妇女以及代表其权益的各个组织参与相关欧盟法案或法律制定过程的愿望也变得尤为迫切。这就需要在欧盟层面形成一个或几个具有代表性的女性团体来改变女性团体散在欧洲各国从而利益分散的局面，并使其更有效地摆脱各国政府的影响，以增强女性团体对欧盟政策总体影响力；另外，欧盟层面的决策过程也为在公民社会中建立起代表广泛妇女权益的非政府组织提供了空间②。相较于国家机构，欧盟机构官员数量较少，他们在实际工作中亦希望能在欧盟层面帮助建立起可以整合大大小小妇女组织的，真正具有广泛代表性的妇女非政府组织，以减少人力的重复使用并获得该领域专家的集中帮助。尤其是考虑到成员国人口与立法的多样性，这类组织的建立也符合欧盟机构进行管辖的实际需要。此外，欧盟机构的内部决策者往往不是由公民直接选举产生（欧洲议会除外）的，在此背景下，这类组织也能为欧盟机构和欧洲公民之间建立起沟通的桥梁。因此，20 世纪 90 年代涌现出了许多总部设于布鲁塞尔的妇女团体。作为在欧盟层面建立的女性主义非政府组织，它们既与欧洲各国女性主义非政府组织的活动范围具有交叉性，同时又并非是各国女性主义非政府组织的简单总和，而是代表欧洲范围内妇女广泛权益并以欧盟机构为主要倡导对象的非政府组织团体。③ 对于这类妇女非政府组织而言，欧盟可以为它们提供一种全新维度的合法性，此外还可以利用欧盟与成员国在该问题上标准的差异来推动成员国国内的议程。事实上，自 1995 年在北京举行的第四届联合国世界妇女大会以来，欧盟就一直致力于推动社会性别主流化的进程，通过举办有欧盟层面主要妇女非政府组织参与并谏言的

---

① 曲宏歌：《欧盟女性团体的政治参与：以欧洲妇女游说团为例》，《中华女子学院学报》2009 年第 2 期。

② EWL，http://www.womenlobby.org/25 - years-of-European-Women-s-Lobby? lang = en，12 Jun 2015.

③ 曲宏歌：《欧盟女性团体的政治参与：以欧洲妇女游说团为例》，《中华女子学院学报》2009 年第 2 期。

会议，向成员国和候选国传递相关信息，并通过欧盟政策的议程设置让成员国参与到社会性别主流化的进程中。

随着欧洲一体化进程的深入，妇女非政府组织在欧盟层级的活动变得愈发活跃。为了适应欧盟层级，作为社会运动组织的一部分，女性主义的非政府组织形成了兼具组织形式制度化与非政府组织实践专业化的社会运动形式。① 值得注意的是，由于这些组织与正式的政治进程紧密相连，政治环境作为一种强大的力量结构将影响组织所获得的成员支持、组织进行动员的能力，进而影响组织目标的追求。② 对非政府组织而言，这种政治环境包括非政府组织向欧盟表达诉求的渠道、欧盟对成员国性别平等标准的建立以及欧盟对各国女性权利状态的关注程度等。如何借由这种政治环境生存下来，同时又不完全被其裹挟与束缚，则成为欧盟层级下妇女非政府组织成败的关键。

第二节　政治机会结构与欧洲女性政治参与

南特威希（Nentwich，1996）首次利用"政治机会结构理论"进行欧洲社会政治参与现象的研究。③ 在南特威希的研究中，他将公民参与的机会结构定义为"公民可以获得的对公共领域施加影响和参与政策制定及执行的渠道"。从此定义出发，"政治机会结构"即是社会运动参与者在特定政治系统中所处的政治环境聚合体，这种政治结构决定了公民政治参与的机会多寡。④

---

① Pauline Cullen, "Feminist NGOs and the European Union: Contracting Opportunities and Strategic Response", *Social Movement Studies*, Vol. 14, No. 4, 2015, p. 410.

② Ibid. , pp. 410 –411.

③ 张晓杰、耿国阶、孙萍：《政治机会结构理论述评》，《天津行政学院学报》2013 年第 2 期。

④ Michael Nentwich, "Opportunity Structures for Citizens' Participation: The Case of the European Union", *European Integration Online Papers* (*EIoP*), No. 1, 1996.

采用政治机会结构机理分析欧洲非政府组织对欧盟的政治参与活动，具有重要意义。通过上述政治机会结构内涵可知，制度化的政治结构会影响特定社会行为体在社会运动中的策略与行为；在不同的政治机会结构下，社会运动会采取相异的表现形式。① 如在相对开放的政体中，存在更多政治参与的机会，但如果该政体政策实施的能力相对较弱，社会运动则是以请愿、游说、参与政治选举等为主要表现形式，这被称为"融入性战略"（Assimilative Strategies）；当政治体制相对封闭，且政治结构拥有可以将来自社会的压力自然化解的力量时，那么，社会运动则多以游行示威或占领重要地区而显现，采取"对抗性战略"（Confrontational Strategies）。因此，在研究欧盟社会政治运动时，根据政治机会结构，我们即可大致判断出某些社会组织采取社会活动的表现形式，并进而分析其具体行为。

除了影响社会运动的策略外，政治机会结构还会对社会运动结果产生较大的影响。在相对开放的政体中，社会运动的参与者往往可以依据各个渠道进行政治参与，对政体施加程序性影响（Procedural Impacts），进而逐步实现社会运动期望达到的目标。如果开放的政体拥有较强的政策执行能力，社会运动则会产生较为明确的效果（Substantive Impacts），如促成原有的政策得以修改或直接推出新的政策。② 例如，欧洲妇女游说团（EWL）就推动有利于妇女权益的相关政策以及为男女平权而修改旧有政策的倡导努力，就是女性非政府组织向欧盟超国家机构施加影响力的例证。

从欧盟层面来看，其政治机会结构多数来自"开放的制度化政治

① 朱海忠：《西方"政治机会结构"理论述评》，《国外社会科学》2011 年第 6 期。

② Sidney Tarrow, "States and Opportunities: The Political Structuring of Social Movements", In Doug McAdam, John G. MoCarthy and Mayer N. Zald, eds., *Comparative Perspective on Social Movement: Political Opportunity, Mobilizing Structures, and Cultural Framings*, UK: Cambridge University Press, 1996, pp. 41 – 61.

体系"。① 同大部分民族国家相类似的是，欧盟为社会政治团体提供了能参与欧盟政策制定与实施过程的渠道与机会。而与民族国家自带国家属性的政治游说环境有所不同的是，欧盟框架下对跨国性的非政府组织团体更加宽容与积极，对它们的跨国性、非营利性行为给予更多的资金支持与政策倾斜，决策过程中对这些组织也更加开放与透明，这就使得非政府组织可以在更大程度上参与欧盟的政策制定与实施。这些有利的倾向与政策，进一步鼓励了欧洲社会政治团体对欧盟超国家机构政策制定和决策过程的参与，并刺激了组织本身的发展。

20 世纪 80 年代，"新社会运动"（New Social Movement，简称 NSM）在欧洲蓬勃发展，以和平、环境、女权、宗教为核心思想的非政府组织迅速成长，逐渐成为欧洲社会层面的重要行为体。② 在此后几十年的发展过程中，欧洲女性政治参与团体从开始的非等级、非制度化模式，到现在的正式化、制度化团体的建立，其诉求进一步扩大，其规模进一步提升，以此类非政府组织为代表的跨国力量成为影响欧盟政治进程与决策的重要角色，尤其是女权社会组织，成为欧盟社会政治运动中的重要参与者之一。诸如欧洲妇女游说团、欧洲妇女研究中心（Center for Research on European Women，简称 CREW）和欧洲妇女网络（European Network of Women，简称 ENW）等女性政治参与团体，都是女性主义社会运动团体中的翘楚。欧盟女性政治参与团体（主要指妇女非政府组织）一般意义而言，是在欧盟层面建立的，以服务欧盟女性为目标，以保护欧盟内部女性利益为宗旨的女性政治团体。③ 此类团体组织存在以下几个共同特点：首先，其游说影响的活

① Doug McAdam, John G. MoCarthy and Mayer N. Zald, eds., *Comparative Perspective on Social Movement*: *Political Opportunity*, *Mobilizing Structures*, *and Cultural Framings*, UK: Cambridge University Press, 1996, p. 27.

② 朱晓黎：《政治机会理论视角下的宗教组织与社会运动——以东欧独立和平运动为例》，《国际论坛》2012 年第 2 期。

③ 曲宏歌：《欧盟制度框架下的女性政治参与：以欧盟女性团体为例》，《国际论坛》2008 年第 5 期。

动目标是欧盟机构，即在超国家层面以欧盟委员会与欧洲议会为主要目标（在游说欧洲理事会时则转向单个国家层面，具有目的性、针对性与灵活性）；其次，作为跨国行为体的代表组织，欧洲女性政治团体具有跨国性的特征，这不仅是因为其组织成员的多国身份，同时也因为该组织涉及的议题范围和运动影响已经大大超越了单个国家的边界，辐射全欧；最后，虽然此类政治团体在很多方面相当活跃，但仍旧缺乏获取资源的充足手段与渠道，因此多数妇女非政府组织，往往都仰仗于欧盟机构的鼻息，从某种意义上说，它们缺乏足够的独立性，受限不少。这也是相对于其他社会团体而言，欧盟女性政治团体更加温和与有序的重要原因之一。

随着欧洲一体化的不断加深，欧盟制度化水平也在稳步提升，相对更为完善的制度与机构则进一步提升了欧盟超国家机构的开放性与有效反应的能力。这必然会相应地激发社会政治团体与超国家组织愈加活跃和更为有效的互动，并激励广大女性社会团体不断拓展其政治活动空间。当然，欧盟也将针对妇女社会运动团体的管理和发展等问题进一步出台制度化的条款，一方面用以规范这些非政府组织的运作行为、倡导方式及手段；另一方面则是期望通过出台诸如资金支持和议题甄别选定等方面更为合理的措施去引导这些组织的良性发展，以使这些组织能够在社会政策的维度上最大限度地反映欧洲妇女的呼声，进而从女性主义角度凝聚整个欧洲的社会认同，促进欧洲一体化进程，同时增强欧盟的合法性。这就意味着即便欧盟为之提供的政治机会结构相当宽松，但妇女非政府组织仍然需要针对欧盟随时可能调整的相关政策对其自身的倡导战略做出及时的修改和变化。例如在欧债危机爆发期间，欧盟趋向于实行紧缩的货币政策与财政政策，这势必将减少对女性政治团体的资助。而欧盟层面的妇女非政府组织为了保证自身组织的生存和发展，开始减少议题覆盖范围和提出总量，而将倡导的重点只集中于关键议题，这就可以在保障自身生存的条件下，最大限度地发挥自身功效。事实上，欧盟层面的女性政治参与团体具有其他团体所不具有的先天优势，包括组织对欧盟的温和态度，自身关注的议题更多具有普世主义和性别平等的进步色彩等。利用这些特点，在欧盟所提供的制度框架下，抓住机会与其建立较为良好的持续联系，从而进一步扩大自身的参与度与影响力，是这些妇女非政府组织与欧盟进行互动的总体策略。

第三节　妇女组织与欧盟机构互动的内部逻辑

长期以来，非政府组织都被视为连接政府与社会大众之间的中介，扮演着中间人的角色。这些组织大部分将游说（或倡导）[①] 作为其主要手段，对不同的政治参与者之间的深层关系进行运作，同时借重特定的宣传实现组织诉求。理解这一过程，我们可以依托于朱斯特·博考特（Joost Berkhout）提出的"非政府组织在游说过程中采取的两种不同逻辑"。博考特指出，在欧盟层面上活动的非政府组织，均会采取内外结合的游说方式：对内针对欧盟的组织机构，而对外则是针对欧洲民众展开游说。[②] 这一理论关注的重点首先在于不同的交换关系，即非政府组织与其各个互动对象，如政策制定者、组织支持者和媒体等之间的关系；其次，该理论关注的是游说活动在不同议题上所选取的适用逻辑，即非政府组织在衡量其游说活动产生的可能影响力，及所获得的可能支持和声望等因素的前提下，对主要游说对象的选择和确定。在此基础上，维艾克·玛丽·姜克（Wiebke Marie Junk）则在其论文——《非政府组织倡导的两种逻辑：对欧盟环境政策的内外两

---

① 由于有部分学者将非政府组织作为利益集团的代表组织进行研究，因此在利益集团研究的话语体系中，他们通常将非政府组织的倡导行为更多地用"游说"而非"倡导"一词进行表述。在本书中，二者的意思相近，可互换使用。

② Joost Berkhout, "Political Activities of Interest Organizations: Conflicting Interests, Converging Strategies", Ph. D. Dissertation, Universiteit Leiden, 2010; Joost Berkhout, "Why Interest Organizations Do What They Do: Assessing the Explanatory Potential of 'Exchange' Approaches", *Interest Groups and Advocacy*, No. 2, 2013, pp. 227 – 250.

种游说方式的理解》① 中对影响内部和外部两种游说方式选择的主要
因素进行了研究。文章假定此选择行为是由不同的逻辑驱动，即非政
府组织对这两种游说模式存在不同的期望：选择内部游说的逻辑在于
发挥非政府组织对政策的影响力，即在此目的的驱动下影响欧盟相关
政策的政策决策进程（特别是政策结果）；而外部游说则主要受声誉
逻辑的影响，其主要目的是通过非政府组织与公民社会的互动培育和
保持非政府组织良好的公众形象。为了进一步阐释这两种逻辑，文章
将可能的影响因素分别放置于组织层面与议题层面进行研究。首先，
在组织层面，文章认为非政府组织自身的特点以及资金来源的性质会
影响组织的游说活动；其次，在议题层面，不同的问题领域所具有的
独特外部特征对非政府组织游说活动的选择具有不同的影响力。文章
通过两个层面共五个假设进行了论证，最终得出结论：组织层次的假
说单独不足以解释非政府组织的游说活动，而议题层面才是问题的关
键。② 换言之，从不同的问题领域进行切入，观察非政府组织针对不
同的议题对内部游说的实施，才是揭开非政府组织与特定权势中心互
动以影响相关政策决策进程和结果的关键。从这一角度出发，妇女团
体的游说总体可以被视为非政府组织倡导议题中的一个大类，而妇女
团体组织内所运作的各个主要关乎妇女各方权益的项目和倡导活动又
分别涉及更具体的议题领域，因此对欧盟层面妇女组织运作方式的理
解同样可以借助于博考特的两种逻辑理论。本书采取了与上述文章相
同的价值取向。笔者认为，目前对于公开的外部游说的研究是比较充
分的，也是相对易于理解的；但对于内部游说，现有的认识还不是十
分充分。因此，本书的研究将重点放在理解妇女组织与欧盟机构之间
的互动上，着重阐述其中内部逻辑的运用。

---

① Wiebke Marie Junk, "Two Logics of NGO Advocacy: Understanding Inside and
Outside Lobbying on EU Environmental Policies", *Journal of European Public Policy*,
Vol. 23, No. 2, 2016, pp. 236 – 254.

② Ibid., p. 250.

一　非政府组织游说的内部逻辑

在对欧盟层面的妇女非政府组织的倡导进行内部游说逻辑研究的过程中，欧盟是不能忽视的制度背景。欧盟制度框架与妇女组织的活动有着紧密而广泛的联系。妇女组织活动的开展依托于欧盟业已存在的制度框架，而制度变化也会带来欧盟层面的女性团体在游说对象、运作方式、活动选择、影响选择等不同方面的变化。欧盟的超国家机构不仅为妇女组织提供了接触不同机构的渠道，同时，欧盟及其统辖下的不同的政策总司对妇女组织所发起的相关议题动议通常都具有较高的政策接受度。总之，欧盟为妇女非政府组织所提供的接触到欧盟官员的渠道，了解和熟悉性别政策制定背景环境的机会以及较为充足的资金支持，都是欧盟客观上将妇女非政府组织纳入其政策决策进程的现实表现。[①] 这些都在不同程度上影响了妇女组织在活动目标和倡导战术与策略上的选择，对于妇女组织的运作来说十分必要。

另外，从资源交换的角度来理解，非政府组织通常依赖于不同的对象去提供不同的资源。公共领域提供的是声誉和公众支持，这些资源不仅印证了非政府组织的社会使命，也是它们能接触到政策制定者所必须具备的前提条件之一。而政治机构所释放的政治机会则给非政府组织提供了其支持者们所期待的对政策的直接影响力。此外，更重要的是，这两个领域都为非政府组织提供了资金支持，尤其是来自政治机构的资金，这对于非政府组织的存续来说必不可少，而这一点也恰恰是我们理解妇女组织与欧盟互动方式的关键之一。众所周知，筹资困难是非政府组织经常遇到的困扰，也是一个世界性的难题。如何通过不同的对象筹措到所需要的资金，维持组织的生存和发展，是非政府组织不能忽视的问题。在经济下行的大背景下，保证资金支持的

---

① Pauline Cullen, "Feminist NGOs and the European Union: Contracting Opportunities and Strategic Response", *Social Movement Studies*, Vol. 14, No. 4, 2015, p. 413.

稳定供给，对非政府组织来说更是重中之重。从现实情况来看，欧洲经济形势的下行严重制约了妇女组织对性别平等议题的推动，因为针对这一议题，非政府组织需要进行广泛的民众动员，大量的意见搜集及调研，并且频繁地与欧盟相关社会政策制定机构进行研讨和对话。这些都需要相当数量的资金投入。而欧洲整体的经济紧缩也在一定程度上暴露了欧盟和欧洲社会对性别议题承诺的脆弱性，因为在不甚乐观的经济形势下，从欧盟的超国家机构到欧洲的主权国家，对妇女组织议题的投入都在不断下降。

因此，在研究妇女团体与欧盟互动的内部逻辑的时候，我们可以将欧元危机作为一个节点，将妇女团体的游说活动分为两个部分，首先是债务危机后，欧盟对推动性别平等的承诺并未出现太大变化的议题领域，这些领域的资金支持有相对稳定的保障，政策框架也较为成熟。其次是欧盟受危机影响而收紧投入的议题领域，这些领域的资金来源遭到了较大的裁撤，严重制约了妇女组织的活动，同时也对这些组织与欧盟的互动方式产生了影响。需要注意的是，这样的划分并不代表两个领域中妇女组织的活动是全然不同的，相反，妇女非政府组织在这些活动中的互动对象和运作方式仍有重合交叉。运用这种划分方式更大的意义在于探讨不同背景下妇女组织与欧盟互动方式中可能存在的不同特点。

二 常规互动

（一）在欧盟治理中作为重要行为体存在的非政府组织

1. 多层次网络治理吸纳非政府组织参与

非政府组织的参与是欧盟治理中的重要内容，因此我们可以借助欧盟治理理论来理解妇女非政府组织的基本活动。欧盟治理的一个突出特点是它的多层次治理模式。"多层次"意味着在不同管辖权层面活动的行为体——地方、区域、成员国、超国家之间的相互依赖。而"治理"则意味着不具等级性的决策形式的重要性不断增加，即包含公共机构以及私人行为体在内的动态治理网络的形成。网络治理则是欧盟治理的另一大特点，与多层次治理相似，它同样体现了欧盟"政治体制"的多层次以及政策进程中私人行为体日益增加的重要性。网络治理强调社会行为体聚集在一起，将各种问题归类。而且，考虑到欧盟内部规制性决策占主导地位以及再分配冲突的边际性，这一网络治理的特点是注重具体问题的解决。① 非政府组织是欧盟治理中的重要行为体，凸显了治理主体及行为体间关系的多样性，这与欧盟实际构成情况中的异质性和复杂性相匹配。欧盟鼓励各类非政府组织参与治理，在这样一个动态的协作过程中，公共行为体和私人行为体在欧盟的制度框架下展开互动，并通过这些参与机制实现双方互动过程的制度化。具体而言，欧盟的决策是按照议题进行分工的，这种决策和立法的部门化方式导致了利益代表按照功能来划分。而非政府组织则试图进入这一政策网络中，以多层次体系的面貌出现，这就使欧盟政策网络的结构更为复杂。无论在政策的形成阶段还是政策的执行阶段，不同种类、性质的行为体都深深卷入其中。欧洲联盟在这样多层次网络型的治理结构中，为参与者提供了一个密集的政策网络，使行为体在不同政治领域都拥有了参与决策的机会。这样的政治机会结构在最大程度上包容了不同角色的政策偏好，保证了政治互动的可操作性和可持续性。

2. 多中心治理派生独特问题解决模式——公共咨商

事实上，欧盟治理体制的制度特性——高度支离破碎、流动性和没有清晰的等级本身就是有助于相关问题解决的条件。欧盟"多中心"的治理体制形成了一种特别的解决问题的模式：协商。在这个模式中，来自不同领域和地域的行为体之间开展互动、协商决策，并一起经历发现问题、共同解决问题、制订对所有行为体都有约束力的集

---

① 贝娅特·科勒·科赫、贝特霍尔德·里滕伯格：《欧盟研究中的"治理转向"》，陈新译，《欧洲研究》2007 年第 5 期。

体决策的过程，并最终进行价值分配。① 因此，对于妇女组织内部游说的研究，我们可以从其在公共咨商形式下的操作入手。公共咨商是欧洲社会政策制定模式中的重要组成部分。在有关社会政策的提案创立之前，欧盟委员会就所选议题向欧盟层面的利益集团和各种非政府组织进行咨询，使它们进入创议程序；之后欧盟委员会整理出可以采纳的建议，并向利益集团和非政府组织再次咨询。在这个过程中，各利益集团和非政府组织相互之间谈判后达成协议的框架，交予欧盟委员会审议起草。吸纳利益集团与非政府组织参与公共咨询，不仅是因为考虑到了欧盟内部多元行为体的存在，同时也是对欧盟决策程序合法性的有益补充。事实上，这一公共咨商过程充分强调了欧盟政策制订的公开性和可参与性。2001 年的《欧盟治理白皮书》明确表示，将利益集团和各种非政府组织纳入欧盟的政治决策过程，可以克服欧盟政治中的"民主赤字"。② 因为通过这种方式，利益团体与非政府组织能够以社会伙伴的身份参与欧盟层面的政策制定，并对政策执行过程发挥影响力。这种由下至上的治理方式极大程度地增强了公民的参与度与认同感，间接促进了欧洲一体化的进程。

3. 加入"社会非政府组织平台"，集中力量发声

性别平等议题属于欧盟各项政策事务中的社会领域。随着欧盟多层治理与公民社会的成熟，欧盟在社会政策领域的政治机会也得到了相应的拓展，越来越多社会政策领域内的非政府组织选择在布鲁塞尔设立联络点、办事处或秘书处，逐渐把资源向欧盟层面转移，具有明显的欧洲化趋势。但与其他社会政策领域内的非政府组织相比，妇女非政府组织仍然处于较为弱势的地位。因此，一些欧盟层面上的妇女组织开始思考如何强化自身在社会领域领导者的地位，集合联盟内分

① Beate Kohler-koch, "Civil Society and EU Democracy: 'Astroturf' Representation?" *Journal of European Public Policy*, Vol. 17, No. 1, 2010, p. 105.

② Commission of the European Communities, *European Governance*, *A White Paper*, Brussels, 25. 7. 2001 COM (2001) 428 final, p. 33.

散的力量，为处于离散状态的社会利益提供一个用集体的身份讲话的机会。而加入社会领域内的重要非政府组织平台，如"社会非政府组织平台"，就可以成为该政策领域内的代表性力量，并能够拥有更多资源和更大的话语权。欧盟层面的妇女组织协调着来自全欧范围内女性的价值观和需求，代表着不同女性群体的利益偏好，它们对"社会非政府组织平台"的加入，可以在与其他类型社会非政府组织的横向力量联合中，推动与两性平等议题相关的政策倡导，这其实也是为了在最大程度上利用欧盟提供的政治机会结构。事实上，在欧盟层面上关注性别平等议题的组织大小不一，数量众多，组织形式与利益诉求也各不相同，但其中最有能力调集资源进行有力的倡导动员并发挥关键作用的，往往是这些加入了"社会非政府组织平台"的妇女非政府组织。

4. 欧盟委员会和欧洲议会——妇女非政府组织的主要倡导对象

非政府组织是参与欧盟多层治理的重要主体之一，而性别平等也是欧盟社会政策领域的重要议题之一。妇女非政府组织与欧盟之间的互动，正是多层次网络治理模式中行为体参与治理的重要体现。为了实现自己的利益诉求，妇女组织尤其关注欧盟社会政策的制定过程。因此，处于决策中心的欧盟官方机构进入了这些组织的视野。而欧盟委员会、欧洲议会、欧盟理事会、欧洲经济和社会委员会（EESC）等被视作欧盟第一支柱的超国家机构，更是其中的核心角色。就机构的重要程度而言，欧盟委员会和欧洲议会是妇女非政府组织倡导对象机构的首选。作为欧盟政治议程设定者的欧盟委员会，是欧盟非常重要的管理机构，代表并维护着欧盟作为一个超国家机构体系的整体利益。欧盟委员会垄断了动议权，没有欧盟委员会的提案，就不可能有相关法律与政策的制定。而欧洲议会作为唯一被欧盟各成员国的公民直选出的代表组成的机构，也在欧盟不断的制度改革中获得了权力的增长。《里斯本条约》中规定，在"共同决策"框架内，欧洲议会在40多个政策领域与部长理事会拥有同等的决定权。而通过直选，来自各成员国的议员们则使得欧洲议会与欧洲公民有了直接联系。因此欧洲议会也在欧盟社会政策的制定中占据了重要的地位。一方面，考虑到这些机构在决策过程中的重要性，它们成了妇女组织进行游说与倡导活动的重要目标；而另一方面，这些机构近年来对于与妇女组织的互动也表现得越发积极和踊跃。在多层网络治理模式下，妇女非政府组织对政策制定过程的参与和欧盟面临的合法性及民主赤字问题息息相关，欧盟机构试图通过与包括妇女非政府组织在内的各类非政府组织的合作来寻找问题的答案。例如，欧盟委员会为了使政策提案更具科学性和代表性，增强最终协商一致通过的可能性，与非政府组织进行合作，来寻求必要的专家建议和外部支持。而伴随着非政府组织的发展壮大，欧洲议会也相应地发展出了一系列策略来协调自身与非政府组织的关系。

对欧盟治理模式中非政府组织作为重要行为体这一角色的理解，为我们认识妇女组织与欧盟的互动过程提供了一个基础。作为多层次网络治理模式的参与者之一，妇女组织充分利用欧盟作为一个超国家平台能够提供的政治机会结构，来推进自己的利益诉求，展开社会活动，试图在最大程度上参与并影响政策制定过程，并通过参与方式将这种互动制度化。而反过来，妇女组织接触过的欧盟机构，也在进程中不断进行革新，适应公民社会参与治理的发展变化，增强与非政府组织的联系，服务于欧盟的决策议程以及对于善治的追求。

（二）妇女非政府组织对欧盟相关机构的具体倡导行动

欧盟政策决策过程为各类社会角色的参与提供了可能性，不同机构和利益集团将有机会通过不同的路径参与决策，并最终获得它们期望的结果。[①] 而它们具体的实践活动，也就是博考特理论中所谓的"游说的内部逻辑"，则可以在非政府组织对欧盟各主要超国家机

---

① Wiebke Marie Junk, "Two Logics of NGO Advocacy: Understanding Inside and Outside Lobbying on EU Environmental Policies", *Journal of European Public Policy*, Vol. 23, No. 2, 2016, p. 237.

构的倡导中找到基本路径。在社会政策的制定与实施过程中，通过和欧盟机构的互动，妇女组织力图影响并推动政策向有利于自己的方向发展。与利益集团相似，非政府组织参与欧盟的决策过程主要通过"通道"（Access）和"声音"（Voice）两种方式。"通道"即非政府组织通过欧盟的各个政策决策机构，直接参与政策制定的过程；而"声音"则是指非政府组织通过各种媒体和集体行动等间接方式，对欧盟的决策过程施加外部影响，这其实是一种间接参与欧盟决策过程的途径。"通道"是非政府组织通过欧盟机构参与决策过程的主要途径，这些机构主要包括欧盟委员会、欧盟理事会以及欧洲议会等。

1. 欧盟委员会

欧盟委员会是提出动议和起草相关法律的机关，是非政府组织等利益攸关方最关注的倡导对象。在欧盟社会政策的完善方面，欧盟委员会的作用更是贯穿于相关社会政策从创议、政策制定，一直到政策实施的整个过程。因此，妇女组织必须使用各种方法来巩固并发展它们与欧盟委员会的关系。在这个过程中，妇女组织需要确认它要跟欧盟特定机构中的哪些特定官员进行互动，还要把握机构提供的互动通道，如通过进入特定咨商系统建立与欧盟委员会的联系，并通过广泛乃至深入的交流，传达出自己的声音，以确保自己的建议得到考虑。一般而言，妇女组织需要跟委员会下设的特定机构（如就业、社会事务与融合总司，竞争总司，教育与文化总司以及公正、自由与安全总司等）的主要官员及负责起草文件的各工作小组（Working Groups）之间频繁接触，通过他们的工作来影响欧盟政策文件的起草和创议过程，从而使政策制定向有利于自己的方向发展。当然，欧盟委员会也为妇女组织进入决策过程提供了较为开放的政治空间。欧盟委员会为了使提案更加科学，增加协商一致通过的可能性，同时也考虑到扩大自身的政治合法性，弥补民主赤字的不足，不断增强与妇女组织的合作来寻求必要的专业支持。因此妇女组织有机会在社会政策的起草阶段就可以对欧盟委员会发起倡导。

　　欧盟委员会对与妇女非政府组织的协商及对话的支持主要是通过成立与女性议题相关的特定机构或是有妇女组织参加的咨询委员会来体现的。在20世纪70年代，欧盟委员会设立了两个与女性相关的机构：一个是"妇女组织及出版信息办公室"（Information Office of Women's Organizations and Press），另一个是"平等机会小组"（Equal Opportunities Unit）。① 前者的主要工作是在欧盟层面的女性团体与欧盟各机构间创造一个对话的空间，为女性团体提供欧盟政策的相关信息，同时也可以随时吸纳这些妇女群体的主要呼声。后者的主要功能是联系各个成员国国内的两性平等委员会以倾听来自欧盟成员国层面的相关意见和呼声，并进而为欧盟内部相关新法案的草拟提供基础民意和信息。由于彼此在促进欧盟性别平等的实际工作中相互需要，因此妇女非政府组织与这两个机构之间的联系非常紧密。此外，围绕在欧盟委员会周围的还有许多工作小组，主要以各类咨询委员会为代表。这些咨询委员会大部分都是由欧盟委员会主持建立的，主要提供专业领域的专家意见以服务于欧盟不同时期的战略目标。它们与欧盟立法工作的准备阶段密切相关，是欧盟机构了解外界态度、反应的重要窗口。在性别平等方面，欧盟委员会当中最为活跃和重要的咨询委员会当属"男女机会均等咨询委员会"（Advisory Committee on Equal Opportunities for Women and Men），而多个妇女非政府组织正是该咨询委员会的重要成员。2010年至2015年期间，围绕性别平等主题下的各个具体方面，该咨询委员会共形成了18份重要意见文件，为欧盟内部在性别平等方面的相关立法做足了前期的专业意见搜集工作。

---

　　① Mark A. Pollack，"Representing Diffuse Interests in EC Policy-Making"，*Journal of European Public Policy*，Vol. 4，No. 4，Dec. 1997，pp. 572–590.

表 6 – 1　　　"男女机会均等咨询委员会" 2010—2015 年意见文件主题列表

年份	意见文件名称
2010	1. 打破媒体中有关性别的刻板印象 2. 2010 年之后性别平等政策的未来 3. 反针对女性暴力行为的欧盟战略 4. 灵活及兼职工作安排和劳动力市场的性别维度
2011	1. 2014—2020 多年金融框架 2. 移民融合中的性别维度 3. 积极老龄化的性别维度与代际团结
2012	1. 委员会第 39 次会议 2. 2014—2020 融合政策中的性别平等 3. 在欧盟组织反针对女性暴力行为的倡导行动
2013	1. 减少退休金中的性别鸿沟 2. 欧盟女性生殖器致残动议
2014	1. 21 世纪欧盟的性别平等：剩下挑战和需优先考虑的问题 2. 针对女性犯罪的数据搜集 3. 欧洲 2020 战略中期审议 4. 委员会会议报告
2015	1. 欧洲的性别平等与数字化社会：机会与风险 2. 如何跨越职业隔离的障碍

资料来源：European Commission，http：//ec. europa. eu/justice/gender-equality/other-institu-tions/advisory-committee/index_ en. htm.

2. 欧洲议会

欧洲议会最大的特点在于它是由欧洲公民直选出的代表构成的机构，因此欧洲议会的议员不必对本国政府负责，这就使得欧洲普通公民的利益和偏好有可能在这样一个超国家治理机构中得到更全面的体现。正是由于欧洲议会与欧洲的公民社会之间的这种天然的接近，欧洲议会便成为了非政府组织游说的绝佳对象；而欧洲议会也对来自非政府组织的诉求持一种较为开放的态度。这在非政府组织对欧洲议会及其议员异常频繁的游说活动上得到体现。事实上，与欧盟委员会、理事会或其他欧盟机构相比，非政府组织对欧洲议会的院外活动是所有欧盟机构中最多的。尤其是 1979 年的欧洲议会直选，直接导致了欧洲议会中女性议员数量的大幅增加，这更使得欧盟层面妇女非政府组织对于欧洲议会的倡导热情不断高涨。

非政府组织通过欧洲议会参与决策的方式主要是针对其机构和工作人员进行游说活动，具体的游说对象主要包括欧洲议会委员会向议会全会做报告的发言人、议会中的特定政党及政治团体以及欧洲议会的议员。同时，欧洲议会委员会也会定期举行听证会，公开征求来自非政府组织的意见和建议，这也给妇女组织直接接触议会委员会提供了渠道。由此，这些听证会也便成为各个组织表达诉求、争取利益的重要舞台。

而欧盟机构决策的合法性来源问题和协商一致程序的客观要求，也使得欧洲议会对非政府组织参与的重视程度在不断增加。为了应对日益增长的非政府组织游说活动，欧洲议会加强了对与之频繁互动的非政府组织的管理，实施了包括登记管理、指派活动场地等在内的规范措施。另外，欧洲议会还设立了特定委员会和官员来支持非政府组织对治理的参与，如妇女权利与性别平等委员会（Committee on Women's Rights and Gender Equality）、请愿委员会（Committee on Petitions）和监察员（The European Ombudsman）、法律事务委员会（Legal Affairs Committee）、文化与教育委员会（Committee on Culture and Education）、就业与社会事务委员会（Committee on Employment and Social Affairs）等共 20 个常务委员会。这些委员会定期举办听证会、对话和咨询活动。像请愿委员会还会收集来自欧洲普通公民和非政府组织的投诉和质询，并通过积极的信息政策和在线联系等方式为公民社会组织以及普通公民提供有关欧洲议会和欧盟的信息和信息获取途径。①而其中的妇女权利与性别平等委员会则为妇女非政府组织倡导活动的

---

① European Parliament's Committee of Petitions, http：//www. europa. eu/commit-tees/en/peti/home. html.

开展提供了更多的渠道。虽然欧盟在政策立法方面的主要权力掌握在欧盟委员会的手中，但"妇女权利与性别平等委员会"的作用也非常重要，因为它常常可以通过协调立法机构与公民社会之间双向的信息流通来对欧盟委员会施加相应的压力，从而实现其影响欧盟有关性别平等方面的政策决策进程的倡导目标。

在持续的双向互动实践中，欧洲议会在与非政府组织接触和联络方面发展出了一套较为完备的系统。该系统不仅为非政府组织的参与打开了更多的通道，同时也有赖于公民社会组织的积极参与和支持，使其在欧盟政策决策机构中的地位不断得到提高，并向着"欧洲公民社会代言机构"的方向持续迈进。

3. 欧盟理事会

欧盟政策制定的一般模式是欧盟委员会提出提案，欧盟理事会（或在共同决策程序中同欧洲议会）做出决策。因此，欧盟理事会也是妇女组织进行内部游说和动员的重要对象。由于欧盟委员会提交给欧盟理事会的提案需要经过三个阶段：工作小组阶段、常设代表委员会阶段和部长会议阶段，因此非政府组织对欧盟理事会的游说活动也比较常规。一般的做法是接触各国工作小组①的官员、常设代表委员会的代表，甚至是直接接触各国政府，来表达自己的利益诉求，尽量提高所关注议题在各国政府政策偏好中的优先性。此外，欧盟理事会在决策过程中比较特别的一点还在于其拥有的否决权的分量。尤其是在按照协商一致的规则进行决策之时，理事会一旦行使了否决权，那么整项政策议案都会无效，整个前期准备工作的努力也会付诸东流，这必然导致政策议程设置过程中效率低下的问题。所以对于非政府组织而言，在非常难于获得参与成员广泛共识的情况下，为了使政策动议得以通过，切实的做法应该是相应地游说理事会中的代表或官员，劝说他们谨慎使用或撤销否决权。

----

① 欧盟理事会的工作小组大概在 150 个左右，其主要任务是解决政策提案中的技术性问题。

　　对于性别平等议题来说，欧盟理事会着重欧盟成员国政府间合作的特性及其相应的工作方式，对非政府组织与欧盟理事会建立有效的互动造成了一定的阻碍。因此，欧盟层面的妇女非政府组织采取的做法往往是把本应对欧盟理事会进行的倡导工作下降到成员国层面，通过支持和鼓励非政府组织（通常为伞状组织）的分支机构参与成员国内的游说工作来完成。但不管怎样，妇女组织投入相应的资源对欧盟理事会进行长期游说是必要的，因为在欧盟理事会提供的平台上，妇女组织有可能与其他参与者建立共识，甚至形成同盟，至少也可以试图减少否决权在政策设定议程中的使用。因此，欧盟理事会中的常驻代表委员会及其他的工作小组也逐渐成为妇女组织游说名单上的重要目标。

　　总之，政策制定是欧洲一体化的核心，也是妇女组织能表达自己的诉求，影响社会政策的关键倡导指向。而欧盟政策过程的特点就在于欧盟委员会对动议的垄断权，部长理事会和欧洲议会的审核批准权，以及欧洲法院的立法审查权。而针对欧盟特定政策的制定所进行的倡导通常必然要经历倡导发起方（常常是非政府组织）与欧盟各个超国家机构间复杂而漫长的咨询与协商过程。从政治机会结构的角度来理解，欧盟的决策程序具有公开、多元的特点，这实质上为妇女组织的参与提供了更多的机会。从最开始的议题设置到提出草案，再到协商一致通过，欧盟社会政策的整个决策过程的所有阶段都为妇女组织提供了接触的通道，也提供了能够接收妇女组织所发声音的入口，如此多样的影响机会，不同行为体对治理进程的广泛参与，在其他任何制度安排或政治机构中都是十分罕见的。正如上文所述，在议程设置与提案形成阶段，欧盟委员会通过公共咨询，获取专业知识，尤其是来自非政府组织的专家意见，来增强提案的科学性，弥补民主赤字，因此提案能在较大程度上反映各类行为体的意愿及偏好。在政策决议阶段，欧盟委员会会将议案送交欧洲议会和相关委员会进行审议，议会会在审议后提出建议，欧盟理事会及相关委员会以顾问身份参与，在研究建议后做出反馈。此外，欧盟理事会还负责组织政府间层面各成员国对提案的讨论、进行协调和斡旋。除了政策的决策阶段，在实施阶段，欧盟也会有相关机构负责，与妇女团体进行下一阶段的互动。总之，欧盟不同的机构贯穿了政策从提出到实施的全过程，是妇女组织最重要的内部游说对象，也为妇女组织提供了活动过程中最多的内部参与机会，这成为我们理解妇女组织与欧盟互动方式的关键内容。

第四节　经济收紧后的新变化及 妇女非政府组织应对

自 2008 年欧元危机爆发以来，欧洲经济的发展速度大幅减缓，出现了很多亟待解决的问题。在社会政策方面，欧盟经济的下行导致了性别平等议题的地位不断下降，严重制约了妇女组织对平等议题的促进，毕竟这些活动都需要在公民意愿调查与相关信息搜集以及特定倡导活动组织方面进行相当数量的资金投入，进而为对欧盟政策决策进程的影响和倡导提供有力的实践基础。另外，经济紧缩还在一定程度上暴露了欧盟和欧洲社会对性别议题承诺的脆弱性，在不甚乐观的经济形势下，各个有关机构对妇女组织倡导议题的支持意愿都在不断下降。欧盟委员会与成员国的参与者都在调整自己的政策、战略。另外，欧盟成员国的增加，特别是中东欧国家的加入，也给欧盟带来了更多相对传统的性别理念，在一定程度上削弱了欧盟原本推动性别平等议题的努力。

就妇女组织的资金支持而言，主要有以下几种来源：来自会员的会费、社会捐款以及欧盟或成员国政府的资助。尤其要指出的是，欧盟的资助对于大部分在欧盟层面运作的公民社会组织而言非常重要。因为一个欧盟层面的非政府组织的发展，首先要保证的就是拥有充足而稳定的资金来源以维护组织的存续。在现实情况中，只有少数在欧盟层面活动的组织是完全由其会员组织缴纳的会费来支持的，而大部分则依赖源自欧盟的稳定资助。这在克里斯汀·玛霍尼和麦克·贝克斯特兰德合著的文章——《跟随金钱：欧盟对公民社会组织的资助》中可以得到很扎实的实证支撑。两位学者以自 2003 年到 2007 年之间 1164 个公民社会组织从欧盟委员会获得的资金资助入手，研究欧盟的资助行为特点，并得出结论：欧盟更倾向于对那些在欧盟层面运作，且以促进欧洲整体认同、民主、公民参与和跨文化交流为运作宗旨的非政府组织提供资助。而这其中就包括相当数量的妇女非政府组织。[①] 事实上，欧盟层面的妇女组织最主要的资金来源就是欧盟相关机构提供的财政拨款和补贴。这也从另一个角度说明了它们筹资渠道单一，对官方机构依赖性强的特点。当遭遇经济下行后的紧缩局面时，妇女组织必然会受到严重的影响。这些影响体现在欧盟政治机会结构的改变上。而政治机会结构的变化也为欧盟妇女团体的倡导行为带来了新的变化。

一 "开源节流"

财政支持的来源往往会影响非政府组织接近政策制定者和公众的方式。尽管非政府组织被广泛认为是政府与民众之间的中介角色，但它们可能在实践中只注重一种关系，如果这种关系能够保证为它们提供足够的资金，以维持组织的发展。[②] 就欧盟层面的妇女组织而言，由于欧盟机构的资金支持是其主要的财政来源，所以只要妇女组织依循欧盟规定的既有渠道和规则接触资金支持者（特定的欧盟超国家机构）并进行相对温和的倡导以使对方满意，那么，组织就可以更多地依赖这一支持来源，并可能在之后的倡导策略上将有限的资源集中在专门动员和游说这一特定对象来确保彼此之间资助与被资助关系的存续。目前，面对欧盟这一单一资金来源在资助金额和幅度上的日益缩减，为了组织的存续，妇女组织在与欧盟的互动中出现了一些相应的

① Christine Mahoney & Michael J Beckstrand, "Following the Money: European Union Funding of Civil Society Organizations", *Journal of Common Market Studies*, Vol. 49, No. 6, 2011, pp. 1339 – 1361.

② Wiebke Marie Junk, "Two Logics of NGO Advocacy: Understanding Inside and Outside Lobbying on EU Environmental Policies", *Journal of European Public Policy*, Vol. 23, No. 2, 2016, pp. 237 – 238.

变化与调整，展现出了新的特点。

这种做法可以大致概括为两个方面的举措，首先是"开源"，即采取策略弥补已经减少的资源，发觉新的资源，拓宽筹资渠道，发展巩固多样化的资金来源。在原本资金来源单一但充足的情况下，妇女组织的主要工作重点在于给欧盟机构的决策过程提供信息咨询，并进行游说活动，试图在最大程度上影响欧盟社会政策的制定和执行。但现在这个单一的资金来源出现了缩减，这种情况会严重制约妇女组织的活动能力。一旦出现资金短缺，妇女组织的职能履行就会受到阻碍，而由此带来的行为空间的压缩，又会导致最终活动表现的不足。这都会严重影响其社会捐赠的水平，并招致来自成员和外界的担忧和负面评估。这又会反向地加剧组织资金不足的困境。一旦出现这种双向制约的情况，将会对妇女组织的生存发展造成巨大的打击。

针对以上情况，妇女组织最切实可行的做法就是接触不同的倡导对象，增强筹资能力，丰富资金来源，实现多样化的资金支持。因此，在传统的欧盟机构支持之外，妇女组织还可以尝试发展新的对象，如社会捐资人、政府间论坛或是新的欧盟机构。根据游说领域的不同特点和游说计划的具体安排，妇女组织应当有针对性地选择新的游说对象，开拓新的资金来源。

其次是"节流"。这种做法的宗旨概括来说就是紧贴欧盟经济紧缩后仍在支持的议题。在资金不足的情况下，除了最基础的节约日常开支，控制财政预算等做法，对于妇女组织来说，更为实际的是使资金的效用最大化，在最大程度上实现自己的诉求目标。这样做是为了保证职能的完成度维持在可靠的水平，不仅能够体现组织的存在价值，也可以通过活动的成果吸引更多潜在的资金来源。在经济下行的情况之下，欧盟相关机构缩减对非政府组织的资金支持是一种必然的举措，但这并不意味着各个社会政策领域资金的全面撤出。原本占据重要位置的领域资金支持不会有过大的变化，而随着新形势凸显的新问题，新领域也会得到新的资金支持。这就给妇女组织的活动提供了可以利用的政治机会。例如在不景气的经济条件下，对经济危机与相关问题的研究将成为欧盟机构关注的重点，性别平等问题与经济紧缩也有连接的结点，这些都是可以为妇女组织活动提供通道的机会。考虑到欧盟社会政策决策过程对院外机构专业意见的重视，妇女组织可以在此基础上调整自己的游说安排，如果原有游说活动的资金支持没有显著变化，就继续推进原有的游说计划；如果资金支持的方向出现了转移，那么妇女组织需要做的就是紧贴欧盟机构支持的政策议题。机构支持是非政府组织最可靠的资金来源，在欧盟支持的议题领域内活动，妇女组织就有较大可能获得更多的资金资助。做到合理的"开源节流"，妇女组织不仅能够保证组织基本的职能得到履行，甚至能在紧缩时期找到新的着力点，发展成未来可以持续利用的政治机会。这样不仅维护了妇女组织的存续，也促进了性别平等议题新的进步。

二 转向软法律

在经济收紧后，欧盟的治理模式出现了新的发展，新型治理模式的一个最主要的特点就是与通过立法和指令进行规制的方式不同，"治理依靠的手段主要是'软法律'，即没有法律效力，对不（自愿）执行的行为没有法律上的制裁机制"。① 欧盟机构推动软法律的出发点在于从鼓励政策一致的硬法律模式转向基于自我约束的软法律模式，赋予成员国更多的自由来实施政策，这对促进成员国国内改革具有十分重要的现实意义。另外，减少硬法律的推行，也能够有效降低欧盟范围内的行政支出。这对于处在紧缩时期的欧盟而言，是一项能带来快速回报的举措。

但妇女非政府组织认为，从出台有关两性平等的硬法律向以"性别主流化"为主题的软法律（以及对多样性和平等主流化的强调）的转向过程，实际上就是两性平等议题被边缘化的过程。② 这就造成了

---

① 贝娅特·科勒·科赫、贝特霍尔德·里滕伯格：《欧盟研究中的"治理转向"》，陈新译，《欧洲研究》2007 年第 5 期。

② Jahanna Kantola & Judith Squires, "From State Feminism to Market Feminism?", *International Political Science Review*, Vol. 30, No. 4, 2012, pp. 382 – 400.

欧盟内部相关政策重点的转移，即欧盟的政策动议重点从"两性平等"的议题向"人人平等"这一更广范畴的平等议题方向转移，而这种转移显然不利于两性平等议题在欧盟的推进。当基本人权和公民权成为欧盟的重点政策议题时，妇女非政府组织就不得不脱离其曾经十分游刃有余，同时也是欧盟优势明显的就业、社会政策及融合领域①的倡导环境，转而将其倡导对象变成欧盟的司法、基本人权和公民权总司（DG Justice），其倡导的政策指向也只能首先围绕公民基本权利的平等，而非直奔妇女非政府组织最为擅长的两性平等主题。这最终将导致社会政策中对性别平等议题关注的缺失。而没有强制约束力的法律也会在很大程度上制约性别平等措施的推行，这对于妇女组织的目标达成是十分不利的。在以往的社会政策领域中，性别平等议题本就处于相对弱势的地位，得到的支持份额较小。而目前欧盟向软法律的转向，不仅限制了妇女组织传统的倡导方式的实施和相关制度安排的作用发挥，更造成了社会政策领域内直接的资金转移，加剧了妇女组织面临的困境。

虽然妇女组织对转向软法律持批评意见，但其仍旧保持了名义上的支持，并开始利用这个过程对新的、非直接相关的议题展开游说，例如人口贩运、针对女性的暴力行为（VAM）以及移民和政治避难问题，等等。目前这个阶段，欧盟内推动性别平等议题发展的机会在不断减少。对于妇女组织来说，选择关注一个拥有广泛规范支撑的议题而非固守原有议题是最明智的做法。因为这不仅符合紧贴欧盟政策导向的要求，使组织能获得来自官方的支持，同时也可以在普通民众中获得大范围的认可，有利于推动议题的发展，并拓宽组织的筹资渠道。总之，虽然妇女组织对目前欧盟治理中向软法律的转向存在质疑、批评，但在实际的游说过程中，它们还是采取了较为务实的做法，即在

---

① 就业、社会政策及融合问题属于欧盟委员会中就业、社会政策及融合总司（DG Employment）的管理范畴。由于就业和社会政策问题必然涉及"性别平等"议题，因此该总司曾经也是大部分欧盟妇女非政府组织最为频繁的倡导对象机构。

保留意见的同时，最大限度地利用当前结构提供的政治机会，使组织利益诉求至少取得阶段性的成果。我们可以认为这是在经济紧缩时期，一个明智的妇女组织能够采取的最合理做法。

第五节　案例分析

一　典型案例：欧洲妇女游说团

在众多欧盟框架下的女性非政府组织中，欧洲妇女游说团是规模最大、影响力最强、覆盖欧盟及其他欧洲国家的大型组织联盟。一直以来，组织以"妇女的权利也是人权"、团结、自主、包容、参与为主要原则，以男女平等、多元化、公正、和平与互相尊重为核心价值观，努力动员组织成员联合行动以实现男女平等和社会公正。[①]

（一）成立

1987年11月，来自85个组织并代表5000万成员的120名妇女在伦敦举行会议。会议提出并通过了两项决议。第一项决议呼吁"建立起具有影响力的组织结构，面向所有女性权益组织开放，以期向欧盟超国家机构施加影响力来确保妇女权益"；在第二项决议中，代表团向欧盟委员会呼吁"为1988年年初举行的旨在实现该组织结构建立的会议提供支持"。[②] 这被视作欧洲妇女游说团的最初起源。

1990年，在欧盟委员会的支持下，EWL正式成立。其创始成员包括来自比利时、丹麦、法国、德国、希腊、爱尔兰、意大利、卢森堡、葡萄牙、西班牙、荷兰、英国等国的妇女组织，以及17个全欧洲范围内的妇女组织。截至2015年7月，其组织成员已经涵盖了来自欧盟所有成员国的超过2000个组织。此外，成员中全欧洲范围内妇女和女童

---

① EWL, *Together For A Feminist Europe：European Women's Lobby Strategic Framework 2016 - 2020*, p. 3.

② EWL, http：//www. womenlobby. org/25 - years-of-European-Women-s-Lobby？lang = en，12 Jun 2015.

权益组织的数量也达到了 19 个。① 成员的多元化保证了 EWL 的代表性和专业性，使其无论在国家层面还是欧盟层面的妇女权利政策上都能积极发声。② 提高成员的多元性和代表性也一直是 EWL 的工作重点之一。

EWL 的成员有四类：国家层面的协调机构、欧洲和国际层面组织、准成员组织和支持性组织与个人，其中 EWL 在欧盟成员国与候选入盟国国内设立的协调机构以及欧洲和国际层面的非政府组织是 EWL 的正式成员。③ 作为正式成员，它们拥有参加 EWL 大会的权利，并进行选举、确定政策、方针和优先事项，对组织所有信息，如年度报告、工作计划、正在进行的活动等都具有知情权。国家层面的协调机构还必须承诺无论过去、现在或未来的活动计划都必须遵循性别平等的原则；表达对《消除对妇女一切形式歧视公约任择议定书》和《北京行动纲领》的支持；在政策制定和构建组织架构时要考虑到许多妇女面临年龄、种族、宗教和性取向的多重歧视；具有广泛的代表性，能代表所在国家大部分妇女组织的利益。

（二）内部制度④

为了适应欧盟层级，EWL 建立起正式的内部制度和等级关系。EWL 大会是组织的最高权力机构，每年召开一次。大会的正式职责包括决定组织政策、确定工作优先事项；审议通过预算及工作方案；选举或罢免董事会成员；解散董事会；接纳正式成员或取消正式成员资格；核准会员费；制定或修改内部规则与章程以及解散 EWL 等。正式

---

① EWL, http://www.womenlobby.org/25 – years-of-European-Women-s-Lobby? lang = en, 12 Jun 2015.

② EWL, *Together For A Feminist Europe*: *European Women's Lobby Strategic Framework 2016 – 2020*, p. 4.

③ Sofia Strid, *Gendered Interests in the European Union*: *The European Women's Lobby and the Organization and Representation of Women's Interests*. Orebro University, 2009, pp. 157 – 158.

④ Ibid., pp. 145 – 149.

成员参加 EWL 大会，其余成员以观察员身份出席，但无法在大会上发言。EWL 还在布鲁塞尔设立秘书处负责日常工作，由秘书长领导，并拥有十名受薪雇员。EWL 的工作方案、财务及预算方案都由秘书长提交大会表决。尽管政策领域和职责相互独立，但负责各领域的秘书处政策官员在一起共同工作，并每周召开一次晨会汇报各自领域内的最新进展。政策官员负责撰写 EWL 的政策文件、意见书和官方声明，同时负责跟踪欧盟在性别平等事务上的发展，并向组织成员提供这方面的信息。除了向组织成员提供信息，秘书处还负责向政府部门、欧洲议会、欧洲委员会和欧盟层面其他行为体提供信息。

EWL 董事会负责审议批准年度工作计划的草案和预算草案，同时批准接纳正式成员以外的成员，并向大会建议取消成员组织资格。EWL 董事会成员由大会正式成员每两年选举一次，董事会成员则每两年选举一次执行委员会成员，执行委员会成员包括 EWL 主席、两名副主席、一名财务官员和三名来自正式成员的代表。执行委员会是 EWL 的管理机构，组织出席国际会议或国际事务都由执行委员会代表出席。正式职责包括年度工作计划草案和预算草案的准备工作，对 EWL 实施有效管理，对财务及预算实施监督以及任命秘书处的高级官员等。此外，EWL 还在欧盟成员国内建立了协调机构。这样 EWL 与成员国和主要的欧盟机构都能建立起紧密的沟通渠道，在欧盟层面进行游说，为决策者提供信息或性别观点服务，以保障在政策或立法过程中的妇女权益，提高妇女组织在欧盟层面的参与度，同时也支持成员国组织的活动。

（三）关注议题与战略目标

自成立以来，EWL 的活动主要集中在针对妇女的暴力侵害行为，政治、经济和社会决策中的女性地位，女性的经济独立问题，性别平等立法以及女性移民者与寻求庇护者等几个议题领域。① 在欧洲妇女游说团最新的五年战略框架（2016—2020）中，EWL 提出了三大内部

---

① EWL, http：//www. womenlobby. org/-Our-work – 450 – ? lang = en.

战略目标和五大外部战略目标。① 三大内部战略目标包括为妇女提供持续的更多的资金支持；在地方、国家、欧盟甚至世界范围等不同层次、不同背景下更有效地协同工作；促进成员等各方面的多元化，推进性别平等等领域的共识，并加强组织成员的集体发声。五大外部战略目标则包括杜绝对妇女和女童一切形式的暴力侵害，为她们塑造一个和平、能确保人身安全并保有尊严的社会；改变现有的性别歧视文化，在男女社会角色问题上发挥积极作用；促进基于平等、福利和社会正义的可持续经济的女性主义转型；促进妇女在政治、经济和社会的决策核心中能占有一席之地；确保欧盟层面促进男女平等的机制可持续并强有力地运行。

二 游说实践

作为日常工作的一部分，欧洲妇女游说团仍旧遵循着例行的游说安排来展开工作，其中最为重要的部分就是保持与欧盟相关机构的互动。欧洲妇女游说团与欧洲议会、欧盟委员会等欧盟机构建立了紧密的工作关系，并采用一系列的活动手段有针对性地开展游说工作。

首先是最基础的提供信息的工作。欧洲妇女游说团通过不同的方式向不同行为体提供信息。它可能采用不定向一对多的方式提供信息，传达给尽可能多的受众，接收的情况视不同条件而定，比如利用组织网站或是新闻公告来提供信息，每月制作有关欧洲妇女游说团的实践活动、欧盟机构新政策等的出版物，但在这种一对多的信息提供中，信息的接收情况一般没有保证；它也可能采用定向提供信息的方式，有针对性地向特定对象提供特定信息，如利用电话、邮件等向组织成员或机构工作小组等对象提供专项信息，这样能大幅度改善信息的接收效果，从而为欧洲妇女游说团工作的顺利开展提供助力。其次是参与社会政策决策过程，监督相关社会政策的立法过程，这也是欧洲妇

---

① EWL, *Together for a Feminist Europe: European Women's Lobby Strategic Framework 2016–2020*, p. 8.

女游说团中介作用中最突出的一个环节。欧洲妇女游说团向会员提供与政策相关的简报，并将游说团对政策的分析发送给欧盟委员会、欧洲议会等重要机构的成员，使女性对欧盟政策的反馈能以最快速度到达决策层。再次是与其他非政府组织展开横向合作。欧洲妇女游说团会与其他关注共同议题的组织进行协同合作，追求更大的影响力，更大的投射范围，促进欧盟内性别平等议题的进步。

在欧洲妇女游说团取得的成就中，最值得一提的就是 EWL 为将性别平等条款写入《阿姆斯特丹条约》所做的努力。正是在以欧洲妇女游说团为代表的妇女非政府组织的倡导之下，《阿姆斯特丹条约》的第 3 条规定了"性别平等主流化"①（Gender Mainstreaming）原则，而该原则适用于欧盟所有政策。此外，扩大性别平等的适用范围，努力将性别平等条款纳入《基本权利宪章》并使其最终成为《里斯本条约》的基本价值内容之一，② 在很大程度上也是由 EWL 领衔的欧洲妇女组织促成的。在他们有力的协调及游说下，欧盟的性别平等事业获得了长足的发展。此外，EWL 还向欧盟委员会提出了"2006—2010 年男女平等的欧洲路线图"（Gender Equality Road Map for the European Community 2006—2010 ），并促成了该路线图的通过和实施。③ 2012 年，EWL 发起了旨在提高女性决策者比重的"50/50 运动"（50/50

---

① 所谓"性别平等主流化"是指在各个领域和各个层面上评估所有有计划行动（包括立法、政策、方案）对男女双方的不同含义。作为一种策略方法，它使男女双方的关注和经验成为设计、实施、监督和评判政治、经济和社会领域所有政策方案的有机组成部分，从而使男女双方受益均等，不再有不平等发生。纳入主流的最终目标是实现男女平等。

② Barbara Helfferich & Felix Kolb, "Multilevel Action Coordination in European Contentious Politics: The Case of the European Women's Lobby", in Douglas Imig & Sidney Tarrow eds. , *Contentious Europeans*: *Protest and Politics in an Emerging Polity*, Oxford University Press, 2001, pp. 149 – 151.

③ EWL, Position Paper: Gender Equality Road Map for the European Community 2006 – 2010 （May 2005）, http: //www. womenlobby. org/Gender-Equality-Road-Map-for-the-European-Community – 2006 – 2010 – May – 2005? lang = en.

Campaign），希望通过该运动改善在欧盟机构与欧洲议会选举中的性别平衡问题。从欧盟委员会发布的中期报告来看，这个运动是有显著效果的，因为女性决策者的数量和占比都在数年间得到了大幅提升。①

在日常的例行倡导之外，EWL 的工作还在经济下行时出现了一些调整。为应对经济收缩，EWL 解决问题的切入点分别放在了软法律转向与资金支持两个方面。在软法律转向方面，随着对性别平等议题关注度的持续下降，EWL 将其在欧盟委员会的主要倡导对象机构由原来的就业、社会事务和融合总司转变为司法、基本人权与公民权总司。②这意味着原本的性别议题被放置到了一个更广泛的框架下，EWL 的关注目标也拓展为基本人权、公民权以及非歧视。这些也成为妇女组织未来活动最有可能获得资金支持的议题领域。但同大部分妇女组织一样，EWL 认为这种转移削弱了欧盟原本在社会政策与就业领域储备的能力。同时这也是对组织自身的活动能力与诉求目标的一种损害。而欧洲民众对其原本所推动的性别平等议题所应有的关注也将处在不断下降的状态中。转向软法律造成了对性别平等措施投入的减少，欧盟对 EWL 的资金支持出现削减。考虑到减少强制约束执行措施，压缩行政支出的计划，欧盟在其 2014—2020 年的预算计划中明确表示，将拒绝对存在赤字的组织提供核心资助，而 EWL 的财政状况导致它在获得资助方面尤为脆弱。2002 年，欧盟机构中尚有单独的资金渠道专门对 EWL 的倡导活动进行支持，但随着经济危机的蔓延，以及欧洲议会中保守和右翼力量的增强，EWL 失去了它在欧盟财政支持中曾经具有的受保护地位。随着欧盟直接拨款的减少，EWL 的活动能力受到了很大限制，其作为欧盟层面妇女权益主要代表的地位也受到了不小的挑战。

针对资金来源不足的情况，EWL 接纳了包括评估财政状况、任命

---

① Women's UN Report Network, Europe—50/50 Campaign-Gender Equality in Elections & Appointments, http://www.wunrn.com/2012/11/europe-5050-campaign-gender-equality-in-elections-appointments/.

② Pauline Cullen, "Feminist NGOs and the European Union: Contracting Opportunities and Strategic Response", *Social Movement Studies*, Vol. 14, No. 4, 2015, p. 416.

财政专员、开拓新投资人以及上调会员费等在内的一系列建议来改善恶化的财政状况。但这里我们需要注意到，通过会员来弥补资金不足的方法是存在弊端的。因为当会员认为上涨的费用没有合理回报，或是自身资金来源也有限的时候，不仅会导致他们减少对组织进一步的投入，也会影响他们对 EWL 的认同。在软法律方面，EWL 在逐步适应预算水平下降这一事实的同时，主要关注软法律领域内与财政相关的议题（毕竟这是目前对于欧盟来说最为紧迫的），以此作为组织工作新的切入点。EWL 也并没完全放弃对性别平等议题的倡导，例如它仍然号召各界关注欧盟对性别平等措施支持的不足以及金融危机中性别视角的缺失问题。在这方面 EWL 最大的成果就是通过会员组织进行了调查，发布了以经济紧缩对妇女权益与性别平等影响为主题的报告，并呼吁更多的妇女组织参与到预算过程中，以应对这个挑战。在报告中，EWL 指出，妇女组织可以起草预算前提案向政府提交，以期影响即将出台的预算计划；对于已经出台的预算计划，妇女组织可以进行独立的性别影响评估；而在欧洲议会讨论前或是讨论进程中，妇女组织应当尽可能地向议会成员强调预算提案中性别不平等的问题。① 另外，EWL 还关注并提出了对欧盟委员会司法、基本人权和公民权总司发起的达芙妮项目（Daphne Program）的建议。目前该项目处于2014—2020 执行阶段，其目标在于保护儿童、青少年及妇女免遭任何形式的暴力侵害，以及帮助他们获得应有的健康保护、福利待遇和社会凝聚力。②

其实，经济收紧也给 EWL 带来了新的政治机会。在欧盟机构外部，EWL 可以与诉求相似的妇女权益组织协同合作，动员其目标群体

① EWL, *The Price of Austerity—The Impact on Women's Rights and Gender Equality in Europe*, Oct. 2012, http：//www. wunrn. com/2012/11/ europe-impact-of-austerity-on-womens-rights-equality/.

② EWL, EWL Supports Daphne Project Recommendations for EU Action against Violence against Women within Roma Communities, http：//womenlobby. org/EWL-supports-Daphne-project-recommendations-for-EU-action-against-violence? lang = en.

反对目前在欧盟层面占据主导位置的经济模式。而在欧盟机构内部也有可以形成力量联合的特定部门存在。2005 年，欧盟委员会通过了 EWL 提出的关于建立欧洲性别机构的提案，成立了"欧洲性别平等机构"（European Institute for Gender Equality），2007 年又建立了"基本权利机构"（Fundamental Rights Agency）。这些机构旨在为欧盟机构提供关于公平与歧视问题的专业意见，与 EWL 的日常工作高度相关，于是它们也成为 EWL 可以考虑利用的资源。

　　欧盟是欧洲妇女非政府组织展开活动及动员的重要背景平台，绝大多数拥有显著声望并运作良好的妇女非政府组织都是依托于欧盟进行广泛的倡导活动。它们与欧盟正式的政策决策机构联系紧密，彼此之间的频繁互动已经具备了制度化与专业化的水准。因此我们需要将欧盟作为一个重要的制度因素进行考察，分析这种结构背景如何影响了欧洲妇女组织的运作，妇女组织又是如何应对这样的结构，采取怎样的方式来推进彼此的互动与合作的。正是基于以上的考量，我们引入了政治机会结构理论，来探寻这种互动的具体过程。游说内部逻辑的研究，让我们在了解了妇女机构与欧盟机构的常规互动的基础上，再通过经济紧缩这个节点的设置进一步探讨了妇女组织基于资金支持与软法律两个方面出现的新变化所采取的新的倡导策略和具体举措。将 EWL 作为研究案例，分析其游说工作面临的挑战和应对的措施，可以大大加深我们对于妇女非政府组织和欧盟机构之间双向互动的理解。

第 七 章

欧盟的人道主义救援与
非政府组织参与

　　作为全球最大的人道主义援助提供方，欧盟在《欧盟运行条约》（TFEU）第143款中明确指出，欧盟始终努力"向那些在天灾或人为灾难中的受害者提供特设的援助、救济和保护，以满足不同情况下的人道主义救助需要"。① 在欧盟通过多个法律文件反复确认其人道主义救助行动的合法性的前提之下，欧盟从1992年开始至今，每年拨付超过10亿欧元的人道主义援助资金，以帮助分布在全世界各地的大约1.2亿受灾民众。目前，欧盟已经向全球140多个国家提供过人道主义救援。② 然而，欧盟人道主义救援项目的完成以及相关援助政策的提升和改善并非由欧盟一方独自完成，作为全球最重要的资助方（Donor Organization），它需要依靠200多个伙伴组织和机构（Partner Organizations and Agencies）在不同灾害地区和不同领域内的协调合作。这其中占据重要地位的成员就包括在布鲁塞尔常设办事处并与欧盟

---

　　① Article 143 TFEU, The European Union seeks "to Provide ad hoc Assistance and Relief and Protection for People in Third Countries Who Are Victims of Natural or Manmade Disasters, in Order to Meet the Humanitarian Needs Resulting from These Different Situations".

　　② European Commission, "The European Union Explained: Humanitarian Aid and Civil Protection", Oct. 2015, http://europa.eu/european-union/topics/humanitatian-aid-civil-protection_ en.

互动频繁的人道主义救助类非政府组织。这些接受欧盟资金、承接欧盟的项目，同时还定期不定期地向欧盟相关援助政策提供谏言和倡导的非政府组织，历来是欧盟人道主义救援框架下不可或缺的重要合作伙伴。

第一节　欧盟的人道主义救援机制及为非政府组织参与搭建的法律框架

事实上，欧盟的前身欧洲共同体早在20世纪60年代末起即已开始参与到国际人道主义援助之中。而其通过人道主义救援项目向非政府组织提供资金资助的实践则起始于20世纪70年代中期①。人道主义援助是欧共体外交政策的重要维度之一，尽可能多地提供人道主义援助显然是欧共体提升国际能见度的主要途径，但欧共体当时的援助体制还远没有形成系统。

一　欧盟人道主义救援机制的基本构成

（一）从欧共体人道主义援助局到欧盟委员会人道主义救助与民事保护总司

20世纪80年代末到90年代初期，随着冷战的结束，地区冲突与战乱的频发让欧共体意识到，一个通过实施人道主义干预以彰显自身全球影响力的重要契机已经到来。于是，为高效快速地应对在全球随时发生的人道主义危机，欧共体人道主义援助局（European Community Humanitarian Aid Office）于1992年4月宣布成立，负责统一管理欧共体的人道主义援助项目，自此欧共体的人道主义援助金额迅速增长。特别值得注意的是，从20世纪80年代开始，欧盟通过非政府组织所提供的对外援助（包括人道主义援助）也在大幅增加，并于1995年

---

① Kim D. Reimann, "A View from the Top: International Politics, Norms and the Worldwide Growth of NGOs", *International Studies Quarterly*, Vol. 50, No. 1, 2006, p. 51.

底蹿升至 10 亿美元，占其对外援助总额的 15%—20%。到 20 世纪 90 年代中期，欧盟人道主义援助局项目资助的一半以及欧盟委员会其他总司所部署的大部分难民事务工作都由非政府组织来完成。①

2004 年，欧共体人道主义援助局发展成为欧盟人道主义援助总司（Directorate General ECHO）②，主要通过人道主义援助手段迅速有效地实施欧盟的救济和扶助行动，如提供食品和给养、居所、健康照顾、水和卫生设备以及受灾地区的儿童教育等。此外，2001 年即已草创的民事保护机制，是一个全欧范围内各国间民事保护机构的合作机制。一旦受灾国家或民众发出请求，该机制便即刻启动协调，并迅速向受灾地区调配民事保护团队和救灾物资。该机制自建立起曾接到 200 多次请求，并曾参与应对了多起严重的灾害，如台风"海燕"对菲律宾的袭击、塞黑发生的洪水、埃博拉病毒的爆发、乌克兰冲突、尼泊尔地震以及欧洲难民危机等。③2010 年，欧盟委员会将人道主义援助总司与民事保护机制并入一体，成立人道主义救助与民事保护总司，但仍保留其英文名称 DG European Civil Protection and Humanitarian Aid Operations（ECHO）。目前，欧盟委员会人道主义救助与民事保护总司在全世界 40 多个国家建有总共 48 个地方办公室和 12 个区域办公室，并有 315 个地方职员和 150 名技术人员为其工作。④

（二）其他人道主义援助协调与合作机构

1. 欧盟委员会国际合作与发展总司（DG DEVCO）

欧盟委员会国际合作与发展总司是欧盟国际合作和发展政策的

① Judith Randel & Tony German, "European Union", in I. Smillie and H. Helmich eds., *Stakeholders: Government-NGO Partnerships for International Development*, London: Earthscan, 1999, pp. 263–277.

② Charlotte Dany, "Politicization of Humanitarian Aid in the European Union", *European Foreign Affairs Review*, Vol. 20, No. 3, 2015, p. 422.

③ European Commission, http://ec. europa. eu/echo/what/civil-protection_ en.

④ European Commission, "Presentation of the ECHO Field Network", http://ec. europa. eu/echo/files/about/jobs/experts/ECHO_ Field_ Network. pdf.

总设计部门，同时它还负责欧盟发展援助项目在全球范围内的实施。尽管人道主义援助一般指灾害发生时所提供的较为紧急的资助和救济，但灾后重建等行动又无法与发展援助项目截然分开。因此，欧盟委员会国际合作与发展总司的全局观和在发展援助项目上的把握能力都使其与欧盟委员会人道主义救助与民事保护部的工作时有交叉，并互为依托。双方也经常共同协调和组织相关活动。比如 2014年 4 月双方共同组织的首次"欧盟韧性论坛：减少全球脆弱性"，就邀请了大批在欧盟人道主义救助框架下在全球广泛运作的非政府组织。①

2. 欧盟对外行动署（The European External Action Service）

于 2010 年 12 月 1 日成立的欧盟对外行动署，旨在协助欧盟外交和安全政策高级代表履行《里斯本条约》赋予其在共同外交和安全政策、共同安全与防务政策以及相关对外关系政策领域的协调工作。对外人道主义援助作为欧盟外交的重要维度之一，自然也需要欧盟委员会人道主义救助与民事保护部与欧盟对外行动署彼此间的通力合作。在应对西非埃博拉疫情暴发时，双方就紧密协调，组建了欧盟埃博拉病毒工作队（Ebola Task Force）。②

二　欧盟为非政府组织参与人道主义救援搭建法律框架和制度安排

（一）相关法律框架

欧盟有关其提供人道主义救援的法律法规及相关的部长理事会决定自 1996 年开始可谓层出不穷。这些法律法规在欧盟提供人道主义援助（包括欧盟内部及全世界范围内）的目标、原则与程序等方面都做

①　European Commission，http：//ec. europa. eu/echo/field-blogs/photos/eu-resil-lence-forum-reducing-vulnerabilities-worldwide_ en.

②　European Commission，http：//europa. eu/newsroom/highlights/special-coverage/ebola_ en.

了较为明确的规定。比如，2007 年签署的《里斯本条约》第 214 款①
和 196 款②分别承诺，欧盟会对天灾和人为灾难的受害者提供救助和
保护，并支持和协调在欧盟成员国范围内建立民事保护体系；2013
年，欧洲议会和欧盟部长理事会通过了 1313/2013 号③决定，支持建立
欧盟民事保护机制（Union Civil Protection Mechanism）；而 2014 年出台
的第 375/2014 号④法规，则是有关建立欧洲志愿者人道主义援助团的
相关举措和原则。欧盟不断出台有关人道主义救援的法律法规，一方
面与实践中欧盟参与的人道主义救援活动的数量不断增长、范围不断
扩大直接相关；另一方面也是欧盟高度重视人道主义救援工作并不断
在经验总结中规范其相关行动的结果。

　　由于非政府组织历来是欧盟人道主义援助中的重要合作伙伴，因
此在大部分欧盟相关法律法规中都对非政府组织与欧盟的伙伴关系有
所提及。但就规定的细致程度而言，1996 年 6 月 20 日由欧盟部长理事
会制定的（EC）第 1257/96 号法规对双方合作原则的描述最为具体。
在该法规第二章有关人道主义救助执行程序的规定中，第 6 款明确
指出，欧盟资助下的人道主义救助行动可以在来自成员国或任何第
三方国家非政府组织的请求之下得以实施。在第 7 款中，法规首先

---

① The Lisbon Treaty, Article 214, http：//lisbon-treaty. org/wcm/the-lisbon-treaty/
treaty-on-the-funcioning-of-the-european-union-and-comments/part – 5 – external-action-by-
the-union/title – 3 – coperation-with-third-countries-and-humanitarian-aid/chapter – 3 – hu-
manitarian-aid/502 – article –214. html.

② The Lisbon Treaty, Article 196, http：//lisbon-treaty. org/wcm/the-lisbon-treaty/
treaty-on-the-funcioning-of-the-european-union-and-comments/part – 3 – union-policies-and-
internal-actions/title-xxiii-civil-protection/483 – article – 196. html.

③ Decision No 1313/2013/EU of the European Parliament and of the Council of 17
December 2013 on a Union Civil Protection Mechanism, http：//eur-lex. europa. eu/legal-
content/EN/TXT/？ qid = 1401179579415&uri = CELEX：32013D1313.

④ Regulation (EU) No 375/2014 of the European Parliament and of the Council of 3
April 2014 on Establishing the European Voluntary Humanitarian Aid Corps （‘EU Aid Vol-
unteers Initiative’）, http：//eur-lex. europa. eu/legal-content/EN/TXT/？ url = uriserv：
OJ. L_ . 2014. 122. 01. 0001. 01. ENG.

对非政府组织按规定获得欧盟资金资助并在灾害地区实施人道主义救助需要满足的具体条件做出了规定，要求这些非政府组织必须是在欧盟任一成员国合法注册的非营利性自愿组织，并在欧盟成员国或接受欧盟救助的第三方国家设有总部。这些非政府组织的总部必须能够对欧盟资助下的人道主义援助行动进行有效的政策决策。其次，法规还就非政府组织获得欧盟资金资助的资质提出了参考标准：非政府组织的行政和财务管理能力；对执行计划内人道主义行动的技术和后勤保障能力；在人道主义救助领域内的经验；该组织之前的人道主义行动执行效果，特别是欧盟资助的人道主义援助行动；在人道主义行动协调体系需要时随时准备参与行动的应变能力；与其他人道主义机构和受助国家基层社区协同合作的能力和意愿；在人道主义援助行动中能够保持中立性；在受助国家相关人道主义行动中的既往经历。①

如前所述，从 20 世纪 90 年代中期开始，欧共体人道主义援助局所有项目资助的一半以及其他总司所部署的大部分难民事务工作都由非政府组织来完成。因此可以说，于 1996 年出台的这项欧共体第 1257/96 号法规，非常及时地对欧盟与非政府组织之间的合作方式及非政府组织的参与标准做出了规范，以期进一步指导双方未来在人道主义援助中的合作。从非政府组织的角度而言，这项法规无疑为非政府组织全面参与欧盟的人道主义援助奠定了法律基础。从非政府组织获取欧盟资金并参与欧盟人道主义救助活动的标准审视，欧盟所期待的理想的非政府组织合作伙伴显然是在人道主义救援领域内运作历史悠久，经验丰富（特别是在受援国家曾经有过救援经验），从行政、财务到技术支持与后勤保障都能力超强，并且在欧盟成员国合法注册或在欧盟之外的第三方资助国（The Third Donor Countries）设有总部的组织。而

---

① Council Regulation（EC）No. 1257/96 of 20 June 1996 Concerning Humanitarian Aid, http：//eur-lex. europa. eu/LexUriServ/LexUriServ. do？ uri = CONSLEG；1996R1257：20090420：EN：PDF.

要同时满足上述条件，则非大批欧洲非政府组织莫属。需要说明的是，这些欧洲非政府组织同时又兼具国际非政府组织这一身份。根据美国著名社会学家西德尼·塔罗对国际非政府组织的界定，国际非政府组织是"成员来自两个以上国家并具有国际性目标，通过与主权国家、私营行为体和国际组织间的经常性互动，主要为其他国家的公民提供服务的组织"。可见，国际非政府组织的国际性目标决定了它们一般都具有长期在第三方国家进行项目运作的国际经验。此外，有超过60%的国际非政府组织将总部设在欧盟国家；有1/3的国际非政府组织其内部成员集中在西欧。[①] 这些事实都证明，真正能参与到由欧盟资助或发起的人道主义救助行动中的非政府组织，其实大部分是那些起源于欧洲国家，跨国运作历史悠久，规模较大，组织健全，且因经常获得欧盟或其他政府间国际组织资助而经费相对充足的欧洲非政府组织。这些组织一般都有深入到世界各地的能力，甚至有相当数量的组织原本在一些灾害和战乱频发的地区就建有分支机构，因此对当地的基本情况早有掌握。还有一些组织则通过一些特定的援助计划等渠道早就同第三方国家受灾社区内的本土非政府组织建立了良好的合作关系。可以说，这些非政府组织是欧盟资助和发起的人道主义救助行动中的天然合作伙伴。毫不夸张地说，如果没有它们的存在，欧盟一直以来在全球铺开的人道主义行动几乎无法完全顺畅地进行。

（二）具体的合作制度安排：伙伴框架协议 FPA

在为非政府组织参与欧盟人道主义援助搭建了基础的法律框架之后，欧盟还为双方的具体合作做出了详尽的制度安排，这便是签订伙伴框架协议 FPA（Framework Partnership Agreement）。事实上，由于欧盟无法到实地直接进行人道主义救援，欧盟必须依赖能够在全球不同地区进行实地运作的各类合作伙伴，而为了使其人道主义援助效果得

① Helmut Anheier, Marlies Glasius and Mary Kaldor, "Introducing Global Civil Society", in Helmut Anheier, Marlies Glasius and Mary Kaldor, eds. , *Global Civil Society 2001*, Oxford University Press, 2001, p. 7.

以最大化，ECHO 通常会跟不同的伙伴（如联合国相关机构、其他政府间国际组织、非政府组织等）分别签订伙伴框架协议，通过该协议规范其合作伙伴在人道主义救援中的角色、双方各自的权利与义务以及需要共同遵守的规则等。

自 1993 年开始，欧盟每隔 5 年便与符合条件的非政府组织签署一份具备法律效力的伙伴框架协议。最新一期的协议于 2014 年 1 月 1 日开始生效，到 2018 年 12 月 31 日截止。该协议主要由四部分组成，分别为"伙伴合作框架协议"、"特别授权典型协议"（Model Specific Grant Agreement）、"常规条件"（General Conditions）和"采购规程"（Procurement Rules and Procedure）。"伙伴合作框架协议"具体规定了双方伙伴关系的基本原则、行动目标、人道主义救援行动的评价标准、行动中的沟通和保密原则等；"特别授权典型协议"是 ECHO 和非政府组织就已经批准的相关行动签署的具体协议；"常规条件"部分是指导人道主义救援行动实施（从救援申请提交到救援行动报告完成阶段）的规定；"采购规程"则是相关财产、物资供给、行动及服务合同签署所要遵循的规则和程序。①

由于欧盟发起或资助的人道主义救援行动很多都需要在战乱和冲突频发地区或灾情严重的偏远地区实施，而且欧盟要保证自身能够持续不断地迅速应对全球众多地区的人道主义灾难，这就要求参与其中的非政府组织不仅要有极高的专业素养、实地运作经验及协调能力，同时还要能够严格按照欧盟详尽的伙伴框架协议的程序规定，高效完成相关的救援任务申请、服务合同签署和物资供给采购等的行政流程。因此，就目前而言，真正与欧盟签署了伙伴合作框架协议的非政府组织大多为体量较大，在人道主义救援领域运作历史悠久且多已声名远播的非政府组织。例如，国际计划组织（Plan-International）②、乐施会

---

① European Commission, http：//dgecho-partners-helpdesk. eu/partnership/fpa _ ngo_ and_ annexes/start；Framework Partnership Agreement with Humanitarian Organizations，http：//dgecho-partners-helpdesk. eu/partnership/fpa_ ngo_ en_ 131211 -4. pdf.

② Plan-International, http：//plan-international. org.

（Oxfam）①、无国界医生组织（MSF）②、救助儿童会（Save the Children）③ 和凯尔国际（Care International）④ 等。

第二节　欧盟对非政府组织的资金　资助及能见度要求

作为全球最大的人道主义救援资助方，欧盟的人道主义救援广泛覆盖了世界上从各类天灾到人为引起的战乱和冲突等多个领域。近几年来欧盟的人道主义援助主要集中在内战不断的叙利亚、埃博拉疫情严重的西非、充斥着难民的南苏丹周边国家等地区。

一　欧盟对非政府组织人道主义援助行动的资金支持

对人道主义援助行动的大笔资金支持，是欧盟超国家机构及其公民非常引以为傲的事情。尽管欧盟还没有走出欧债危机的阴影，但欧盟在全球的人道主义援助资金却始终未断。2015 年一二月间，欧盟两次通过 ECHO 向喀麦隆提供了总额为 45.92 亿非郎的援助资金，用于帮助喀麦隆政府应对大量涌入喀东部地区的难民；⑤ 2015 年全年，欧盟向阿富汗提供了总计达 4000 万欧元的人道主义援助资金；⑥ 从乌克兰危机爆发至 2015 年 1 月，欧盟向乌克兰提供了总数为 7600 万欧元的人道主义援助和经济复苏援助；⑦ 2016 年 9 月，欧盟更是宣布在土

---

① Oxfam, http://www.oxfam.org.

② MSF, http://www.msf.org.

③ Save the Children, http://www.savethechildren.net.

④ Care International, http://www.care-international.org.

⑤ 商务部：《欧盟向喀麦隆提供近 20 亿非郎人道主义援助资金》，2015 年 2 月 25 日（http://www.mofcom.gov.cn/article/i/jyjl/k/201502/20150200902207.shtml）。

⑥ 商务部：《欧盟向阿富汗提供 1200 玩欧元人道主义援助》，2015 年 12 月 27 日（http://www.mofcom.gov.cn/article/i/jyjl/j/201512/20151201220460.shtml）。

⑦ 孙奕、帅蓉：《欧盟将追加对乌克兰的人道主义援助》，2015 年 1 月 23 日，中国新闻网（http://www.chinanews.com/gj/2015/01-23/6996934.shtml）。

耳其启动大规模援助项目，向在土耳其的难民提供了总额为 30 亿欧元的人道主义援助资金。① 在欧盟源源不断地投放这些人道主义救助资金之时，非政府组织则作为欧盟不可或缺的重要资金承接方奋斗在各个人道主义危机的最前沿。以下通过欧盟在叙利亚危机以及西非埃博拉病毒大规模爆发时其对主要非政府组织伙伴的资助，来管窥欧盟在资金方面对人道主义救援类非政府组织的强大支撑作用。

从表 7—1 可以看出，由于叙利亚内战，其国内大量民众流离失所，叙利亚难民不断涌入周边的约旦、黎巴嫩、土耳其和伊拉克等国。为帮助应对迫在眉睫的危机，欧盟在 2014 年 1 月到 2015 年 1 月这一年的时间里，向深入到这一地区的非政府组织提供了 1.86 亿欧元左右的人道主义援助资金，用于这些组织为难民搭建临时居所，提供食品、饮用水、健康医疗服务和儿童保护等多方面的人道主义援助。可以说，欧盟相对充足的资金支持，是非政府组织在叙利亚及其周边国家顺利实施人道主义救助的重要保证。

表 7 - 1　　　　　欧盟对活跃于叙利亚危机中的主要国际
非政府组织的资助（2014. 1—2015. 1）

组织名称	援助	欧盟资助（百万欧元）					
		叙利亚	约旦	黎巴嫩	土耳其	伊拉克	总计
1. 丹麦难民理事会（DRC）	帐篷	16	1.9	24.5	4.7		47.1
2. 救助儿童会（Save the Children）	儿童保护	5.98	8.2	12.9			27.08
3. 挪威红十字会（NRC）	帐篷	7	8.2	5.9	1	1	23.1
4. 国际助残（HI）	健康医疗	1.7	4	6.5			12.2

---

① 《欧盟宣布向在土耳其的难民提供援助的计划》，2016 年 9 月 27 日，新华网（http://news. xinhuanet. com/world/2016 – 09/27/c_ 129300686_ 2. htm）。

续表

组织名称	援助	欧盟资助（百万欧元）					
		叙利亚	约旦	黎巴嫩	土耳其	伊拉克	总计
5. 美慈组织（Mercy Corps）	水、卫生条件、帐篷	6.415	3	0.43		1	10.845
6. 丹麦红十字会（RC DK）	多个方面	10					10
7. 国际救援委员会（IRC）	食物	5.52	1.75	1			8.27
8. 紧急医疗救助（PU-AMI）	帐篷、水、卫生条件	3.2	1.25	2.75			7.2
9. 国际医疗团（IMC）	多个方面	4.7	1	0.1	0.5	0.51	6.81
10. MEDAIR	帐篷	0.2	1	5.4			6.6
11. 技术合作与发展（ACTED）	多个方面	5.8	2	1			8.8
12. 英国乐施会（Oxfam GB）	水、卫生条件	2	1.82	1.7			5.52
13. 世界医生组织（MDM）	健康医疗	3.285			1.4		4.685
14. 凯尔国际（CARE）	多个方面	0.45	1	1.96	1.35		4.76
15. 宣明会（world vision）	水、卫生条件		1	0.5			1.5
16. 明爱组织（CARITAS）	帐篷			1.1			1.1
17. 援助组织（HELP）	多个方面	0.7					0.7
							186.27

资料来源：ECHO，*Evaluation of the ECHO Response to the Syrian Crisis 2012—2014*，*Final Report*，June 2016，pp. 147 – 162.

　　除了在叙利亚内战导致的周边难民危机中斥巨资为非政府组织的实地救援提供经济保障之外，在西非埃博拉病毒肆虐之际，欧盟的援助资金亦相当充裕和及时。2014 年 2 月，西非地区开始爆发大规模埃博拉病毒疫情，疫情很快蔓延至周边的几内亚、利比里亚、塞拉利昂、马里、尼日利亚、塞内加尔，导致死亡人数近万人。面对疫情，欧盟第一时间做出反应，立即从欧盟委员会拨付 4.14 亿欧元，用于疫情的紧急援助和长期资助。截至 2016 年 3 月，欧盟抗击埃博拉病毒的援助资金总额接近 20 亿欧元。在 2014 年 3 月至 2015 年 3 月埃博拉疫情最为严峻的一年间，欧盟所拨付的 6500 万欧元的最为紧急救助资金，则在疫情突发、十万火急的情况下全部转化为欧盟人道主义救援伙伴组织在西非实地的援助行动。而这些伙伴组织的构成，除了联合国及其相关附属机构之外，绝大部分是非政府组织，如无国界医生组织、国际红十字会及红新月会（IFRC）、国际医疗团、救助儿童会、国际救援委员会以及国际医疗行动联盟（The Alliance for International Medical Action，ALIMA）等等。在欧盟资金的资助下，这些非政府组织在疫情发生地区迅速部署医生及护士团队，积极培训当地护工；非常专业高效地进行疫情监测、疾病诊断和治疗；并在当地人群中开展提升疾病防控意识的教育等，最终促使疫情于 2016 年 2 月基本结束。[①] 事实上，自 2005 年 ECHO 在达卡尔建立区域支持办（Regional Support Office）开始，欧盟资助下的西非人道主义援助行动就在不断加强，其与非政府组织的伙伴关系也因此更趋紧密。据 ECHO 在西非海岸国家人道主义行动的评估报告[②]显示，ECHO 在这一地区约有 42 个合作伙伴组织，其中有 22 个是非政府组织。同时，非政府组织在此地区所获得的欧盟资助占到了欧盟资助总额的 56% 以上。表 7-2 显示的是 2008 年到 2014 年之间在对西非的人道主义救助中从欧盟获得超过 500 万欧元以上资助的主要非政府组织及其具体资助金额。在这 10 个组织

① European Commission, "Fact Sheet: EU Response to the Ebola Outbreak in West Africa", MEMO/15/4507, Brussels, March 2015, http: ec. europa. eu/echo/files/aid/countries/factsheets/thematic/wa_ ebola_ emergency_ recovery_ en. pdf; http://europa. eu/rapid/press-release_ MEMO – 15 – 4507_ en. htm.

② European Commission, *Evaluation of the DG ECHO Actions in Coastal West Africa 2008 – 2014: Final Report*, Luxembourg: Publications Office of the European Union, 2015.

中，有 5 个是能够进行跨国运作的欧洲非政府组织；其余 5 个组织也都是拥有多个欧洲分部并能跨国运作的知名国际非政府组织。毫不夸张地说，非政府组织是欧盟在人道主义援助活动中极为倚重的重要伙伴。

表 7－2　　　　　　ECHO 在西非的主要国际非政府组织伙伴及
资助金额（2008—2014）

组织名称	资助金额（欧元）
1. 国际救援委员会（IRC）	15，890，420
2. 反饥饿行动组织（ACF）	12，318，233
3. 乐施会（Oxfam）	9，572，038
4. 国际红十字会（ICRC）	8，750，000
5. 世界医生组织法国部（MdM-Fr）	8，449，995
6. 美林组织英国部（MERLIN-UK）	6，864，502
7. 人类之地意大利部（TDH-IT）	6，059，269
8. 团结国际组织法国部（SI-Fr）	5，925，147
9. 丹麦难民理事会（DRC）	5，741，689
10. 挪威难民理事会挪威部（NRC-NO）	5，015，000

资料来源：European Commission，"Figure 3：DG ECHO Partners Who Received over EUR 5 Million From 2008 - 2014"，*Final Report：Evaluation of the DG ECHO Actions in Coastal West Africa 2008 - 2014*，Luxembourg：Publications Office of the European Union，2015，p. 16.

二　欧盟对非政府组织的能见度标准（Standard Visibility）要求

据欧盟在 2015 年的一份调查报告显示，目前有 76% 的欧盟民众知晓欧盟为人道主义救助行动提供资金资助；有 90% 的欧盟民众特别支持欧盟的这一做法；有 85% 的欧盟民众表示，即便目前在金融危机下的公共财政压力不小，但还是会一如既往地支持欧盟对全球人道主义救援行动的资助；有73％的欧盟公民认为，在欧盟委员会的协调之下，欧盟作为一个整体来提供人道主义救助会更加有效。[①] 这一系列数据都让欧盟相信，通过在全球高调实施人道主义援助，欧盟可以充分地彰显其自由、民主、人权等核心价值观，对外为其负责任、有担当的国际形象加分，对内则有利于提升其合法性，以基于普世价值的欧盟人道主义援助来凝聚欧盟民众的向心力和整体的欧洲认同。

迄今为止，欧盟在这方面的努力之所以一直非常成功，与之所坚持的能见度原则密不可分。这一在欧盟对外行动中提升能见度的要求，是由 ECHO 首创。ECHO 于 2016 年 2 月推出最新版《欧盟资助下的人道主义救援行动的沟通和能见度手册》[②]。该手册首先明确指出，能见度标准适用于参与欧盟资助的人道主义救援行动的所有合作伙伴。其次，手册的内容主要包括两个方面，一方面是"在欧盟资助的所有人道主义救援项目的实施地、救援物资和装备上，必须有显著的欧盟形象标识（The EU Emblem）"；另一方面是，在欧盟资助下与其他机构共同实施全球人道主义救援行动过程中，在就该项目进行新闻发布、社交媒体信息发布、在网页和微博上进行信息披露、接受媒体采访或发表相关文章时，只要对欧盟资助的项目有所提及，就要以书面和口头的形式确认欧盟在其中发挥的作用。事实上，ECHO 非常清楚，打出欧盟的标识只是最基本的要求，比之更为重要的是在媒体采访和新闻发布等的宣传场合凸显欧盟作为人道主义救援资助方的重要身份。因此，ECHO 以非常详尽的要求，从这一角度来规范非政府组织的媒体沟通，以使欧盟作为资助方的影响力得以广泛传播。例如，手册对有关欧盟人道主义救援的新闻稿做出了特别规定。ECHO 要求合作伙伴发布的新闻稿件必须明确指出其项目由欧盟资

① European Commission, DG ECHO and DG Communication, *Special Eurobarometer 434 "Humanitarian Aid" Report*, European Union, May 2015.

② European Commission, *Communication and Visibility Manual for European Union-funded Humanitarian Aid Actions*, Feb 2016, http：//www.echo-visibility.eu/wp-content/uploads/2014/02/Visibility_ Manual_ 2016_ EN. pdf.

助。同时，ECHO 还向所有合作伙伴建议，在对项目的预期影响进行描述时，要尽可能用明确的数字或例证加以说明，特别是项目到底会使多少人受益等等。此外，其合作伙伴在与 ECHO 的宣传部密切协调之后，最好在新闻稿中能够引述一段 ECHO 代表对项目的介绍或评价，以此凸显 ECHO 在其中发挥的宏观指导作用。同时，新闻稿中必须写明相关 ECHO 代表的联系方式，以供媒体进行后续的采访提问。ECHO 还建议其合作伙伴在所发布的新闻稿件末尾附上如下信息："欧盟及其成员国是全球人道主义援助行动的第一大资助方。通过 ECHO，欧盟每年向超过 1.2 亿遭受冲突和灾害侵袭的民众提供救助。ECHO 通过其布鲁塞尔总部和位于全球多地的办公网络，向全球最为脆弱的人群提供救助。这种救助完全基于人道主义需求，而不因种族、族群、宗教、性别、年龄、国家或政治倾向而有任何歧视。"如果合作伙伴在任何出版物中对自己所在的组织进行了介绍，那么它就有义务同时附上上述那段对欧盟委员会的 ECHO 所做的相关介绍性文字。

从形象标识、突出欧盟作用并用数字例证加以说明，到 ECHO 代表简介，再到新闻稿件末尾的强调信息，欧盟这一切近乎面面俱到甚或是事无巨细的能见度要求，都充分说明了欧盟强烈的政治宣传（Political Marketing）意图。也就是说，自 20 世纪 90 年代即已开始持续性地进行全球人道主义救助的欧盟，在投入大量人道主义救助资金并对接相应的管理系统的同时绝非一无所求。事实上，一直坚持采用各种政治宣传手段去凸显欧盟的外部形象，是其扶危救弱之外的最大诉求。而这一诉求也能从 2015 年由 ECHO 和传播总司共同完成的《人道主义援助报告》中得到呼应。报告中对于欧盟成员国民众的相关民意调查显示，欧盟显然希望通过了解其成员国民众对欧盟持续人道主义援助的知晓程度、了解渠道和支持程度，来衡量欧盟通过彰显其道义形象所带来的整体凝聚力，从而确定下一步对其人道主义救援的支持力度和宣传的重点渠道等。当然，这种通过人道主义救援伙伴——非政府组织来突出欧盟自身道义形象的做法虽然无可厚非，但也没少招致外界批评。① 但无论怎样，欧盟借重资助非政府组织的路径，通过打普世价值牌的方式凝聚欧盟民众的向心力并塑造整体欧洲认同的这一实践，迄今为止还是比较成功的。

第三节　非政府组织对欧盟人道主义救援的参与实践

承接和实施欧盟资助下的人道主义救援项目是非政府组织参与欧盟人道主义救援的最基本实践。而非政府组织若要顺利完成这其中的项目运作过程，则需要依靠与 ECHO、联合国及其附属机构以及救援所在地区的本土非政府组织之间的密切合作。

一　与 ECHO 紧密协作，及时发现与解决问题

与欧盟委员会人道主义援助与民事保护部签署有《框架伙伴协议》的非政府组织，绝大多数都是有着经年紧急人道主义救助经验且具有全球信誉的非政府组织。以国际计划组织为例，欧盟于 2015 年到 2016 年间对该组织的资助覆盖了全球 48 个国家的 85 个项目，其中有 19 个是 ECHO 资助的紧急人道主义救援项目。② ECHO 只有与非政府组织合作，才能最大限度地提高救灾效率并确保灾民的基本生活物资和医疗卫生保障的到位。而非政府组织也清楚，没有 ECHO 的资金资助，人道主义救援项目的实施几乎寸步难行。基于此，二者的紧密协作已经达到了相当高的程度。而其最主要的表现就是在双方协作下非政府组织的人道主义救援行动能够及时到位。例如，在战乱频仍的索马里，当长期为贝拉迪温城镇（Beledweyne）医院提供医疗服务的无

① Eric Dacheux, *L'impossible Defi: La Politique de Communication de L'Union Europeenne*, Editions CNRS, c2004.

② Plan International, *Plan International EU Office Annual Review 2015 – 2016*, http://plan-international. org/plan-internaional-eu-office-annual-review – 2015 – 16#publication-overview.

国界医生组织决定于 2012 年 12 月撤出该城之时，ECHO 和相关非政府组织立刻就意识到了这一撤离可能使该城及周边社区的医疗陷入困境。因为，该地区有 20% 的儿童处于营养不良的状态，人们连最基本的免疫治疗服务都难以获得。于是，意大利最著名的人道主义国际非政府组织——塞斯维（Cesvi）和另一个在紧急人道主义医疗救护方面久负盛名的国际非政府组织——国际医疗团（International Medical Corps）与 ECHO 一拍即合，在 ECHO 的资助下即刻进驻该城镇医院，由塞斯维提供急诊和门诊服务，其中门诊服务每天接诊 100 到 150 人；另由国际医疗团负责住院部的病人护理。由塞斯维和国际医疗团联合接管的这个地区唯一一家城镇小医院，每年为周边 12 万人持续提供着最为基础的医疗服务。[①] 在太平洋岛国巴布亚新几内亚，当地妇女遭受家庭暴力甚至性侵的情况曾经屡有发生且不为外部世界所知。了解情况的无国界医生组织与 ECHO 取得联系并最终确定，只有建立能够提供"一站式"服务的家庭支持中心（Family Support Center）才能为该国女性受害者提供包括紧急医疗服务、性病预防措施、紧急结扎和心理—社会支持等在内的全套救助。因此，ECHO 于 2014 年向无国界医生组织荷兰部（MSF-Holland）拨款 150 万欧元，专门用于在该国建立多家家庭支持中心，以从身体、心理和社会等方面全方位地救助当地受害女性。[②] 2016 年在喀麦隆的米纳瓦奥难民营（Minawao Camp），不断涌入的 7 万多名逃离了博科圣地（Boko Haram）暴行的尼日利亚难民，使得难民营严重超出其承载能力，帐篷、水、公厕及淋浴设施纷纷告急。国际计划组织在 ECHO 资助下即刻开启难民紧急人道主义救助行动，及时为当地尼日利亚难民提供了帐篷、食品、安全的饮用

---

① Ruta Nimkar, "Somalia: Filling the Gap in Providing Healthcare after MSF Pull-out", ECHO Website, http://ec. europa. eu/field-blogs/stories/somalia-filling-gap-providing-healthcare-after-msf-pull-out_ en, Jan 2014.

② Mathias Eick, "Papua New Guinea: Many Women Abused, Few Dare to Speak Up", ECHO Website, http://ec. europa. eu/echo/field-blogs/stories/papua-new-guinea-many-women-abused-few-dare-speak – 0_ en, July 2014.

水、健康护理以及该组织最为擅长的儿童保护。最为重要的是，截至
2016 年 4 月，国际计划组织已经在该地建立了 142 个公共厕所和配备
有洗手设备的盥洗室。①

二　与联合国及其附属机构协调合作，保证有针对性的高效救助

除了非政府组织之外，联合国及其相关附属机构，如联合国人道
主义事务协调厅（OCHA）、联合国难民事务高级专员办事处（UNH-
CR）和联合国儿童基金会（UNICEF）等，也是 ECHO 的合作伙伴。
尤其是这些机构还经常在 ECHO 的资助下在全球人道主义救助中扮演
协调整体救助安排的重要角色。例如，在西部非洲的战乱和自然灾害
中，OCHA 负责在科特迪瓦和尼日利亚两国人道主义救助的全面协调；
UNHCR 负责管理由科特迪瓦流入周边国家的难民；联合国儿童基金
会和世界粮食计划署（WFP）则负责在贝宁为遭受水灾的难民提供救
助。尽管这些联合国附属机构的救助能力屡遭质疑，但由于人道主义
灾难通常情况紧急且形势随时发生变化，各参与救助的非政府组织还
是经常需要将自身的救助优势置于特定联合国附属机构的救助安排之
下，这其中包括明确主要的救助区域、救助人群的主要构成、特定救
助物资的足额发放等等。例如，在对涌入约旦的叙利亚难民的救助中，
ECHO 主要资助 UNHCR 负责协调那里的生活用水供给。于是 UNHCR
根据其对当地难民分布情况的基本把握，与两个在约旦各地长期运作
的国际非政府组织——技术合作与发展组织以及国际乐施会进行沟通，
最终由这两个组织进行该项目的实地操作。② 事实上，这种由 ECHO
向相关联合国附属机构提供资助，之后再由联合国附属机构将具体人
道主义救助工作分包给非政府组织实地运作的合作实践，在国际人道

① Jaire Somo, "Water Brings Dignity to Refugee Girls in Cameroon", ECHO Web-
site, http: //ec. europa. eu/echo/field-blogs/stories/water-brings-dignity-regugee-girls-cam-
eroon_ en, April 2016.

② ECHO, *Evaluation of the ECHO Response to the Syrian Crisis 2012 - 2014*, *Final
Report*, Luxemburg: Publications Office of the European Union, June 2016.

主义救援中非常普遍。

表 7-3　2012—2014 年叙利亚危机中 ECHO 对主要联合国附属机构的资助

组织名称	ECHO 资助（百万欧元）					
	伊拉克	约旦	黎巴嫩	叙利亚	土耳其	总计
联合国难民事务高级专员办事处（UNHCR）	12	32.7	49.2	27.3	2	123.2
世界粮食计划署（WFP）	7.3	22	17	61.6	13	120.9
联合国儿童基金会（UNICEF）	4.5	15.5		17		37
联合国人口基金（UNFPA）		4				4
联合国近东巴勒斯坦难民救济和工程处（UNRWA）				14.2		14.2
						299.3

资料来源：ECHO，*Evaluation of the ECHO Response to the Syrian Crisis 2012 – 2014*，*Final Report*，Luxemburg：Publications Office of the European Union，June 2016，pp. 167 – 339.

三　依靠救援地区的本土非政府组织

在参与 ECHO 资助下的人道主义救援活动中，有一些国际非政府组织原本在当地就建有分支机构，因此对自然灾害的发生地或是战乱冲突地区的基本情况十分了解。当然，更多的国际非政府组织则早就通过一些特定的援助计划同当地的某些本土非政府组织建立了良好的合作关系。一旦有人道主义灾害发生，这些本土非政府组织就在第一时间成为国际非政府组织的重要信息源；而当国际非政府组织到达当地开展救灾之时，本土非政府组织也常常成为伴其左右的重要救灾伙伴。例如，在对叙利亚危机进行人道主义救援时，位于约旦的本土非政府组织——"约旦健康救助协会"（Jordan Health Aid Society，JHAS）就是包括"国际助残"和"国际医疗团"（IMC）在内的多个国际非政府组织在当地乃至整个中东地区的主要行动伙伴。当国际医疗队前往利比亚实施紧急救援行动时，熟悉当地情况的 JHAS 则派出十几名护士加入该团队协同救灾。此外，约旦健康救助协会和国际医疗队还在安曼（Amman）、扎卡（Zarqa）和伊尔彼德（Irbid）这三个约旦城市成立了多家 JHAS-IMC 心理诊所，主要由 JHAS 免费提供全方位的心理健康服务。① 作为国际助残组织的本地伙伴，国际助残在当地 JHAS PHC 诊所中的部分工作也是由 JHAS 来完成的。当然，在国际非政府组织与本土非政府组织的合作方面也有极为特殊的情况。例如在叙利亚难民危机救助中的土耳其，ECHO 的大多国际非政府组织伙伴既鲜有在当地的分支机构，更少有与土耳其本土非政府组织的关联与前期合作。在这种情况下，ECHO 只能通过推荐的方式让国际非政府组织直接与当地知名的非政府组织主动接触，而其救援结果并不理想。这一经历促使 ECHO 考虑在极特殊的环境背景下尝试对运作能力极强的本土非政府组织进行直接资金资助，以便使其人道主义救援全面而及时地到位。②

第四节　非政府组织对欧盟人道主义救援政策决策的倡导

为了能够更全面和高效地完成欧盟资助下的人道主义救援项目，非政府组织还在其实地的人道主义运作过程中不断总结经验教训，并通过欧盟相对开放的政治机会结构，对欧盟人道主义救援的相关政策决策进行倡导。

一　欧盟为人道主义救援类非政府组织提供以会议为主的倡导空间

通过召开或参与会议的方式倾听非政府组织对人道主义救援政策的意见和建议，是欧盟长期以来为非政府组织提供的可选择的制度性结构之一，这也从另一方面反应了欧盟具备了较为开放的政治机会结

---

① Jordan Health Aid Society, http：//jhas-international. org/？ portfolio = international-medical-corps-imc.

② ECHO, *Evaluation of the ECHO Response to the Syrian Crisis 2012 – 2014*, *Final Report*, Luxemburg: Publications Office of the European Union, June 2016, p. 387.

构。在欧洲层面，欧盟就人道主义救援召开的与非政府组织的互动会主要有两个，一个是欧盟委员会人道主义救援合作伙伴年会（Annual Meeting），另一个是战略对话会（Strategic Dialogue Meetings）；而在国际层面，欧盟主要与非政府组织共同协作，一起从欧洲角度为世界人道主义峰会（World Humanitarian Summit）贡献智慧和经验，凸显了欧盟在人道主义救援领域内的全球声望和领军地位。

ECHO 每年都会邀请包括欧洲非政府组织在内的欧盟人道主义救援合作伙伴参加它主办的"合作伙伴年会"。会议的一般程序是由ECHO 就欧盟资助下的主要人道主义救助行动进行情况介绍，之后再由包括非政府组织①在内的救援实施伙伴就欧盟人道主义救援的近期发展情况、面临的挑战以及存在的机会等问题充分发声。例如，在2015 年 11 月 12 日到 13 日举行的"合作伙伴年会"上，救助儿童会和挪威难民理事会等 VOICE（Voluntary Organizations in Cooperation in Emergencies）成员受邀就"紧急救援情况下的教育"和"人道主义救助人员在移民/流离失所危机中的责任"等主题发表建言。② 而在 2016 年 12 月底召开的新一届年会上，不仅有非政府组织参与会议讨论，VOICE 的主席尼古拉斯·博辛格（Nicolas Borsinger）还与 ECHO 的司长莫妮卡·帕利特（Monique Pariat）一道对年会做了总结性陈述。③除了囊括范围较广的"合作伙伴年会"之外，ECHO 还与最大的几个合作伙伴定期召开主题更为集中的"战略对话会"。而除去联合国伙伴组织（如联合国难民署、世界粮食署、联合国儿童基金会）和其他一些政府间国际组织，VOICE 是参与该对话会的唯一人道主义非政府组织平台。

---

① 主要是名为"紧急情况志愿组织合作"的 VOICE 人道主义救助类非政府组织平台上的成员组织。

② DG ECHO Partners' Website, http：//dgecho-partners-helpdesk. eu/ec2015/start.

③ European Commission, "DG ECHO 2016 Annual Partners' Conference 1&2 December：Draft Programme", http：//dgecho-partners-helpdesk. eu/media/ec2016/draft_ programme_ 2016_ partners_ confernce – 3. pdf.

对于人道主义救助类非政府组织而言，在国际层面最重要的会议空间非2016年5月召开的"世界人道主义峰会"莫属。事实上，欧盟委员会对于联合国首次举办的这一人道主义全球会议极为重视，在会议召开前的筹备期中一直在协助联合国进行欧洲范围内的咨商。而在欧盟的咨商对象中，齐聚于VOICE平台之下的大批欧洲人道主义救援类非政府组织便是其重要的组成部分。VOICE为此不仅曾当面向欧盟主席建言，更与ECHO召开了四次圆桌会议。VOICE不仅在大会准备阶段积极参与欧盟咨商，同时VOICE主席尼古拉斯还在大会开幕式和有关人道主义原则的特别会议上发言。[1] 显然，VOICE的突出倡导作用无论在欧盟层面还是在国际层面都得以全面凸显出来。而欧盟通过与非政府组织的这种倡导互动，不断对全球人道主义救助的议程以及相关的国际制度加以设置，这也自然地将其致力于人道主义救助的道义形象从全欧范围，推展到全球的范围，并在世人心中不断加以巩固。

二　VOICE平台和单个非政府组织对欧盟人道主义救援政策的倡导

众所周知，欧盟在政策决策方面拥有对非政府组织较为开放的政治机会结构条件。同时，作为全球最大的人道主义救援资助方，其在全球特殊地区如战乱或自然灾害高发区所资助实施的救援项目数量极为庞大。这一切都决定了欧盟非常需要本领域内的非政府组织对其资助下的人道主义救援实践及时地建言献策。但是欧盟在此领域对非政府组织意见的吸纳也并非没有条件。由于域内非政府组织的数量极为庞大，因此欧盟主要是通过VOICE这一非政府组织平台以及与域内一些大型的单个非政府组织的咨商来完成对欧盟相关人道主义救援政策、原则及实施细节方面的意见采纳的。

---

① VOICE asbl, VOICE out Loud, Issue 23, June 2016, http：//reliefweb. int/organization/voice.

（一） VOICE 平台：FPA 观察群组（FPA Watch Group）和《大声疾呼》（VOICE out loud）

VOICE 的全称为 Voluntary Organizations in Cooperation in Emergencies，即 "紧急情况志愿组织合作"。作为欧盟人道主义救援领域内最重要的非政府组织平台，它将在这一问题领域内运作的 90 多个单个欧洲非政府组织聚合起来，集中优势力量应对本领域内共同关注的重大问题。而这种爆发式的非政府组织力量聚合与协调合作，则为人道主义救援类非政府组织赢得对欧盟倡导的话语权奠定了基础。事实上，欧盟也更倾向于与这种非政府组织平台建立咨商关系，因为平台的存在可以在一定程度上规避公共协商的局限性。众所周知，即便都在人道主义救助领域之内，每个非政府组织的关注点也各不相同，如果由单个非政府组织逐个同域内欧盟负责机构（如 ECHO）进行单独研讨和咨商，则毫不现实。因此，VOICE 平台的存在在一定程度上解决了这样一个问题：尽可能让域内非政府组织最关注的，也是真正重要的问题进入到人道主义救援公共空间进行充分讨论，之后，再汇总进入对欧盟的政策决策倡导通道。

对于 VOICE 而言，要将 90 多个人道主义救援类非政府组织的倡导意见加以汇总并非易事。VOICE 的办法就是，除了作为一个整体向 ECHO 谏言之外，还在这些非政府组织中筛选出一些极富声望和救助经验的 "龙头" 非政府组织，组成相应的工作组，如 "减低灾害风险工作组"（VOICE Disaster Risk Reduction Working Group）、伙伴框架协议观察组（FPA Watch Group）等，以便更有针对性地对欧盟资助下的人道主义救援进行政策倡导。以伙伴框架协议观察组为例，ECHO 对该观察组的咨商早已成为了一种制度化安排。咨商的主题包括《伙伴框架协议》的修改，非政府组织对欧盟《人道主义救助实施计划》（Humanitarian Implementation Plan）的实地执行情况，以及 ECHO 对非政府组织人道主义救援资金使用的审计程序简化

问题等等。① VOICE 定期出版的电子新闻简报《大声疾呼》② 也佐证
了 VOICE 对欧盟人道主义救援政策及相关实施细节的倡导上涉及面极
广这一事实。如在有关强化欧盟灾害应对能力的沟通方面（Communi-
cation on Reinforcing the EU's Disaster Response Capacity），VOICE 作为
重要的利益攸关方受 ECHO 之邀向其提出了四点建议：第一，将民事
保护作为人道主义救援的重要辅助项；第二，参与人道主义救援的不
同行为体之间要各司其职、角色任务清晰；第三，加强现有的危机应
对机制建设而非创建新机制；第四，欧盟需促进其成员国民事保护措
施之间的协调，以更好地提升欧盟在人道主义救援行动中的能见度。
再如，VOICE 还在欧洲议会人道主义报告起草人和 ECHO 的要求下，
就《欧洲人道主义救助共识行动计划》（Action Plan of the European
Consensus on Humanitarian Aid）进行中期审议（Mid-term Review），并
随后围绕该行动计划提出了五个值得欧盟关注的重要问题：第一，提
升《国际人道主义救援法》的地位，强调人道主义救援的特殊性；第
二，明确人道主义救援与军事行动之间的关系；第三，加强人道主义
救援领域多元行为体之间的伙伴关系；第四，注重减低灾害风险的举
措和地方合作伙伴的能力建设；第五，加强救灾重建和发展之间的有
效衔接。又如，欧盟委员会在 2016 年 6 月发布《2015—2030 年仙台
减轻灾害风险框架行动计划》（Action Plan on the Sendai Framework for
Disaster Reduction 2015 – 2030）之后，又就其减灾行动涉及的相关员
工工作文件（Staff Working Paper）细节征求了 VOICE 的意见。VOICE

① VOICE FPA Watch Group, FPA Watch Group Meeting-Exchange with ECHO, ht-
tp：//www. ngovoice. org/documents/20160204% 20FPA% 20WG% 20Exchange% 20with%
20ECHO%　20final. pdf；http：//www. ngovoice. org/documents/20150319%　20FPA%
20WG% 20Exchange% 20with% 20ECHO _ Final. pdf；http：//www. ngovoice. org/docu-
ments/20150922% 20FPA% 20WG% 20Exchange% 20with% 20ECHO_ final. pdf.

② 本段信息参考 VOICE 的多期新闻简报《大声疾呼》。VOICE asbl, *VOICE out
Loud*, Issue 12, Oct 2010, http：//www. alnap. org/resource/11993. aspx；VOICE asbl,
VOICE out loud, Issue 23, June 2016, http：//reliefweb. int/organization/voice.

则责成它的"减低灾害风险工作组"发布并提交了政策建议。2016 年
6 月中旬，在《欧盟外交与安全政策全球战略》（EU Global Strategy on
Foreign and Security Policy）发表之前，VOICE 再次作为重要咨商对象，
围绕欧盟在冲突、迅速应对及国际人道主义法的实施等方面的全球战
略向欧盟外交和安全政策高级代表呈送了书面的意见和建议。

其实，VOICE 电子新闻简报——《大声疾呼》的存在本身就是
VOICE 这一欧洲人道主义救助类非政府组织平台针对欧盟超国家机构
的重要倡导媒介。在 ECHO 资助下的《大声疾呼》一般每年出刊两
期，每一期都是围绕一段时期内域内非政府组织在救援实践中实地遭
遇或凭既往救助经验预判到的重要问题展开讨论。简报中的核心栏目
《问题》，通常刊发多篇 VOICE 主要成员组织的代表从不同侧面对该核
心议题的解读和思考。像国际乐施会、国际助残法国部、美林组织英
国部、救助儿童会英国部、国际医疗团和丹麦难民理事会等等这些欧
盟长期的非政府组织合作伙伴经常在《问题》栏目中发声。另一栏目
《关注欧盟》（A View on the EU）则多为 VOICE 成员组织对欧盟超国
家机构对之倡导所做回应的描述和评价。《现场聚焦》栏目反应的是
VOICE 成员组织在救助现场的实际工作情况。由于通常能够洞悉欧盟
人道主义救援中的焦点问题，且可以汇聚实践经验最为丰富的 VOICE
成员的肺腑之言，因此，该简报是得到欧盟人道主义救助与民事保护
部长期认可的温和倡导工具。

表 7 - 4　　　　　　　　《大声疾呼》近 5 年的发刊主题

时间	发刊主题
2011 年 5 月	独立的人道主义行动是神话吗？ （Is Independent Humanitarian Action a Myth?）
2011 年 10 月	人道主义救援合作伙伴关系 （Partnerships for Humanitarian Aid）
2012 年 6 月	将救助重建与发展相衔接 （Linking Relief Rehabilitation and Development）

续表

时间	发刊主题
2012 年 10 月	人道主义救援过程中的资信 （What Is Accountability in Humanitarian Aid？）
2013 年 5 月	人道主义资助方：政策与实践 （Humanitarian Donors：Policy and Practice）
2013 年 10 月	谁的紧急事件？本土行为体的角色 （Whose Emergency Is It Anyway? The Role of Local Actors）
2014 年 7 月	对欧盟人道主义救助的近距离观察 （A Closer Look at EU Humanitarian Aid）
2014 年 11 月	展望世界人道主义峰会：一个包容的过程？ （Towards the World Humanitarian Summit：An Inclusive Process？）
2015 年 5 月	欧洲发展年：对人道主义救助意味着什么 （European Year for Development：What's in it for Humanitarian Aid）
2015 年 11 月	"世界人道主义峰会" 与非政府组织倡导 （World Humanitarian Summit and NGO Advocacy）
2016 年 6 月	人道主义非政府组织与欧洲的 "难民危机" Humanitarian NGOs and the European "Refugee Crisis"

资料来源：Reliefweb，Voluntary Organizations in Cooperation in Emergencies，http：//relief-web. int/organization/voice.

（二）单个非政府组织对欧盟人道主义救助政策决策的倡导

除了以 VOICE 为平台对欧盟进行人道主义救助政策上的倡导之外，还有一些在布鲁塞尔设有总部的大型人道主义救助类非政府组织则以单个组织的身份直接在欧盟层面对欧盟超国家机构进行倡导。[①] 这些组织一般都历史悠久且颇具声望，如国际乐施会、国际红十字会与红心月会、无国界医生组织、挪威难民理事会、全球正义中心（Global Justice Center）等。在它们当中，有些组织既作为 VOICE 成员借由非政府组织平台对欧盟的政策倡导，同时又依靠单个力量独自发

---

① Charlotte Dany，"Politicization of Humanitarian Aid in the European Union"，*European Foreign Affairs Review* 20，No. 3，2015，pp. 419 – 438.

起倡导行动，如国际乐施会和挪威难民理事会就是例证。而无国界医生组织则完全凭借一己之力对欧盟实施相对强势甚至激进的对抗性倡导活动。

面对欧盟因应对不力而导致的前所未有的难民危机，国际乐施会在欧盟峰会即将召开之际首先开启了针对欧盟的倡导行动。2016 年 10 月 19 日，国际乐施会在网上发布了媒体说明文件——《正在造成痛苦和问题：欧洲应对移民的方式》①。文件在简要陈述了欧洲难民危机的背景之后，以乐施会在为难民提供人道主义救助过程中所做的采访为典型案例，佐证了欧盟在难民应对上的多项严重问题，如进入欧洲的难民缺乏最基本的生存和医疗服务；没有大人陪伴而到达欧洲的儿童难民处境极其艰难；避难和家庭团聚的申请程序不公、低效且批准数量极为有限；难民迁移机制漏洞百出并难以真正实施；放弃欧盟的基本价值观而将难民挡在门外等等。在文件最后，乐施会明确提出了 7 条行动建议以敦促欧盟切实有效地改变当前难民危机的现状。为配合这一媒体说明文件的发布，国际乐施会又发起了更具声势的全欧展示救生衣行动（Displaying Life Jackets）②。2016 年 10 月 20 日，上千件救生衣在欧洲的四个中心城市布鲁塞尔、柏林、华沙和波兹南被展示出来，特别是在布鲁塞尔欧盟峰会的会场外。这些救生衣是从希腊岛屿——希奥斯（Chios）搜集而来，而那里正是难民跨越地中海的死亡之旅后的第一个落脚点。救生衣代表的就是成千上万拼尽全力渡海而来试图投奔欧洲的难民。国际乐施会希望通过这种非暴力直接行动的方式提醒欧盟的超国家机构，关闭边境非但解决不了问题，还会产生新的问题；必须为难民提供安全常规的入欧路径并建立高效透明的避难体系。

在对欧盟的人道主义救助政策倡导方面，无国界医生组织是比国

---

① Oxfam, "Causing Suffering and Problems: Europe's Approach to Migration", http://www.oxfam.org/en/research/causing-suffering-and-problems.

② Oxfam, "Oxfam Displays Life Jackets Across Europe to Call for Radical Change in EU Migration Response", http://www.oxfam.org/en/pressroom/pressreleases/2016 – 10 – 20/oxfam-displays-life-jackets-across-europe-call-radical-change-eu.

际乐施会更为强势和激进的单个非政府组织。自从难民危机发生以来，该组织一直在不遗余力地救助难民。它在过去的 18 个月中已经为散在全欧的以及难民船上的总共 20 多万难民提供过医疗救助；它还在欧洲的主要边境区域和难民营区开设多个诊所，并在地中海上运作三艘搜救船以便及时救助难民。但与此同时，无国界医生组织从来没有停止过通过年度报告（Annual Report）、事实陈述报告（Factsheets）和在各大媒体高调发声的方式对欧盟的难民政策加以严厉批评。它一直呼吁欧盟为难民创建进入欧洲大陆的安全路径，并旗帜鲜明地谴责欧盟与土耳其签订的有关拘禁和遣返 2016 年 3 月 20 日之后进入希腊的避难者的协议。2016 年 6 月，在屡次呼吁皆无效果的情况下，无国界医生组织秘书长杰罗米·奥布雷特（Jerome Oberreit）终于高调宣布，欧盟"不提供救助和保护，却用威慑这种可耻的方式应对难民……这种政策实在有失人道，我们决不能让它们成为标准，必须对之加以挑战！因此，无国界医生组织不再接受欧盟及其成员国的任何人道主义行动资金"。[1] 事实上无国界医生组织的绝大部分（92%）的资金来自私人捐助，但其在 2015 年从欧盟及其成员国所获得的 5600 万欧元的资助也并不是一笔小数目。一个在人道主义救援领域内声明极为显赫，且与欧盟"并肩作战"的非政府组织，此刻不仅对欧盟口诛笔伐，同时还放弃了欧盟并不算小额的资金资助，这一情况即便对欧盟的相关政策不会造成明显的改变，但这样一种激进的倡导方式的确对欧盟既有的人道主义声望造成了不小的冲击。

三　人道主义救助类非政府组织的倡导特点："内部人"为主与"外部人"为辅

众所周知，非政府组织对欧盟合作伙伴框架下人道主义救助的全

① Lizzie Dearden, "Refugee Crisis: Medical Charity MSF Rejects Funding from UK and Other EU Nations over 'Shameful' Response", *Independent*, 17 June 2016, http://www.indepent.co.uk/news/world/europe/refugee-crisis-medical-charity-msf-rejects-funding-from-uk-and-other-eu-nations-over-shameful – a7087051.

面参与，在很大程度上需要倚重欧盟为其提供的法律及相关制度安排，尤其是大量的物质性组织资源。换言之，对于无法自身进行造血的大部分非政府组织而言，如果没有欧盟充分的资金支持，它们的人道主义救助运作就要受到很大影响。而这些非政府组织有关欧盟人道主义救援政策的倡导意见则大多来自于它们实地的人道主义救助实践。显然，没有资助就没有救助运作，没有救助运作就没有经验可言，而没有实践经验也就没有有的放矢的政策倡导。因此，在资助方面一定程度上受制于欧盟的现实，是欧洲非政府组织选择做"内部人"，即采取欧盟可接受的倡导行为方式以获得对这一权势机构进行咨商和谏言之机会的原因之一。此外，欧盟及其主要负责人道主义救助的 ECHO 长久以来一直通过"合作伙伴年会"和"战略对话会"等为非政府组织的政策倡导提供较为开放的政治机会，以至于 ECHO 与 VOICE 之间由来已久的咨商关系被欧盟委员会奉为典范，并力促其他总司能够以这种方式与非政府组织密切协作。ECHO 甚至在此基础上力推 VOICE 作为其重要助手参与"世界人道主义峰会"，可见其对人道主义救助类非政府组织的信任程度。而当非政府组织作为"内部人"以合乎欧盟规范的渠道不断获得与欧盟的 ECHO，甚至是欧盟主席平等对话的机会时，非政府组织也愈发确定，只有做"内部人"或者进行合作性倡导才能真正赢得面对面向权势部门表达具体诉求的机会，也只有这样才是实现欧盟人道主义政策优化和改变的可行之道。这就不难理解为什么欧洲人道主义救助类非政府组织的"生态系统"，呈现出大部分组织选择聚合在 VOICE 平台之下，做凝聚共识并集中发声的"内部人"的情况了。而作为"内部人"，即便是面对欧盟应对不利的难民危机，也要在诉诸理性分析的前提下以政策建议而非高声诘抗的方式提请权势部门的重视。仔细检索 VOICE 出版的近两期《大声疾呼》我们就会发现，在其中专门向欧盟建言的《关注欧盟》栏目里，凯尔国际（CARE）对欧盟在难民救助中的资金支持提出了意见，而救助儿童会英国部则对欧盟在关注儿童疾苦方面发表了建言。但所有这些意见和建议都非常理性而克制，鲜有诘责和质问。①

　　相对而言，个别大型的单个非政府组织往往不满足于"内部人"的温和倡导方式。它们有的一边与 VOICE 伙伴一道对欧盟的人道主义救助进行合作性政策倡导，一边又利用自己在业内极高的声望单独实施相对更强势的倡导行动以引发欧盟的关注。国际乐施会在对欧盟人道主义救助政策的倡导上，就是这样一个跨"内部人"和"外部人"的角色。相对于其他一些规模较小的 VOICE 成员，国际乐施会不仅在倡导行动上更加大胆，同时其针对 ECHO 的相关倡导文件在措辞上也更为迫切和严厉。此外还有一类组织（如无国界医生组织、大赦国际等）则坚决不认同"内部人"立场，而更多倾向于采取"外部人"身份强力发声、公开谴责。当然这与此类组织本身雄厚而多元的资金来源渠道以及组织本身的特性高度相关。以无国界医生组织为例，欧盟并非是该组织的主要资金来源方，其 92% 的资金来自私人捐助。同时，"在救助的同时发声"也是无国界医生组织所秉持的基本理念。理念的驱使和资金的相对充裕都决定了无国界医生组织对"外部人"倡导身份的立场选择。

　　在欧盟资助下的人道主义救援领域，非政府组织绝对可以算作是欧盟最重要的合作伙伴之一，而这一切首先需要仰赖欧盟为非政府组织提供的极为开放的政治机会结构：从法律架构（第 1257/96 号法规中对双方合作原则的明确规定）的搭建，到欧盟委员会相关对接总司（ECHO）的建立，再到合作制度安排（FPA）的制定和全方位的资金支持。在此雄厚基础之上，非政府组织通过与 ECHO、联合国及其附属机构以及救援地本土非政府组织的密切协作，在全球多个国家和地区实施着欧盟资助下的人道主义救助项目。而从人道主义救助实践中发现的问题和积累的宝贵经验，又成为非政府组织针对欧盟进行人道

① VOICE asbl, *VOICE out Loud*, Issue 23, June 2016, http：//reliefweb. int/organization/voice; VOICE asbl, *VOICE out loud*, Issue 22, Nov. 2015, http：//reliefweb. int/organization/voice.

主义救助政策决策倡导的重要来源。在倡导过程中，大部分非政府组织选择通过 VOICE 平台集体发声，以"内部人"身份不断通过咨商或参与欧洲及国际层面相关会议的途径向 ECHO 等权势部门进言献策；而个别大型的单个非政府组织则选择以相对激进的"外部人"立场对欧盟施以压迫式的对抗性倡导。显然，无论是人道主义项目运作还是人道主义政策倡导，欧洲人道主义救助类非政府组织之于欧盟的 ECHO 已经成为不可或缺的重要伙伴。但欧盟自身在这一过程中也并非没有丝毫诉求，其对非政府组织伙伴在凸显欧盟能见度方面的严格要求说明，欧盟需要借此强化其重视人权并扶弱助贫的全球人道主义形象，一方面作为世界最大的人道主义救援资助方当仁不让地成为全球人道主义救援领域的领头羊，另一方面则以尊重和保护人权为基础的普世价值和切实的人道主义救助实践对内凝聚欧洲民众对欧盟的整体认同。

第 八 章

欧盟周边冲突解决与非政府组织*

如果说对人道主义救援的主导与资助在很大程度上是欧盟在全球彰显其道义形象的外在行动表现的话，那么欧盟对其周边国家冲突解决问题的重视和参与则更多源自于对这些冲突可能对欧盟内部稳定造成影响的担心。欧盟委员会就曾多次强调，周边冲突"不仅仅是我们周边邻国的问题，它们非常有可能向欧盟国家外溢，从而造成非法移民，不稳定的能源供给，环境恶化和恐怖主义等问题"。① 而"欧盟有兴趣与合作伙伴一起促进冲突解决，因为这些冲突会破坏欧盟促进周边国家政治改革和经济发展的进程，进而有可能影响到欧盟本身的安全"。② 在欧盟对周边冲突解决的参与中，非政府组织仍然是其不可或缺的重要合作伙伴。

第一节　欧盟框架下参与冲突解决的非政府组织分类、作用机理及有效程度分析

欧盟一直倾向于从冲突的结构性源头切入，自下而上地审视和参

---

* 本章主要参考了娜塔莉·托希编辑的专著《欧盟、公民社会与冲突》。Nathalie Tocci ed. , *The European Union*, *Civil Society and Conflict*, New York, Routlege, 2011.

① European Commission, *Communication from the Commission to the Council and the European Parliament on Strengthening the European Neighborhood Policy*, COM （2006） 726 Final, Brussels, 4 December.

② European Commission, *Communication from the Commission A Strong European Neighborhood Policy*, COM （2007）, 774 Final, Brussels, 5 December.

与各类纷争的和平解决。这就决定了欧盟经常是在冲突发生的中段或是冲突烈度处于较低级别时就开始运用其政策工具,以便为抑制冲突的恶化施加长期影响。而致力于冲突解决的非政府组织,作为更加贴近冲突辐射区域内草根民众的非国家行为体,其对于冲突双方民众基本情况的了解和主要诉求的掌握恰好满足了欧盟自下而上解决冲突的理念要求。因此,欧盟更多地将这些非政府组织视为其冲突解决进程中的重要合作伙伴。在欧盟看来,冲突解决领域内非政府组织的发展既是欧盟的政策目标之一,同时也是欧盟达成促进和平和保护人权等目标的有效手段之一。

一 参与冲突解决的非政府组织分类

从地域分布的角度看,在冲突解决领域与欧盟保持经常性互动的非政府组织主要包括两类:一类是欧盟层面致力于冲突解决的非政府组织;另一类则是冲突所涉特定区域或国家内致力于冲突转化的本土非政府组织。前者一般是指在布鲁塞尔设有办事处同时还在特定冲突发生地长期推进冲突解决项目的欧洲非政府组织,如专门致力于"纳戈尔诺—卡拉巴赫"冲突解决的5个欧洲非政府组织——"协调资源"(Conciliation Resources)、"危机解决动议"(Crisis Management Initiative)、"国际警示"(International Alert)、"从妇女到妇女"基金会(Kvinna till Kvinna)以及"关联"(LINKS);① 而后者则是冲突所涉区域或国家的本土组织,因而通常在本土范围内运作。由于它们与前一类组织保持密切协作,因此经常有机会在前者的引荐下与欧盟直接对话、组织有欧盟机构代表参加的活动或者依托欧盟的冲突解决政策工具努力实现对冲突的转化或解决。本土非政府组织是冲突前沿信息及冲突对社会所造成的影响等相关信息的最直接来源之一,同时其作用发挥也对冲突解决进程起到相对直接的作用。根据学者拉

---

① EPNK, Member Organizations, http://epnk.org/partners/member-organizations.

德里克（J. P. Laderach）① 的研究，这些本土非政府组织中的中间阶层（Mid-level NGOs）和草根阶层（Grassroots NGOs）是在不断向国家政策决策机制发起倡导以推进冲突解决方面最为积极的力量。具体而言，中间阶层非政府组织主要指包括大学和研究中心、专门致力于冲突解决的非政府组织、工会、协会、本地培训类组织和艺术家群体在内的精英公民社会组织（Elite Civil Society）。而草根阶层是指社区组织、妇女组织、学生组织、自助性组织、慈善和宗教群体以及社会运动网络等。

这些本土非政府组织的活动可以与冲突局势直接或是间接地发生关联，并在很大程度上推动冲突的和平转化进程。例如学生组织或妇女群体可以动员民众进行非暴力的社会转变行动，如积极参与面对真相的和解活动；也可以组织以敌对双方焦点纷争为主题的公共对话，并为敌对双方的官方正式磋商谈判提供来自基层的必要信息支持。艺术家群体和青年群体可以通过发挥各自的组织特点和优势，组织对公众的和平教育，并在彼此冲突的社会之间重新界定和表达利益和价值等核心概念，从而拉近敌对双方民众的相关认同。培训类组织可以通过提供培训课程或暑期训练营的方式，帮助受到冲突影响的个人反思过去，祛除偏见和对"他者"的刻板印象，并培养包容心。上述培训和教育的目标也可以针对十分多元的个体，比如记者、专业人员、非政府组织积极分子、教师、年轻工人以及宗教领袖。而这些个体又会转而影响更广泛的目标群体。② 非政府组织还可以直接面对发生冲突的情况采取行动，如慈善机构、社区群体和社会福利组织等直接为受到冲突影响的人群提供救助；而某些专业性较强的非政府组织则可以进行难民遣返、排雷、救济、社区重建和整合、针对个人或群体的战

① John Paul Lederach, *Building Peace*: *Sustainable Reconciliation in Divided Societies*, *Washington*, *DC*: *United States Institute of Peace*, 1997.

② Beatrix Schmelzle, "Training for Conflict Transformation-an Overview of Approaches and Resources", *Berghof Papers*, *Berghof Research Center for Constructive Conflict Management*, 2006.

争创伤疗愈和全方位的战后重建等等工作。草根非政府组织也可以通过围绕与冲突紧密相关的问题展开活动而间接参与冲突转化。例如，它们可以积极投身到治理、安全领域改革、司法、性别平等、教育或发展等一切与冲突的爆发、演变和转化相关的所有问题的讨论和活动组织中。从上述情况可见，非政府组织的不同行动及它们为冲突解决所采取的举措，实际上与冲突的演变和转化过程息息相关。对于处于休眠状态的结构性暴力冲突，预防是最好的办法，那么非政府组织的活动也就主要围绕冲突预警和公众意识的提升来完成；而在暴力冲突的发生时期，提供战争救助和公民维和行动就很必要；而在停火时期，非政府组织主要通过参与多轨外交、对话、政策研究及倡导以促成和平协议的达成；最后，在冲突结束之后，非政府组织则参与到重建、排雷、难民遣返、教育培训、真相揭示与和解活动之中。[①]

二　冲突解决背景下本土非政府组织有效性的复杂决定因素[②]

虽然各种大小冲突的周围都汇聚了大量非政府组织，但是这些非政府组织在冲突解决上的有效程度却各不相同。这就为欧盟在着手参与周边冲突解决时对非政府性质的合作伙伴的选取增加了难度。因此，了解对非政府组织有效性发挥起关键作用的几个因素，对于欧盟的合作伙伴甄选至关重要。

总体而言，非政府组织在以下四个方面的能力决定了它的有效性。第一是非政府组织的组织基础，即其在社会中的合法性基础、组织建制、资金来源和专业性等等。但是，能在所有这些方面都极其突出的非政府组织可谓凤毛麟角。一般而言，草根非政府组织有着深厚的社会基础，也对当地的情况有着非常深刻的认识，但这些组织却可能缺乏有效的组织能力和专业水平，资金基础或许也并不雄厚。相对而言，

---

① Nathalie Tocci ed. , *The European Union*, *Civil Society and Conflict*, New York, Routledge, 2011, p. 12.

② Ibid. , pp. 14 – 16.

像研究中心等处于中间阶层的非政府组织则专业性极强，效率也很高，但它们作为精英组织本身很可能缺乏对更广泛民众需求和渴望的关注。在此之外的其他非政府组织则可能两个方面都缺乏能力，既与社会底层民众脱节，又过度官僚化而无法高效运转。

第二个非政府组织有效性的决定因素是其在冲突解决公民社会群体中是否能上下勾连，游刃有余。众所周知，在国家层面，本土非政府组织常常发挥着类似社会黏合剂的作用，将处于顶层的政府政策制定部门与处于不同社会阶层的民众有机地衔接起来。在这一过程中，中间阶层的非政府组织经常凭借自身的专业能力对特定冲突进行研究，再基于这些研究成果，与相关政府部门及其政府高级官员频繁沟通，通过积极的磋商及有针对性的倡导等活动，不断对上层的治理结构施压，以促成政策决策机制对激发冲突的要素做出相应的改变或纠正，从而对冲突解决产生影响。在这一过程中，中间阶层非政府组织的非官方身份和中立地位是其助力危机解决的一大优势。由于不似上层政治机制那样容易被一时的政治议程所裹挟和束缚，因此中间阶层非政府组织较少关注短期利益，而更多的将重点放在那些对冲突解决产生持续性影响的结构性问题上。因此这些组织在冲突解决的手段和策略选取上具有更大的创造力和灵活性，其就特定冲突的解决向顶层政府部门发出的倡导也更容易被接受。中间阶层非政府组织在与顶层治理机制打通关系的同时还与草根非政府组织紧密协作。草根非政府组织是最直接倾听和吸纳冲突辐射域内基层民众声音的组织。同时其在冲突解决中的另一个重要作用是，通过公众教育和培训等方式向民众不断注入和平理念，让民众不仅看到冲突发生的表面原因，还要认识到导致冲突的真正结构性因素，从而激发基层民众对冲突解决的深层次思考。通常而言，冲突解决类非政府组织对于彼此都比较了解，也能够进行有效的分工合作，以期对冲突解决发起有效行动。在冲突背景之下，非政府组织之间彼此的沟通和关联能力越强，彼此之间在冲突解决技术方面就越能互通有无，其专业性提升也就越快，自然其冲突解决的成效性越高。如果围绕特定冲突出现的非政府组织群体非常屡弱并呈碎片化分布，那么就极有可能出现非政府组织的工作重合现象，同时还会出现一些重要工作无任何组织承担的情况，那么非政府组织就会在聚合资源以维持和平和继续坚守的能力方面大打折扣。

第三个决定本土非政府组织有效性的重要因素是这些组织与政府和主流媒体的关系。一般而言，那些与国家机构走得近甚至接受政府资助的组织也同样会被主流媒体大肆报道，它们的行动也自然会得到公众更大程度的关注，而这些组织的初期行动往往看似非常有效。但随着时间的推移，其在民众中的影响力到底能持续多久则很难判断。相反，一些一开始就与主流媒体保持距离的组织最初很可能显得效率低下，它们的行动要么被官方机构压制，要么被忽略，抑或是被主流媒体丑化。但随着冲突的不断发展，不排除其冲突解决有效性得到增强的可能性。以一些草根非政府组织为例，它们得到的政府支持相对有限，那么来自政府的压力也就相应变小，同时主流媒体也不会对它们有所青睐，似乎它们的能见度和影响力都很弱。但是，在避开国家、媒体和广大公众的注视而进行敌对双方相关人士的对话活动时，这些组织的作用却又是不可忽视的。

第四个决定非政府组织有效性的关键因素是非政府组织与国际社会的关系。与国际层面的行为体一起应对冲突可以帮助本土非政府组织赢得外部行为体的支持，这些支持包括资金资助和政治背书。与外部行为体的密切关系也可以提升本土非政府组织的地位和能见度，其所发挥作用的国内冲突背景可能会因此引起外部世界的极大关注。一旦本土非政府组织所搜集到的事实被国际组织的分析架构所采纳，则该非政府组织的地位和名声也将大幅提升。正是因为很多本土非政府组织充分认识到了与国际社会保持关联之于它们作用发挥的重要性，因此它们长期与欧盟框架下致力于冲突解决的欧洲非政府组织保持密切合作。

值得注意的一点是，即便一个本土非政府组织的组织基础雄厚，上传下达的协调能力超强，与政府和主流媒体的距离适中，同时与外部世界的沟通渠道顺畅，但这仍然不意味着它们一定会助力于危机的缓和乃至和平解决。由于深植于冲突结构之中，这些组织难免被打上冲突的烙印，很难完全摆脱冲突表象及其根源对组织判断的牵绊。从这一角度看，不能排除一些本土非政府组织可能会为冲突中的暴力行为提供公正性背书，抑或强化不与敌对方妥协的排他认知这些情况。①也正是由于非政府组织可能在冲突解决中表现出这些特殊性，欧盟在选择受冲突影响区域中间阶层和草根非政府组织作为合作对象时难度极大，因此其甄选行为也相对非常审慎。其操作的基本实践过程是，先搭建好冲突解决类非政府组织的欧洲平台，即吸引致力于冲突解决的欧洲非政府组织完成在欧盟层面的注册；之后再选取在冲突区域有长期操作经验的知名欧洲非政府组织；最后由这些欧洲非政府组织通过其在冲突区域内的既有合作渠道进一步遴选当地的或中层或草根非政府组织与欧盟进行对话、组织相关活动或者承接特定的冲突解决项目，以确保欧盟所参与的冲突解决进程充分"接地气"，并真正从结构性治理上发挥效用。

第二节　欧盟在冲突解决领域与非政府组织的互动渠道与互动案例

一　欧盟在冲突解决领域与非政府组织的互动渠道

欧盟从 20 世纪 90 年代末期至今，主要从两个渠道与冲突解决领域内的非政府组织进行互动。②首先，欧盟通过组织与非政府组织的对话对非政府组织施加影响并对冲突进程有所把握和推动。就欧盟与非政府组织对话而言，欧盟主要采取的是与特定非政府组织私下对话，或者围绕冲突解决组织较大型的公众会议，并在期间邀请与会的特定非政府组织前往布鲁塞尔与欧盟机构进行讨论并做进一步情况说明的方式。在冲突解决背景下，目前欧盟与非政府组织已经制度化了的磋

---

① Nathalie Tocci ed., *The European Union, Civil Society and Conflict*, New York, Routlege, 2011, pp. 8 – 9.

② Ibid., pp. 3 – 5.

商机制主要包括"欧盟—非政府组织人权论坛"（EU-NGO Forum on Human Rights）和"欧洲构建和平联络办"向欧盟的定期咨商。每年在布鲁塞尔召开的"欧盟—非政府组织人权论坛"是由欧洲对外行动署、欧盟委员会和人权和民主网络组织①共同主办，有相当数量致力于冲突解决的非政府组织参与其中并面向欧盟机构直接进行政策倡导。比之一年一次更具象征意义的论坛频度，"欧洲构建和平联络办"则是一个在冲突解决领域汇聚了欧洲所有重要非政府组织，并长期与欧盟互动的非政府组织平台。于 2002 年在布鲁塞尔建立办公室的 EPLO 由来自 14 个欧洲国家（其中 11 个欧盟成员国外加科索沃、挪威和瑞士）的 38 个跨国的欧洲非政府组织组成。该联络平台上的欧洲非政府组织一方面从欧盟获得资助，另一方面则与受冲突影响地区的中间及草根非政府组织合作，针对冲突表征，特别是引起冲突的结构性原因积极发力以施加影响。② 该联络办常设的和平发展与安全工作组（EP-LO Peace Development and Security Working Group），定期向欧盟各超国家机构进行事关欧盟共同安全和防务方面的咨商。③ 此外，20 世纪 90 年代末期以来，欧洲议会和欧盟委员会也在冲突解决方面与非政府组织通过人权联络小组（Human Rights Contact Group）、公民社会联络小组（Civil Society Contact Group）、共同外交和安全政策联络小组（The Common Foreign and Security Policy Contact Group）及武器转让联络小组（The Arms Transfer Contact Group）等机制定期进行沟通联系。④ 欧盟与非政府组织就冲突解决进行对话，既是为了对特定冲突有更准确的了解和把握，同时也是为了促使非政府组织从不同的立场考虑问题，

---

① 这是一个活跃于欧盟层面的非政府组织平台，汇聚了多个欧洲层面致力于人权、民主和和平的非政府组织群体。

② EPLO, http: //eplo. org.

③ EPLO, Peace-building and EU Institutions and Policies, http: //eplo. org/activities/policy-work/peacebuilding-eu-institutions-policies.

④ Nathalie Tocci ed. , *The European Union*, *Civil Society and Conflict*, New York, Routlege, 2011, p. 4.

而如能提高非政府组织在审视和解决特定冲突时的大局观，则更是欧盟所求之不得的。

　　其次，欧盟向非政府组织或由非政府组织参与的冲突解决项目直接提供经济资助。为了助力周边国家的冲突解决，欧盟将其相关的资金资助归入了几个重要的"政策工具"之中。这其中主要包括"稳定工具"（Instrument for Stability）、"欧洲周边政策"（the European Neighborhood Policy）、"预加入援助工具"（Instrument for Pre-accession）及"欧洲民主与人权工具"（the European Instrument for Democracy and Human Rights）。其中，欧盟委员会于 2007 年启动的"稳定工具"，其援助资金被广泛应用于非洲、亚太、巴尔干地区、中东、拉美和加勒比等冲突频发地区。2014 年起，该工具改称为"促进稳定和平工具"（ICSP）之后，将在接下来的 6 年间投入 23 亿欧元，全面覆盖上述地区的冲突解决进程。而该工具的一个重要组成部分——"和平建构伙伴关系"机制（The Peace-building Partnership）便是欧盟为加强非政府组织对冲突解决的参与能力而积极创建的。依托该机制，欧盟从 2007 年至 2013 年之间总共对 140 个涉及周边冲突解决的项目提供了资助。而这些项目的核心目标就是提升非政府组织在冲突预警和分析、冲突的初期恢复、冲突后的需要评估等方面的能力。① 此外，于 2014 年启动的"欧洲周边工具"则是取代了"欧洲周边及伙伴关系工具"（2007—2013）的一项十分重要的非政府组织资助机制。此机制在其原则陈述中多次提到非政府组织是重要的"利益攸关方"。同时，其项下总额为 154 亿欧元的各大小资助项目，在很大程度上指向了周边冲突频发国家（主要为亚美尼亚、阿塞拜疆、格鲁吉亚、埃

---

　　① European Union External Action, http: //eeas. europa. eu/topics/european-neighbourhood-policy-enp/422/instrument-contributing-to-stability-and-peace-icsp _ e; European Commission, EU in Action: a partner for peace, http: //ec. europa. eu/dgs/fpi/documents/euinaction-buildingpeace-infographic – p – 17sept14_ en. pdf.

及、黎巴嫩、利比亚等）中参与冲突解决的非政府组织。① 这些资助通常以项目合同的方式签署，并通过这些国家的官方机构向非政府组织拨付完成。

二　欧盟在冲突解决领域与非政府组织互动的案例

（一）"格鲁吉亚—阿布哈兹"冲突解决：促进本土非政府组织发展

以"格鲁吉亚—阿布哈兹"冲突为例，自 2006 年与格鲁吉亚签署了"行动计划"之后，欧盟便首先开启了面向在阿布哈兹运作的相关非政府组织的资助项目，而这些项目的基本目标就是经济重建和非政府组织支持。在欧盟看来，高政治领域的冲突斡旋并非其强项，而从社会经济的修复及政治多元化角度切入才是冲突解决的根本之道。从表 8－1 我们可以看出，欧盟对阿布哈兹一方的项目支持既有通过在欧盟注册的丹麦难民委员会和世界宣明会等的欧洲非政府组织来完成的，也有通过阿布哈兹当地的妇女协会、妇女商会、苏卡姆媒体俱乐部等本土非政府组织来承接的情况。总之，欧盟旨在以雄厚的资金支持，促成欧洲和本土非政府组织共同发力，以实现阿布哈兹地区的经济发展和非政府组织的能力提升。

表 8－1　　　　　　　　　欧盟对阿布哈兹冲突的项目支持②

获得资助的非政府组织名称	项目内容	金额 （万欧元）	持续时间 （月）
1. 丹麦难民委员会 （Danish Refugee Council）	西阿布哈兹经济重建	9.7	12

---

① European Union External Action, http：//eeas. europa. eu/topics/european-neigh-bourhood-policy-enp/330/european-neighbourhood-policy-enp_ en.

② Nicu Popescu, "The EU and Civil Society in the Georgian-Abkhaz Conflict", in Nathalie Tocci ed. , *The European Union*, *Civil Society and Conflict*, New York, Routledge, 2011, p. 40.

续表

获得资助的非政府组织名称	项目内容	金额 （万欧元）	持续时间 （月）
2. 教会协力行动 （Accion Contra EL Hambre）	在西阿布哈兹瓜达塔区开展社区范围内的收入提升项目	9.994	12
3. 世界宣明会 （World Vision）	阿布哈兹居民商业和管理技能提升	10	24
4. 阿布哈兹妇女协会 （Association of Women in Abkhazia）	非政府组织与当地政府在人权和妇女权益上的合作	5	24
5. 阿布哈兹妇女商会 （Union of Business Women of Abkhazia）	小企业发展资助工具	4.9695	24
6. 阿布哈兹反审查及市政善治能力建设国际中心第19款 （Article 19 International Center Against Censorship Building Capacity for Good Municipal Governance in Abkhazia）	加强苏卡姆、瓜达塔和特瓦克区信息自由和妇女权益	9.7	24
7. 苏卡姆媒体俱乐部 （Sukhum Media Club）	非政府组织与当地政府在人权和妇女权益上的合作	3.5197	24
8. 人权项目中心 （Center for Humanitarian Programs）	非政府组织与当地政府的合作以及为有效解决基层问题而对自治体系的建设	9.9734	24
9. 公民社会发展中心 （Civic Society Development Centre）	加强公民社会能力，特别是拓展阿布哈兹人权非政府组织的发展机会	4.5821	36
10. 苏卡姆青年房屋和青年未来动力组织 （Sukhum Youth House Youth Initiative for the Future）	苏卡姆区青年的发展	8.9997	36

除了通过非政府组织实现对阿布哈兹一方的资助之外，2006—2007年，欧盟也同样通过一系列项目向格鲁吉亚流离失所的人群提供了帮助。欧盟首先针对这一区域里代表流离失所人群的非政府组织开展了能力建设；在非政府组织能力提升的基础上，欧盟又开始努力促成非政府组织与格鲁吉亚政府之间围绕流离失所问题展开社会政策对话；随着双方理解的进一步加深，欧盟又实施了帮助流离失所人群重新融入当地社会的项目。① 此外，欧盟还通过资金支持欧洲冲突解决领域的著名非政府组织——"国际警示"、"协调资源"、"关联"组织以及"建构性冲突管理与协调子资源博格霍夫中心"（The Berhof Centre for Constructive Conflict Management and Conciliation Resources），从而促成了格鲁吉亚和阿布哈兹双方的对话动议、双方非政府组织领导人之间的信任建设、双方对北爱尔兰的经验学习式访问以及双方一系列的会面。②

综上所述，欧盟在参与格鲁吉亚—阿布哈兹冲突解决进程中主要在三个方面与非政府组织合作：第一，支持在阿布哈兹运作的非政府组织；第二，支持代表格鲁吉亚流离失所人群的非政府组织；第三，通过支持在该域内有长期运作经验的多个欧洲非政府组织而间接促成冲突双方的对话。尽管在2008年8月双方再次爆发冲突，而欧盟的资助并未最终实现冲突的解决，但是欧盟的资金对于冲突双方的非政府组织发展都十分关键。特别是对于几乎没有其他资金来源的阿布哈兹一方更是如此。此外，欧盟资助的一个最大的优势就是基本上都是长期资助，且最长可达到三年之久，这对于非政府组织相关项目的持续性运作可谓至关重要。

---

① Nicu Popescu, "The EU and Civil Society in the Georgian-Abkhaz Conflict", in Nathalie Tocci ed. , *The European Union, Civil Society and Conflict*, New York, Routledge, 2011, p. 39.

② Nona Mikhelidze and Nicoletta Pirozzi, *Civil Society and Conflict: Transformation in Abkhazia, Israel-Palestine, Nagorno-Karabakh, Transnistria and Western Sahara*, MICROCON Policy Working Paper 3, Nov. 2008.

（二）"纳戈尔诺—卡拉巴赫"冲突解决：欧洲与本土非政府组织的协作

在应对亚美尼亚和阿塞拜疆之间有关"纳戈尔诺—卡拉巴赫"（Nagorno-Karabakh）这一旷日持久的冲突时，欧盟近年来也不断加强与相关非政府组织的合作。通过欧洲构建和平联络办这一欧洲冲突解决类非政府组织平台，根据特定非政府组织在"纳戈尔诺—卡拉巴赫"冲突地区的既往工作历史和经验，欧盟遴选出五个参与解决该冲突时间较长，操作经验相对丰富的欧洲非政府组织，成立了"和平解决纳戈尔诺—卡拉巴赫冲突欧洲伙伴关系机构"（EPNK，The European Partnership for the Peaceful Settlement of the Conflict over Nagorno-Karabakh）。这五个组织包括总部在英国的"协调资源"，芬兰的"危机解决动议"，作为机构领头羊的英国冲突解决非政府组织——"国际警示"，瑞典的名为"从妇女到妇女"的基金会以及英国的非政府组织——"关联"。

EPNK 在欧盟支持下于 2010 年启动之后，5 个冲突解决非政府组织根据各自的运作特点，主要围绕"对话""研究和分析""电影和媒体""包容与参与"以及"培训和能力建设"5 个主题展开行动。"协调资源"[1] 在该冲突领域的既往经验是通过电影促成对话。该组织支持当地媒体组织制作独立的影视报告，对冲突进行分析和报道，之后再将亚美尼亚和阿塞拜疆年轻人聚集在边境地区一起讨论这些电影内容。2012 年由土耳其、亚美尼亚、阿塞拜疆联合制作的纪录片——《没有边境的记忆》（*Memories Without Borders*）就起到了这样的作用。"危机解决动议"[2] 组织的目标也是青年人，其多采取多层对话的方式，不仅为冲突各方的年轻领袖创造见面和理解彼此社会需要的机会，同时还支持冲突各方的年轻人在自己社会内部发起信心建构（Confidence Building）动议，特别是针对那些更为年轻的此前没有战争记忆

---

[1] EPNK，http：//www. epnk. org/partners/conciliation-resources.

[2] EPNK，http：//www. epnk. org/partners/crisis-management-initiative.

的青年。作为 EPNK 领头羊组织的"国际警示"① 将工作重点集中在支持当地行为体参与到塑造公众意见的行动中，以消解极端冲突话语带来的后果。这些被支持的群体包括主流媒体组织和专家群体及其他当地非政府组织。"国际警示"将冲突双方的专家群体和其他非政府组织领导人聚集在一起，共同研究解决冲突相关问题的可行机制。"国际警示"同时鼓励将这些研究成果与大城市和偏远地区的基层社区居民进行分享，进而对促成冲突解决的新方法展开更广泛的讨论。瑞典"从妇女到妇女"基金会②主要支持亚美尼亚和阿塞拜疆的妇女组织促进女性权益并使女性特别是青年女性参与到"纳戈尔诺—卡拉巴赫"冲突解决的进程之中。而"关联"组织则主要通过与当地政府、议会、其他政治势力、流离失所群体及其他利益攸关方进行对话，为冲突解决贡献新方法和观点，并持续推出相关出版物，为解决危机与国际社会长期保持沟通。2011 年以来，该组织推出了俄英双语的网络杂志——Commonspace. eu，对南高加索地区人民对"纳戈尔诺—卡拉巴赫"冲突的观点以及局势的最新发展进行报道。此外，"关联"还出版了季度分析报告——Commonspace Extra，对冲突与和平进程进行深度分析。

2013 年 10 月，在 EPNK 二期项目中的"区域拨款动议"（The Regional Grants Initiative）之下，欧盟又拨付给这 5 个非政府组织各自 2 万欧元（总计 10 万欧元）用于在冲突区域发展新的非政府组织合作伙伴，对突发需要和既往项目缺口进行回应和补足，并为努力创建更为灵活的冲突解决机制开展新的活动。从表 8 - 2 我们可以看出，一方面有包括"人民外交研究所""冲突转化想象中心""高加索创建和平中心"和"阿萨克欧洲运动"等在内的一批活跃在冲突区域的基层非政府组织被发掘出来；另一方面，"对话课""网络讨论""露营及演讲比赛"以及"剧目演出"等这些富于创意的冲突解决方式则为"纳

---

① EPNK, http://www.epnk.org/partners/international-alert.

② EPNK, http://www.epnk.org/partners/kvinna-till-kvinna.

戈尔诺—卡拉巴赫"的冲突解决注入了新的活力。

表 8 – 2　　　　　　　　　　EPNK 二期区域拨款动议下的项目举例①

项目名称	项目基本内容	项目牵头的非政府组织
1. 行动对话：亚美尼亚—阿塞拜疆 静思与对话（Dialogue for Action: Armenian-Azerbaijani Retreat and Dialogue）	为来自冲突区域的 16 个年轻人举行为期 7 天的对话课。该课程在格鲁吉亚进行，其目的是促进冲突双方相互的妥协和理解，课程要素包括分析对话、技能提升、共同生活、户外团队协作、使用社交媒体作为冲突转化工具并进行共同的项目设计。在对话课程之前，研讨式准备会将在当地进行。	"在网上"（On the Net）和 "冲突转化想象中心"（Imagine Center for Conflict Transformation）
2. 地区青年讨论俱乐部（Regional Youth Discussion Club）	创建跨地区冲突青年讨论俱乐部，共同讨论有关"纳戈尔诺—卡拉巴赫"冲突解决的紧迫问题。前三次讨论将在网络进行，之后将在特布利希（Tbilisi）举行面对面讨论。	"人民外交研究所"（Institute for People's Diplomacy）、"欧洲整合"（European Integration）及 "第三观点智库"（3rd View Think Tank）
3. 泰卡里讲演比赛（Tekali Speech Contest）	于 2014 年 7 月在格鲁吉亚的泰卡里为亚美尼亚和阿塞拜疆年轻人举行露营和演讲比赛。在演讲比赛中，将有 24 个来自受冲突影响区域的年轻人进行三分钟的演讲，演讲内容是他们对冲突解决所持有的观点。演讲之后，年轻人将花两天时间在夏令营中讨论冲突解决的未来前景。	"高加索创建和平中心"（Caucasus Centre of Peace-Making Initiatives"与"泰卡里协会"（Association "Teqli"）

① EPNK，http: //www. epnk. org/regional-grants-initiative.

项目名称	项目基本内容	项目牵头的非政府组织
4. 和平童话 (Fairy Tales for Peace)	带领当地剧团和亚美尼亚的米尔剧社（The Mihr Theatre）前往冲突区域为学校的孩子们演出经典剧目。这些剧目主要是教育孩子们要宽容，并告诉他们可以通过冲突双方的经济合作和人际交流来达到实现和平的目的。演出之后还会与观众讨论互动的环节。	"阿萨克欧洲运动"（European Movement in Artsakh）

（三）巴以冲突解决：以方非政府组织的指责与欧盟的中立立场

尽管欧盟始终依托国际合作机制试图推动巴以冲突的和平解决，但民族、宗教、历史、文化等矛盾过于错综复杂的中东地区，却一直危机四伏，难见真正的和平曙光。不仅如此，连欧盟原本希望扮演的和平维护者身份也经常遭到冲突双方，特别是以色列一方的严重质疑。事实上，作为从 1971 年欧共体时期便开始启动对巴勒斯坦财政援助的欧盟，在巴勒斯坦建国、促进约旦河西岸和加沙地带的基础设施建设以及巩固巴勒斯坦政权等方面都发挥了重要作用。也正是基于欧盟对于巴勒斯坦长期的政治影响，使得巴勒斯坦主要政治派别或放弃武力或调整极端主义立场。[①]而作为以色列最大的贸易伙伴，欧盟也是从密切与以方的经济关系作为切入点，同时在科研和文化等领域与之进行全面的合作，进而对其施加政治影响。虽然欧盟对解决巴以冲突有着良好的初衷以及实实在在的财政和经济上的资助行动，然而近十几年来，它对巴勒斯坦相关非政府组织的资助却始终为以色列当局所不容。

早在 2006 年 10 月 24 日，名为"非政府组织监督"（NGO Moni-

---

① 郑蜡香、周奕端：《欧盟在巴以和平进程中的作用分析》，《焦点战略新探》2012 年第 2 期。

tor）的以色列非政府组织就发表了一篇名为《欧盟支持极端非政府组织和政治化的非政府组织（Politicized NGOs）》的文章。文章首先指出，欧盟委员会在 2005 年通过其欧洲援助合作办公室拨出的外部援助款项中，有 2.79 亿欧元主要通过巴勒斯坦的相关非政府组织之手达致巴勒斯坦当局，但在这些巴勒斯坦非政府组织中却"不乏政治性组织甚至是极端组织"①。该文罗列出了"巴勒斯坦人权中心"（Palestinian Centre for Human Rights）、"全球对话与民主动议"（Initiative or the Promotion of Global Dialogue and Democracy）、"反匮乏组织"（War on Want）、"欧洲地中海人权网络"（Euro Mediterranean Human Network）、"东耶路撒冷基督教青年会"（East Jerusalem YMCA）、"阿拉伯正义组织"（Adalah）、"阿拉伯人权协会"（Arab Association for Human Rights）、"酷刑受害者康复治疗组织"（Treatment and Rehabilitation Center for Victims of Torture）、"个人保护中心组织"（HaMoked）以及"检查站观察组织"（Machsom Watch）10 个组织，指出它们要么妖魔化以色列，要么暗中与恐怖主义有勾连，因此严重违背欧盟冲突解决方针中所强调的"淡化政治性，并以实际行动促进沟通和理解"的原则。2013 年 3 月 13 日，"非政府组织监督"以《备忘录：结束欧盟对阿以冲突中政治倡导类非政府组织的秘密资助》② 为题又发布长文，指责欧盟委员会每年向阿以冲突中相关的政治倡议类非政府组织提供了至少 1000 万欧元的资金资助，而这些非政府组织中的大多数其运作和倡导目标与欧盟的外交政策目标完全相左，其实质是在诱发冲突和暴力而非促进和平。备忘录中还举出了欧盟通过欧洲民主人权工具向荷兰乐施会（Oxfam Novib）和巴勒斯坦人权中心这两个反以的非政府

---

① NGO Monitor, http：//www. ngo-monitor. org/reports/_ european_ union_ support_ for_ extremist_ and_ politicized_ ngos_ /.

② NGO Monitor, "Memo：Ending Secrecy in European Union Funding to Political Advocacy NGOs Operating in the Arab-Israeli Conflict", http：//www. ngo-monitor. org/reports/memo_ ending_ secrecy_ in_ european_ union_ funding_ to_ political_ advocacy_ ngos_ operating_ in_ th_ arab_ israeli_ conflict.

组织提供援助的事实来说明欧盟在巴以问题上的所谓非中立立场。事实上，自2008年10月开始，"非政府组织监督"就开始通过欧洲法院要求欧盟委员会就这一问题展开全面的听证，以回应相关质询。尽管欧盟委员会从未正面接招，但其所面临的尴尬局面可想而知。

第三节　欧盟依托非政府组织参与周边冲突解决的特点分析

一　以欧洲层面非政府组织作为重要中介发动本土非政府组织参与冲突解决

无论是"格鲁吉亚—阿布哈兹"冲突还是"纳戈尔诺—卡拉巴赫"冲突，都属于双方忌恨极深，拥有旷日持久的宿怨的冲突。在高政治层面几乎无能为力的欧盟，针对导致冲突发生的结构性问题发力，自下而上地依托冲突区域内非政府组织发挥作用的举措，完全符合欧盟在周边冲突解决上的一贯作风。但是，要接触冲突区域内真正有能力的本土非政府组织却无法一蹴而就，即欧盟需要可靠的"中介"来搭建与这些本土非政府组织沟通的桥梁。这时，欧洲层面的非政府组织平台——欧洲构建和平联络办便成为一个重要媒介。首先，这一平台聚合了全欧洲历史最悠久并最富有经验的38个冲突解决领域内的非政府组织。这些组织一方面接受着欧盟的大量资助，另一方面在全球的多个冲突发生点（包括欧盟关注的区域）都发挥着重要作用。其次，这些欧洲非政府组织作用发挥的渠道之一就是在冲突区域内拥有大量的本土非政府组织伙伴。它们对各自的工作重点非常了解，彼此的密切协作通常是经过多年冲突的"洗礼"的。因此，最符合欧盟自下而上冲突解决理念的"中介"非政府组织便是EPLO平台上的特定欧洲非政府组织。根据非政府组织自己的申报并基于欧盟本身对这些非政府组织活动地区和相关冲突解决经验的了解，欧盟就可以遴选出一批符合资质的组织，给予相应资助以在冲突地区代替欧盟发动当地中层和基层非政府组织，按照符合欧盟冲突解决理念的方式进行联合运作。参与解决"格鲁吉亚—阿布哈兹"冲突及"纳戈尔诺—卡拉巴赫"冲突的欧洲非政府组织——"国际警示""协调资源""关联"组织、"建构性冲突管理与协调子资源伯格夫中心""从妇女到妇女"基金会和"危机解决动议",扮演的就是这样一种承上启下的"中介"作用。

二 以资金资助的冲突解决方式为主

虽然欧盟也会对特定冲突地区派驻特别代表,以示其从官方高政治角度对该冲突的重视,但由于欧盟对冲突区域的总体影响是通过欧洲非政府组织和当地非政府组织的协作而共同完成的,因此欧盟作为重要资助方之一,还是以提供资金资助为其最主要的冲突解决方式。欧盟长期而持续地向相关非政府组织投入巨大的资金资助以助力周边冲突解决的做法,使其经常被称为"付款方"(Payer)而不是"作用发挥方"(Player)。[1] 与美国高调展示其在一些冲突区域的地缘政治考量不同,欧盟采用这种耗时耗力,低调而迂回的冲突解决杠杆似乎很难在短期内取得明显成效。但从长远角度而言,欧盟非常清楚其自身的优势,即其相对雄厚的资金和其始终坚持的所谓"人权""平等""多元"等的价值取向。同时,欧盟从冲突解决研究角度始终认为只有从根本上剔除引起冲突的结构性问题和障碍才可能将冲突杜绝,因此欧盟也并不寄希望于对冲突解决一蹴而就。最终,本身的资金优势、价值取向和对冲突解决的认识都决定了欧盟以资金资助作为其冲突解决的主要方式。

三 主要项目目标直接针对青年和妇女

尽管欧盟对冲突区域非政府组织的资助覆盖了经济重建、居民收

---

[1] Benedetta Voltolini, "The Role of Non-state Actors in EU Policies towards the Is-raeli-Palestinian Conflict", *Occasional Paper by ISS European Union Institute for Security Studies*, October 2012, http: //www. iss. europa. eu/uploads/media/The_ role_ of_ non-state_ actors_ in_ EU_ policies_ towards_ the_ Israeli-Palestinian_ conflict. pdf.

入增加、商业管理能力提升、小企业发展等惠及冲突区域民生的很多项目，但是纵观"格鲁吉亚—阿布哈兹"和"纳戈尔诺—卡拉巴赫"这两个冲突中的非政府组织项目运作我们就会发现，欧盟资助的大多项目是与青年和妇女有关的。对阿布哈兹妇女协会、阿布哈兹妇女商会、阿布哈兹反审查及市政善治能力建设国际中心第19款以及苏卡姆媒体俱乐部的资金资助，目的都是为了促进妇女权益的保护和能力的提升。而为解决亚美尼亚—阿塞拜疆之间有关"纳戈尔诺—卡拉巴赫"冲突的项目——"行动对话：亚美尼亚—阿塞拜疆 静思与对话""地区青年讨论俱乐部""泰卡里讲演比赛"和"和平童话"则全部针对冲突区域双方的青年和儿童。欧盟十分清楚，青年预示着未来，而妇女则孕育和培养着"未来"。因此，把在冲突区域内的资助重点放在青年和妇女身上的冲突解决实践则再次说明了欧盟瞄准结构性问题，并着眼于冲突转化的长期过程这样一种十分务实的冲突解决风格。

四 成员国的立场分歧为非政府组织的激进倡导提供政治机会

由于欧盟在冲突解决中始终倾向于规避高政治领域敏感地带，而更多采取迂回而又低调的经济杠杆透过非政府组织发力，因此在欧盟参与的大部分冲突解决进程中，它与非政府组织的关系是相对正面和积极的。然而唯独在巴以冲突上，一方面巴以冲突的极度复杂性决定了欧盟所投入的大量金钱与其所能产生的政治影响远未成正比；另一方面，更重要的是，欧盟的立场还遭到以方的长期诟病。究其本质，其根本原因在于欧盟各主要成员国历来对巴以双方采取不同的态度，这种内部的分歧显然无法使欧盟达成共同立场，也就自然无法采取共同行动。当以法国为代表的亲阿派较占上风时，欧盟的中东政策就会向巴勒斯坦有所倾斜，但欧盟成员国当中也不乏相对偏以方的国家。因此，欧盟内部两派的拉锯使得欧盟对巴以冲突的立场经常处于摇摆之中。而欧盟对双方相关非政府组织的资金支持也会受到这种政策摇摆的影响和裹挟。事实上，无论欧盟是否在巴以冲突解决问题上保持了中立，这种联盟中的裂隙和龃龉本身都为冲突双方非政府组织的倡导提供了相应的政治机会。例如，以色列非政府组织——"非政府组织监督"就十分清楚，其通过欧洲法院对欧盟委员会的持续施压，总会得到欧盟亲以成员国，如荷兰、奥地利和波兰等国的同情和支持。即便并未最终导致欧盟的直接回应，但至少能够制造一定的声势，并对欧盟委员会构成一定程度的压力。

历来重视周边国家冲突解决的欧盟，由于倾向于自下而上地从冲突的结构性问题入手，着眼于对冲突发生的深部原因施加影响，因此往往十分仰仗欧洲级别相关非政府组织的穿针引线以及周边冲突区域内基层非政府组织对冲突地区特定冲突背景的准确了解和把握。通过对话研讨和资金资助等方式，欧盟不断试图用其自身的冲突解决理念来最大限度地塑造和影响冲突解决领域内的非政府组织（尤其是青年和妇女组织），即便因成员国内部对冲突双方的态度分歧以及因此而产生的政策摇摆招致非政府组织的策略性指责，欧盟还是力图从根本上推进冲突的转化和最终的和平解决。但是我们必须看到，欧盟这种耗时耗力也耗费大量金钱的举措要真正取得明显的效果，则需要足够的耐心和雄厚的经济实力作为保障。而欧盟现阶段在冲突解决方面看似行事低调，甚至无所作为的表象，也是欧盟这一独特冲突解决理念和冲突解决方式所导致的必然结果。

表8-3　　　　　　　欧洲构建和平联络办的主要非政府组织成员①

非政府组织名称	英文
1. 博格霍夫基金会	Berghof Foundation
2. 国际防止种族灭绝和大屠杀布达佩斯中心	Budapest Center for the International Prevention of Genocide and Mass Atrocities
3. 天主教救济与发展援助组织	Catholic Organization for Relief and Development Aid
4. 考兹微和平建构与冲突解决国际研究所	Causeway Institute for Peace-building and Conflict Resolution International

① EPLO，http://eplo.org/about-us/member-organizations/.

非政府组织名称	英文
5. 人道主义对话中心	Centre for Humanitarian Dialogue
6. 圣爱智德团体	Community of Sant'Egidio
7. 协调资源	Conciliation Resources
8. 协和国际	Concordis International
9. 危机管理动力	Crisis Management Initiative
10. 民主进步研究所	Democratic Progress Institute
11. 对话咨询小组	Dialogue Advisory Group
12. 欧洲和平研究所	European Institute of Peace
13. 埃塞克商学院谈判教学与研究中心	ESSEC IRENE
14. 欧洲平民和平服务网络	European Network for Civil Peace Services
15. 格兰克里和平与和解中心	Glencree Center for Peace and Reconciliation
16. 防止武装冲突全球伙伴	Global Partnership for the Prevention of Armed Conflict
17. 古兰德—爱玛仕和平基金会	Guerrand-Hermes Foundation for Peace
18. 融和过渡研究所	Institute fro Integrated Transitions
19. 国际警示	International Alert
20. 司法过渡国际中心	International Center for Transitional Justice
21. 国际危机小组	International Crisis Group
22. 和平之间	Interpeace
23. 科索沃安全研究中心	Kosovar Center for Security Studies
24. 从妇女到妇女组织	Kvinna till Kvinna
25. 生命与和平研究所	Life & Peace Institute
26. 南森对话广播网	Nansen Dialogue Network
27. 非政府组织支持中心	NGO Support Center
28. 非暴力和平队	Nonviolent Peaceforce
29. 国际乐施会	Oxfam International
30. 伙伴网络	Partners Network
31. 泛基督教国际	Pax Christi International
32. 辉格欧洲事务委员会	Quaker Council for European Affairs
33. 更安全的世界	Safer World
34. 寻找共同点	Search for Common Ground

续表

非政府组织名称	英文
35. 瑞士和平	Swisspeace
36. 浪潮培训与咨询	TIDES Training & Consultancy
37. 广泛安全网络	Wider Security Network
38. 世界宣明会	World Vision International

结　语

从政治机会结构角度而言，一方面，由欧盟内部政治精英极高的同质化程度①所带来的超强系统稳定性确保了欧盟在政治机会的提供上具备了较高的战略把控能力；另一方面，由于欧盟超国家政治系统极尽开放，参与其政治进程的机会甚多，因此也就吸引了越来越多的非政府组织倾向于依赖传统的既有管道加入其中。因此，欧盟与非政府组织的开放性互动与其说是一种低调的包容，不如说是欧盟基于自身合法性的提升及一体化战略总体考量的一种"以退为进"。欧盟的超国家机构十分清楚，不断推进欧洲的一体化进程并最终实现之就是欧盟的绝对目标。为了达成这一目标，欧盟机构需要通过更为柔性的手段，对在欧洲民众中有着广泛代表性的各类非政府组织的行动议程进行精心设置。在一种紧密但却"以我为主"的互动关系过程中，欧盟为非政府组织创造开放的政治机会，一方面通过提供丰富的物质性组织资源，每年拨付大量资金，专门资助欧洲各类非政府组织开展的多个项目（包括运作和倡导项目）。而这一系列被称作"欧洲整合意识提升机制"（Awareness-raising Mechanism）的项目，则不断向欧洲普通公民凸显欧洲一体化进程能够给他们带来的广泛益处，从而凝聚

---

①　米切尔·哈特曼：《精英与权力》，霍艳芳译，中国社会科学出版社 2011 年版。

人心，塑造认同。[1] 另一方面，欧盟超国家机构通过较为健全的制度
性安排，即在各类问题领域所专门设定的与非政府组织的对话议题和
对话方式等等，对非政府组织的倡导目标加以引导和限定，以自上而
下的方式将深植于欧洲公民参与传统中的非政府组织纳入欧盟超国家
机构的政策决策之中，之后再利用非政府组织作为"传送带"的信息
散播能力将欧盟为强化欧洲一体化所预设的一系列核心话语传递给成
员国的草根民众，以便再自下而上地从社会层面凝聚欧洲民众的整合
意识。[2] 因此，欧盟在与非政府组织的互动关系中，很大程度上是一
个以我为主，利用和形塑对方的过程。

从欧盟角度而言，其对非政府组织的形塑特点主要体现在以下几
个方面。

首先，欧盟对其框架下非政府组织的塑造是出于其长远目标和现
实考量的有机结合。如前所述，从长远来看，欧盟将非政府组织纳入
其政策决策进程的目的显然是最大限度地挖掘欧洲一体化的群众基础，
以增强欧盟的凝聚力，强化欧洲整体认同。而其现实考量则是为这一
长远目标的实现所做的必要的铺垫。事实上，欧盟与非政府组织保持
频密互动的现实考量主要是基于两个方面：一个是弥合民主赤字；另
一个是提升欧盟的全球能见度与美誉度。这其实是一个对内和对外同
时提升欧盟合法性的过程。从内部看，一个能够整合欧洲认同的欧盟，
必然应该是能够最大限度地体现其民主决策过程并彰显欧洲民意的超
国家机构构成的体系。于是，深谙个中逻辑的欧盟自 2000 年开始进一
步吸纳非政府组织参与其各主要超国家机构内相关议题的公共咨商，
并于 2005 年"民主危机"初露端倪之时推出了一系列公民参与计划，

① Cristiano Bee & Roberta Guerrina, "Participation, Dialogue, and Civic Engage-
ment: Understanding the Role of Organized Civil Society in Promoting Active Citizenship in
the European Union", in Cristiano Bee & Roberta Guerrina eds. , *Framing Civic Engage-
ment*, *Political Participation and Active Citizenship in Europe*, Routledge, 2015.

② Meike Rodekamp, *Their Members' Voice: Civil Society Organizations in the Europe-
an Union*, Springer VS, 2014.

极大地加强了非政府组织对欧盟政策决策进程的参与热情和实际参与频度。当然，在这一过程中，欧盟特定超国家机构中的一些特定部门也自然将非政府组织当作了部门权势拓展的工具和推手。例如，欧盟委员会的很多政策总司之所以积极支持与之工作对口的欧盟层面非政府组织的建立就不乏"私心"。毕竟不断推进和加强与本领域内有实力的单个非政府组织或非政府组织平台的互动，完全可以借由知名非政府组织及其平台的重要倡导话语和活动能量来有效拓展所在问题领域的政策议题，从而提升该总司在欧盟委员会内部的权能和重要性，以便与其他总司抗衡。甚至有欧盟委员会的官员认为，"要是没有欧洲非政府组织的支持，很多总司都难以存在"。① 从外部看，欧盟有着十分明确和缜密的外部形象塑造考量。由欧盟委员会人道主义援助和民事保护部（ECHO）所首创的《欧盟资助下的人道主义救援行动的沟通和能见度手册》，对在人道救援物资上如何凸显欧盟形象标识以及在媒体沟通中如何宣传欧盟的作用发挥等方面都做出了极其细致入微的规定。而欧盟依托人道主义救援类非政府组织对联合国主导下的全球人道主义救援实践的参与，以及依托欧洲环境非政府组织对《生物多样性公约》《联合国气候变化框架公约》《京都议定书》及《防止荒漠化公约》等的国际环境保护文件的起草、谈判工作及相关环境会议的积极参加，都在很大程度上强化了欧盟在国际人道主义救援和全球环境治理方面负责任、有担当的国际形象。显然，欧盟在收获良好国际形象的同时，也在欧盟成员国乃至其他欧洲国家民意支持度极高的这两个问题领域赢得了欧洲民众的认可，从而有效地凝聚了欧盟民众的向心力和整体的欧洲认同。而在这一从现实考量和相应实践向长远目标迈进的过程中，非政府组织成为欧盟不可或缺的重要工具。

其次，欧盟对其框架下非政府组织的塑造建立在欧盟持续的资金

———————

① Justin Greenwood, "Review Article: Organized Civil Society and Democratic Legitimacy in the European Union", *British Journal of Political Science*, Vol. 37, 2007, p. 346.

支持①与对双方互动的制度保障基础上。在长远目标的引领和现实考量的实践检验之下，欧盟凭借其开放的政治机会结构，从物质性组织资源和制度安排两个方面出发，向各个问题领域的相关非政府组织（特别是欧盟层面的组织）提供了系统全面的制度架构和持续稳定的资金资助。在与非政府组织对接的制度架构方面，欧盟委员会、欧洲议会、欧盟理事会、欧洲经济和社会委员会等被视作欧盟支柱的超国家机构，按其重要性递减的顺序依次成为欧洲非政府组织的倡导对象机构。从欧盟委员会包括人道主义援助和民事保护总司，就业、社会事务和融合总司，环境总司，健康与消费者保护总司等在内的各个政策总司；到欧洲议会下设的包括妇女权利与性别平等委员会，请愿委员会和监察员，法律事务委员会，文化与教育委员会和就业与社会事务委员会等在内的 22 个常务委员会；再到欧盟理事会中的各个常设代表委员会和委员会工作组以及欧洲经济和社会委员会下设的联络群组，所有这些都是欧盟超国家机构为吸纳非政府组织对其政策决策进程的积极参与而搭建的全面而系统的制度平台。在这些平台的基础上，各欧盟超国家机构要么按所属的问题领域将各非政府组织吸纳入其组建的专家组或咨询委员会；要么定期举行与相关非政府组织（特别是非政府组织平台）的制度性对话或会议；要么通过订立如《伙伴关系框架协议》等的规约在其相关政策形成与完成过程中将非政府组织作为最密切的协作伙伴。在资金支持方面，尽管欧盟在没有走出欧债危机的阴影之时又陷入棘手的难民危机，但欧盟仍然是全球人道主义救援类非政府组织的最大资助方。作为全球环境与气候治理当仁不让的领头羊，欧盟一直通过欧盟环境与气候行动 LIFE 计划、能源效率私人资金和自然资本融资工具对环境非政府组织持续不断地进行资金支持。欧盟甚至在很多社会类非政府组织（欧洲妇女游说团、欧洲消费者组

① Carlo Ruzza, "Social Movements and the European Interest Intermediation of Public Interest Groups", *Journal of European Integration*, Vol. 33, No. 4, 2011, pp. 453 – 469; Justin Greenwood, "Review Article: Organized Civil Society and Democratic Legitimacy in the European Union", *British Journal of Political Science*, Vol. 37, 2007, pp. 333 – 357.

织等）的草创之初，便提供资金帮助其组建，并在彼此跨越近半个世纪的互动中从未间断地为这些组织或组织平台提供项目资金。尽管资金资助和互动平台的搭建并不必然培育出清一色对欧盟政策态度积极并对欧洲一体化高度认同的非政府组织群体，但对于一个正在打造过程中的政治系统而言，毕竟增强其政策决策的合法性才是第一位的。而欧盟通过资金和制度的双重保障，显然做到了这一点。

最后，欧盟对非政府组织的塑造始终把握非对抗与"专业化"①两个原则。政治机会结构不仅为非政府组织表达诉求提供动力，同时，它也帮助塑造非政府组织提出诉求的方式。② 欧盟在与非政府组织的互动过程中，明显倾向于对方采取非冲突性的或者说非对抗性的倡导战略，同时还积极促进后者基于知识和经验的专业化倡导。欧盟始终在以一种非正式的方式来鼓励非政府组织的一些特定的行为，从而"不动声色"地达到塑造后者的目的。正是在欧盟的这种塑造之下，欧盟层面的非政府组织才倾向于采用传统的"内部人"策略，主要向欧盟提供专业领域的知识和经验性建议，这就能够尽可能避免与欧盟的正面冲撞，并在彼此信任的基础上与欧洲议会和欧盟委员会等欧盟超国家机构建立长期关系。以欧盟委员会为例，虽然欧盟委员会从没就参与欧盟对话的最佳方式正式进行过官方表态，但是其倾向于非冲突性质的倡导和专业经验和知识的提供则在其多个政策文件和表态中清晰可见。在欧盟委员会看来，参与式治理的理想模式应该是"共同协作"以达致欧盟相关的政策目标。③ 换言之，在大多欧盟超国家机

① Jeremy Richardson, "Government and Groups in Britain: Changing Styles", in S. T. Clive ed., *First World Interest Groups*, *A Comparative Perspective*, London: Greenwood Press, 1993, pp. 53 – 66.

② Gary Marks and Doug McAdam, "On the Relationship of Political Opportunities to the Form of Collective Action: the Case of the European Union", in Donatella Della Porta, Hanspeter Kriesi and Dieter Rucht eds., *Social Movements in a Globalizing World*, Macmillan Press LTD, 1999.

③ Corinna Wolff, *Functional Representation an Democracy in the EU: the European Commission and Social NGOs*, Colchester: ECPR Press, 2013.

构看来，非政府组织作为参与欧盟政策进程的合作伙伴，就应该与欧盟手挽手以实现欧盟的政策目标。这就意味着，那些不愿意与欧盟共同协作，特别是更喜欢对抗性倡导的非政府组织就不适合这一由欧盟来主导和设计的双方互动架构。例如，在欧盟委员会有关透明度的绿皮书中，欧盟委员会就非常不支持群众抗议行动（Mass Campaigns）。因为在欧盟看来，这种典型的草根游说伎俩无法解决实质问题："互联网和电子邮件这些当今时代的通信技术的确让群众抗议行动的组织非常便捷，但欧盟机构却难以确知这些行动在多大程度上反映欧盟民众真正所关切的问题。"① 同样还是在这份文件中，群众抗议被称作是一种"合法利益代表之外"的游说行为，其言外之意就是对抗性倡导其实是不合乎法律规范的。而在该文件的法文版中，这种倡导甚至被叫作"不合规范的倡导方式"。

事实上，欧洲一体化的进程历来被视作是技术细节上的磨合和完善。② 因此，除了排斥非政府组织的冲突性倡导战略之外，欧盟现行体系在很多方面都在鼓励非政府组织从知识和经验角度对欧盟进行专业化的倡导。仍然以欧盟委员会为例，事实上欧盟委员会进行的很多网上公共咨商，其所涉及的主题都是高度专业化的。如欧盟委员会环境总司 2015 年的咨商主题分别涉及水银灯具、废料管理、废料市场功能、循环经济和自然指令适宜检测。显然，这些高度专业化的主题是普通欧盟公民和草根非政府组织根本没有能力参与的。再以欧盟委员会专门负责人道主义救助的 ECHO 为例，其请求 VOICE 对《欧洲人道

---

① European Commission, Green Paper European Transparency Initiative, COM, 2006, 194 Final, Brussels.

② Rainer Eising, "Institutional Context, Organizational Resources and Strategic Choices: Explaining Interest Group Access in the European Union", *European Union Politics*, Vol. 8, No. 3, 2007, p. 333; Sonia P. Mazeyand Jeremy J. Richardson, "Pluralisme ouvert ou Restreint? Les groupes d'intérêt dans l'Union européenne", in Richard Balme, Didier Chabanet and Vincent Wright eds., *L'Action Collective en Europe/Collective Action in Europe*, Paris: Presses de Science Po, 2002, p. 136.

主义救助共识行动计划》进行中期审议并就其减灾行动涉及的相关员工工作文件细节征求 VOICE 意见的多个事实说明，只有长期在人道主义救助领域内冲在最前线，并与 ECHO 密切协调的人道主义救助类非政府组织才有可能有质量地回应这些高度专业化的意见征询要求，而普通的欧洲民众是很难参与其中的。可见，欧盟需要的这些由利益攸关方提供的知识和经验具有高度专门化、部门化和技术性的特点。这些特点在塑造非政府组织倡导行为的同时，在一定程度上也可能加剧非政府组织内部的竞争，并影响甚至破坏组织间的协调能力。① 因为欧盟部门化倾向突出的议题讨论会使一些相对能力较弱的非政府组织被边缘化；而在跨问题领域的讨论中，这种部门化倾向也有可能使处于不同专业领域的非政府组织之间的竞争和排斥加剧。而对于欧盟而言，强调部门化和专业经验的最大益处是最大限度地使其政策决策过程能够去政治化（Depolitization）②。可想而知，包括草根群体在内的一些专业性不强的非政府组织以及普通欧洲民众，既不具备必要的专业知识，更不具备相应的分析能力，让他们对技术性很强且专业化分界明显的规则进行相应的判断和选择，实在是勉为其难，而它们也就自然地被排除在欧盟政策决策进程的框架之外。特别是欧盟治理在向软法律的转向过程中，更进一步提高了非政府组织进入欧盟政策决策程序的专业准入条件及应变能力要求。例如，当欧盟推出生态税及补贴、排放权交易和环境责任等新的环境政策工具时，那些不似欧盟环境局和气候行动网络等这种具有业内长期运作和倡导经验的环境组织是根本无法快速识别一系列环境政策工具，进而提出相对可行的政策建议的。同样，面对欧盟在性别平等方面向软法律的转向，也只有类似欧洲妇女游说团这种历史悠久且专业水准高超的妇女非政府组织才可能迅速应变，及时转向人口贩运、针对女性的暴力行为以及移民和

---

① Pauline Cullen, "The Platform of European Social NGOs: Ideology, Division and Coalition", *Journal of Political Ideologies*, Vol. 15, No. 3, 2010, pp. 317 - 331.

② Beate Kohler-Koch, "The Commission White Paper and the Improvement of European Governance", *Jean Monnet Working Papers* No. 6/01, 2001.

政治避难等这些与男女平等主题非直接相关的议题展开游说。但这种去政治化的政策商议过程也并非没有好处。试想，如果非政府组织的政策建议仅仅流于简单的口号，那么这种建议到底能够在多大程度上有益于相关政策的改进和完善呢？反观欧盟去政治化的倡导条件设定，虽然其在专业性方面提高了非政府组织参与政策决策的门槛，但毕竟它鼓励的是一种理性和文明的政策决策过程。也只有在这样的氛围之中，非政府组织才会努力提供基于专业知识和经验的复杂建议，而不会使其建议流于情绪化的发泄。

显然，欧盟对与其框架下非政府组织互动的宏观战略考量可谓深谋远虑，而欧盟具体的相关制度设计也堪称布局全面且注重细节。其全面之处在于欧盟最主要的几个超国家机构都下设与非政府组织对接的总司或委员会；而在细节方面，例如，欧盟在其资金资助的要求上非常具体，历来明示其特定偏好和非常详细的资金管理规定。但与其说这是一种强力的控制，不如说是一种水平更高超的塑造。而欧盟在这一过程中既展示出了开放的政治机会结构，同时又表现出了对非政府组织最大限度服务于其合法性、美誉度及凝聚欧洲民心之目标的引导与塑造能力。

反过来从非政府组织的角度看，虽然它们迫于资金等压力貌似处于被型塑的地位，但这并不等于说非政府组织在欧盟面前已经完全丧失了自主行动的能力。相反，非政府组织利用欧盟相对开放的政治机会结构，竭尽所能全面发力，以期在与欧盟超国家机构的相互建构过程中能够有所作为，真正在欧盟的政策决策过程中反映欧洲民意；之后再通过其伞形的内部结构，将欧盟相关政策的声音自上而下地传递给欧洲的草根民众。综合起来，非政府组织针对欧盟的运作和倡导主要体现了以下几个方面的特点。

第一，横纵双向交织的非政府组织网络全面发力。同欧盟多层次多中心的网络治理模式相类似，与欧盟彼此互相建构的非政府组织网络也呈现出了横纵双向的交织模式。在横向层面，欧盟框架下的单个非政府组织、（同领域）非政府组织平台和跨领域平台联合体，或单独向欧盟发起倡导，或互相抱团，共同发力。文中单个非政府组织的典型例证包括欧洲环境局、欧洲妇女游说团、欧洲消费者组织等。而（同领域）非政府组织平台更是比比皆是，如欧盟人道主义救援领域内最重要的非政府组织平台——VOICE；欧盟周边安全领域内的冲突解决类非政府组织平台——EPLO；欧洲最大的环境非政府组织平台——"绿10"；以及欧洲社会非政府组织平台等。而作为非政府组织平台联合体存在的"公民社会联络群体"，则在全球正义、公共健康、文化、发展、性别平等等问题领域汇聚力量，共同向欧盟特定超国家机构展开倡导。在纵向层面，很多欧盟框架下的非政府组织因为拥有跨国运作的能力和经验，还同时在欧洲域外（特别是第三世界国家）与一些当地非政府组织协调合作，在人道主义救援和冲突解决领域发挥着关键作用，并进而凭借自己独特的运作经验参与对欧盟的相关倡导。这种横纵双向交织的非政府组织倡导网络几乎做到了与欧盟多层次多中心治理网络的无缝对接。

第二，欧盟框架下非政府组织的倡导对象极为多元。来自欧盟的完备制度结构确保了非政府组织针对极为多元的对象进行倡导。对于欧盟框架下的大部分非政府组织而言，其最主要的倡导对象莫过于欧盟委员会、欧洲议会和欧盟理事会这些欧盟超国家体系中地位最重要的公共权势部门。这其中，由于欧盟委员会垄断了动议权，没有欧盟委员会的提案，就不可能有相关法律与政策的制定，因此它成为非政府组织的首要倡导对象；而欧洲议会作为唯一被欧盟各成员国的公民直选出的代表组成的机构，其议员不必对本国政府负责的特点决定了欧洲普通公民的利益和偏好有可能在这样一个超国家治理机构中得到更全面的体现，因此非政府组织也在倡导方面极为青睐欧洲议会；此外，欧盟理事会的决策权也使得非政府组织通常将理事会下设的工作小组的官员和其常设代表委员会的代表作为倡导对象。但除了这些欧盟超国家机构之外，欧盟框架下的非政府组织还经常将其倡导指向欧洲各大银行以及欧盟成员国的学界及管理精英。像中东欧环境观察网络组织对欧洲投资银行、欧洲重建与发展银行以及欧盟融合基金的公共投资所进行的监督，以及欧洲保护区联盟组织对欧洲各个保护区的管理精英及相关科学精英进行的环境倡导就是例证。而在欧洲之外，欧盟框架下的非政府组织还将其倡导对象指向了联合国相关机构，如欧盟环境非政府组织对联合国环境规划署（UNEP）的倡导，人道主义救助类非政府组织利用"世界人道主义峰会"对联合国人权理事会和联合国教科文组织等联合国相关机构的倡导。

第三，资金支持下的制度化倡导凸显合作性特征。从欧洲消费者组织到欧洲妇女游说团，从丹麦难民理事会到欧洲骑行者联合会，再到英国的国际警示组织，这些分别在贸易协定、妇女权益、人道主义救助、环境保护和冲突解决领域内活跃着的非政府组织无一不是在欧盟稳定而持续的资金资助下运作并发挥着倡导的作用的。而欧盟的多个政策工具，如冲突解决背景下的"稳定工具""欧洲周边工具""预加入援助工具""欧洲民主与人权工具"以及环境保护背景下的 LIFE 计划都是欧盟向非政府组织持续"输血"的关键资助机制。在制度安排方面，欧盟—美国 TTIP 谈判顾问委员会吸纳了 10 名来自欧盟层面的非政府组织代表参加；ECHO 在与 VOICE 平台通过"合作伙伴年会"和"战略对话会"密切协调人道主义救援行动的同时，还为其非政府组织合作伙伴专门打造了伙伴框架协议。在资金和制度安排的双重保障之下，在非政府组织作为"内部人"以合乎欧盟规范的专家组或制度对话等渠道不断获得对欧盟委员会的各个行政总司进行咨商的机会时，非政府组织也越发确定，更多地进行合作性倡导才能真正赢得面对面向权势部门表达具体诉求并最终助力问题解决的机会。因此，在欧盟层面的非政府组织生态中，我们不难发现大部分非政府组织采取的是发表年度报告、事实陈述报告、公开信或公开建议与评价、提交立场文件以及发起召开各所在领域会议等合作性倡导方式。当然，非政府组织也会组织非暴力直接行动抑或是游行抗议活动，但这种行动多由已经实现了资金来源多元化的组织采取（如无国界医生组织、国际乐施会等），且对抗性倡导也更多地发生于欧盟成员国的国家或次国家层面。

总之，欧盟以其开放的政治机会结构，通过丰富的物质性组织资源和完备的制度结构，将非政府组织自然地纳入其政策决策的进程之中，在获得内部合法性和技术支撑的同时，力图将欧盟关键的政策取向通过非政府组织向下传递；而非政府组织则利用其专业知识和经验等特点，与欧盟超国家机构的主要权势部门乃至联合国相关机构展开频繁的倡导互动，以最大限度地反映欧洲民意，体现欧洲在特定问题领域的整体价值取向和利益诉求，在凸显欧盟政治机会开放度和国际声望的同时，促进欧洲的整体认同。可以这样说，欧盟与非政府组织之间的相互建构的过程，是欧盟通过非国家行为体这一媒介积极推进欧洲一体化的独特路径选择。

参考文献

中文著作

[1] [美] 曼瑟尔·奥尔森：《集体行动的逻辑》，陈郁、郭宇峰、李崇新译，上海人民出版社 1995 年版。

[2] 徐莹：《当代国际政治中的非政府组织》，当代世界出版社 2006 年版。

[3] 赵鼎新：《社会与政治运动讲义》，社会科学文献出版社 2006 年版。

中文论文

[1] 贝娅特·科勒·科赫、贝特霍尔德·里滕伯格：《欧盟研究中的"治理转向"》，陈新译，《欧洲研究》2007 年第 5 期。

[2] 傅聪：《欧盟环境政策中的软性治理：法律推动一体化的退潮》，《欧洲研究》2009 年第 6 期。

[3] 葛道顺：《中国社会组织发展：从社会主体到国家意识——公民社会组织发展及其对意识形态构建的影响》，《江苏社会科学》2011 年第 3 期。

[4] 胡爱敏：《欧盟治理视野下欧洲公民社会组织的政治参与》，《国际论坛》2011 年第 5 期。

[5] 李尔平：《非政府组织欧洲化的路径分析》，《学会》2012 年第 10 期。

[6] 李尔平：《国际性青年非政府组织对欧盟社会一体化的影响》，

《广西民族大学学报（哲学社会科学版）》2009 年第 3 期。

[7] 李尔平：《欧盟非政府组织政策的主要内容和特点》，《学会》2012 年第 8 期。

[8] 李尔平：《一体化进程下欧盟非政府组织的发展机遇与挑战》，《学会》2013 年第 10 期。

[9] 陆伟芳：《19 世纪晚期英国妇女政治参与的历史考察》，《苏州科技学院学报（社会科学版）》2004 年第 21 期。

[10] 曲宏歌：《欧盟制度框架下的女性政治参与：以欧盟女性团体为例》，《国际论坛》2008 年第 5 期。

[11] 杨娜：《欧盟的全球治理战略》，《南开学报（哲学社会科学版）》2012 年第 3 期。

[12] 叶斌：《欧盟贸易协定政策的变化和影响》，《欧洲研究》2014 年第 3 期。

[13] 俞可平：《中国公民社会研究的若干问题》，《中共中央党校学报》2007 年第 6 期。

[14] 赵纪周：《欧洲非政府组织与欧盟少数民族问题治理》，《西南民族大学学报》2011 年第 4 期。

[15] 张晓杰、耿国阶、孙萍：《政治机会结构理论述评》，《天津行政学院学报》2013 年第 2 期。

[16] 詹映：《〈反假冒贸易协定〉（ACTA）的最新进展与未来走向》，《国际经贸探索》2014 年第 4 期。

[17] 郑蜡香、周奕端：《欧盟在巴以和平进程中的作用分析》，《焦点战略新探》2012 年第 2 期。

[18] 朱海忠：《西方"政治机会结构"理论述评》，《国外社会科学》2011 年第 6 期。

[19] 朱晓黎：《政治机会理论视角下的宗教组织与社会运动——以东欧独立和平运动为例》，《国际论坛》2012 年第 2 期。

[20] 宋锡祥、闵亮：《美欧 TTIP 谈判最新进展及中国的应对策略》，《国际商务研究》2015 年第 5 期。

[21] 孙林芳、马向平、赵莎莎：《北欧妇女参政影响要素分析》，《法制与社会》2008 年第 3 期。

[22] 孙敬亭：《欧洲议会"台湾之友"小组的负面影响值得重视》，爱思想网（http：//aisixiang. com/data/54765. html）。

[23] 徐莹：《中国面对国际非政府组织"倡导"下的战略应对》，《黑龙江社会科学》2012 年第 1 期。

英文著作

[1] Annulla Linders, *Feminist Movements in Historical and Comparative Perspective*, http：//onlinelibrary. wiley. com/doi/10. 1002/9781118663219. wbegss458/pdf, 21 Apr 2016.

[2] Acar Kutay, *Governance and European Civil Society：Governmentality, Discourse and NGOs*, Routledge, 2014.

[3] Beate Kohler-koch and Christine Quittkat, *De-mystification of Participatory Democracy：EU Governance and Civil Society*, Oxford University Press, 2013.

[4] Carlo Ruzza, *Changes in the Field of EU Civil Society Organizations：Institutionalization, Differentiation and Challengers*, Palgrave Macmillan, 2015.

[5] Carlo Ruzza, *Europe and Civil Society：Movement Coalitions and European Governance*, Manchester University Press, 2004.

[6] Carlo Ruzza ed. , *Governance and Civil Society in the European Union：Exploring Policy Issues*, Volume 2, Manchester University Press, 2007.

[7] Charles Tilly, *From mobilization to revolution*, Mcgraw-Hill College, 1978.

[8] Corinna Wolff, *Functional Representation and Democracy in the EU：the European Commission and Social NGOs*, ECPR Press, 2013.

[9] Cristiano Bee ed. , *Framing Civic Engagement, Political Participation*

and Active Citizenship in Europe, Routledge, 2015.

[10] David Coen and Jeremy Richardson, eds., *Lobbying the European U-nion: Institutions, Actors and Issues*, UK: Oxford University Press, 2009.

[11] Doug McAdam, John G. MoCarthy and Mayer N. Zald, eds., *Comparative Perspective on Social Movement: Political Opportunity, Mobilizing Structures, and Cultural Framings*, UK: Cambridge University Press, 1996.

[12] Elodie Fazi & Jeremy Smith, *Civil Dialogue: Making it Work Better.* S. L. : Civil Society Contact Group, 2006.

[13] Hakan Johansson ed., *EU Civil Society: Patterns of Cooperation, Competition and Conflict*, Palgrave Macmillan, 2015.

[14] Heike Kluver, *Lobbying in the European Union: Interest Groups, Lobbying Coalitions and Policy Change*, Oxford University Press, 2013.

[15] Inga Immel, *Access to European Justice for Environmental Civil Society Organizations*, Peter Lang, 2011.

[16] Jan Beyers, Rainer Eising and William A. Maloney, *Interest Group Politics in Europe: Lessons from EU Studies and Comparative Politics*, Routledge, 2010.

[17] Jan W. Van Deth & William A. Maloney eds., *New Participatory Dimensions in Civil Society: Professionalization and Individualized Collective Action*, Routledge, 2012.

[18] Jenny Fairbrass and Alex Warleigh eds., *Influence and Interests in the European Union*, Europa Publications, 2002.

[19] Jens Steffek ed., *Civil Society Participation in European and Global Governance: a Cure for the Democratic Deficit?* Palgrave Macmillan, 2008.

[20] John Paul Lederach, *Building Peace: Sustainable Reconciliation in*

Divided Societies, Washington, DC: United States Institute of Peace, 1999.

[21] Joost Berkhout, *Why Interest Organizations Do What They Do: Assessing the Explanatory Potential of 'Exchange' Approaches*, Interest Groups and Advocacy, 2013 (2).

[22] Justin Greenwood, *Interest Representation in the European Union*, 3rd Edition, Palgrave macmillan, 2011.

[23] Louise Diamond and John W. McDonald, *Multi-Track Diplomacy: A System Approach to Peace*, Hartford, CT: Kuamarian Press, 1996.

[24] Luis Bouza Garcia, *Participatory Democracy and Civil Society in the EU: Agenda-setting and Institutionalization*, Palgrave Macmillan, 2015.

[25] Marco Mascia, *Participatory Democracy for Global Governance: Civil Society Organizations in the European Union*, P. I. E. Peter Lang, 2012.

[26] Meike Rodekamp, *Their Members' Voice: Civil Society Organizations in the European Union*, Springer VS, 2014.

[27] Nathalie Tocci ed. , *The European Union, Civil Society and Conflict*, Routlege, 2014.

[28] Nona Mikhelidze and Nicoletta Pirozzi, *Civil Society and Conflict: Transformation in Abkhazia, Israel-Palestine, Nagorno-Karabakh, Transnistria and Western Sahara*, MICROCON Policy Working Paper 3, Nov. 2008.

[29] Paul A. Shotton & Paul G. Nixon, *Lobbying the European Union: Changing Minds, Changing Times*, Ashgate Publishing Company, 2015.

[30] Peter Herrmann ed. , *European Integration between Institution Building and Social Process: Contribution to a Theory of Modernization and NGOs in the Context of the Development of the EU*, Nova Science Pub-

lishers, 1999.

[31] Rachel A. Cichowski, *The European Court and Civil Society: Litigation, Mobilization and Governance*, Cambridge University Press, 2007.

[32] Rosa Sanchez Salgado, *Europeanizing Civil Society: How the EU Shapes Civil Society Organization*, Palgrave Macmillan, 2014.

[33] Sidney Tarrow, *Power in Movement: Social Movements, Collective Action and Politics*, New York: Cambridge University, 1998.

[34] Stijn Smismans ed. , *Civil Society and Legitimate European Governance*, Edward Elgar , 2006.

[35] Ulrike Lieber, Alexander Gattig and Tatjana Evas eds. , *Democratising the EU from Below?: Citizenship, Civil Society and the Public Sphere*, Ashgate Publishing Company, 2013.

[36] Sofia Strid, *Gendered Interests in the European Union: the European Women's Lobby and the Organization and Representation of Women's Interests*, Orebro University, 2009.

[37] Ulrike Liebert & Hans-Jorg eds. , *The New Politics of European Civil Society*, Routledge, 2011.

[38] William A. Maloney & Jan W. Van Deth eds. , *Civil Society and Governance in Europe: From Nation to International Linkages*, Edward Elgar, 2008.

[39] William Walters, "The Political Rationality of European Integration", in W. Larner and W. Walters eds. *Global Governmentality*, London: Routledge, 2004.

[40] Wyn Grant, *Pressure Groups and British Politics*, Palgrave Macmillan, March 2000.

[41] Lester M. Salamon & Helmet K. Anheier, *Defining the Nonprofit Sector: a Cross-national Analysis*, Manchester and New York: Manchester University Press, 1997.

英文论文

[1] A. Dur and Gemma Mateo, "The Europeanization of Interest Groups: Group Type, Resources and Policy Area", *European Union Politics*, Vol. 15, No. 4, 2014.

[2] Anne Rasmusssen & Brendan J. Carroll, "Determinants of Upper-Class Dominance in the Heavenly Chorus: Lessons from European Union On-line Consultations", *British Journal of Political Science*, Vol. 44, No. 2, 2013.

[3] Adriana Bunea, "Issues, Preferences and Ties: Determinants of EU Interest Groups' Preference Attainment in the Environmental Policy Area", *Journal of European Public Policy*, Vol. 20, No. 4, 2013.

[4] Angela Coyle, "Fragmented feminisms: Women's Organizations and Citizenship in 'Transition' Poland", *Gender and Development*, Vol. 11, No. 3, 2003.

[5] Annette Zimmer, "Governance and Civil Society (Working Paper)", 2007, http://nez. unl-muenster. de/download/Zimmer_ Civ_ Gov. pdf.

[6] Ase Gornitzka & Ulf Sverdrup, "Who Consults? The Configuration of Expert Groups in the European Union", *West European Politics*, Vol. 31, No. 4, 2008.

[7] Barbara Helfferich & Felix Kolb, "Multilevel Action Coordination in European Contentious Politics: the case of the European Women's Lobby", in Douglas Imig & Sidney Tarrow eds. , *Contentious Europeans: Protest and Politics in an Emerging Polity*, Oxford University Press, 2001.

[8] Beate Kohler-koch, "Civil Society and EU Democracy: 'Astroturf' Representation", *Journal of European Public Policy*, Vol. 17, No. 1, 2010.

[9] Beate Kohler-koch, "How to Put Matters Right? Assessing the Role of Civil Society in EU Accountability", *West European Politics*, Vol. 33, No. 5, 2010.

[10] Beate Kohler-koch, "The Commission White Paper and the Improvement of European Governance", *Jean Monnet Working Papers*, 6/01, 2001.

[11] Beate Kohler-koch, "The Three Worlds of European Civil Society——What Role for Civil Society for What Kind of Europe?", *Policy and Society*, Vol. 28, No. 1, 2009.

[12] Beate Kohler-koch, "What is Civil Society and Who Represents Civil Society in the EU? ——Results of an Online Survey among Civil Society Experts", *Policy and Society*, Vol. 28, No. 1, 2009.

[13] Beate Kohler-koch & Barbara Finke, "The Institutional Shaping of EU-Society Relations: a Contribution to Democracy via Participation?", *Journal of Civil Society Studies*, Vol. 3, No. 3, 2007.

[14] Beatrix Schmelzle, "Training for Conflict Transformation-an Overview of Approaches and Resources", *Berghof Papers*, Berghof Research Center for Constructive Conflict Management, 2006.

[15] Benny D. Setianto, "Somewhere in Between: Conceptualizing Civil Society", *International Journal of Not-For-Profit Law*, Vol. 10, 2007.

[16] Benedetta Voltolini, "The Role of Non-state Actors in EU Policies towards the Israeli-Palestinian Conflict", *Occasional Paper by ISS European Union Institute for Security Studies*, October 2012.

[17] Bernhard Wessels, "Contestation Potential of Interest Groups in the EU: Emergence, Structure, and Political Alliances", in Gary Marks and Marco R. Steenbergen eds. , *European Integration and Political Conflict*, Cambridge University Press, Cambridge, 2004.

[18] Boris Rigod, "The EU's New Trade Policy in Its Legal Context", *Co-*

lumbia Journal of European Law, Vol. 18, No. 1, 2012.

[19] Carlo Ruzza, "Social Movements and the European Interest Intermediation of Public Interest Groups", *Journal of European Integration*, Vol. 33, No. 4, 2011.

[20] Charlotte Dany, "Politicization of Humanitarian Aid in the European Union", *European Foreign Affairs Review*, Vol. 20, No. 3, 2015.

[21] Chris Hilson, "New Social Movements: the Role of Legal Opportunity", *Journal of European Public Policy*, 2002.

[22] Christine Mahoney & Michael J. Beckstrand, "Following the Money: European Union Funding of Civil Society Organizations", *Journal of Common Market Studies*, Vol. 49, No. 6, 2011.

[23] Cristiano Bee & Roberta Guerrina, "Participation, Dialogue, and Civic Engagement: Understanding the Role of Organized Civil Society in Promoting Active Citizenship in the European Union", in Cristiano Bee & Roberta Guerrina eds. , *Framing Civic Engagement, Political Participation and Active Citizenship in Europe*, Routledge, 2015.

[24] David Coen & Alexander Katsaitis, "Chameleon Pluralism in the EU: An Empirical Study of the European Commission Interest Group Density and Diversity Aross Policy Domains", *Journal of European Public Policy*, Vol. 20, No. 8, 2013.

[25] Doug McAdam, "Conceptual Origins, Current Problems, Future Directions", in Doug McAdam, John G. MoCarthy and Mayer N. Zald, eds. , *Comparative Perspective On Social Movement: Political Opportunity, Mobilizing Structures and Cultural Framings*, Cambridge University Press, 1996.

[26] Elizabeth Bomberg, "Policy Learning in an Enlarged European Union: Environmental NGOS and New Policy Instruments", *Journal of European Public Policy*, Vol. 14, No. 2, 2007.

[27] Fintan Farrell, "The Role of 'Third Sector' at EU Level", *Revista*

Espanola del Tercer Sector, Special Issue (9), 2008.

[28] Gary Marks and Doug McAdam, "On the Relationship of Political Opportunities to the Form of Collective Action: the Case of the European Union", in Donatella Della Prta, Hanspeter Kriesi and Dieter Rucht eds. , *Social Movements in a Globalizing World*, Macmillan Press LTD, 1999.

[29] Hakan Johansson and Sara Kalm, "Thinking Relationally: Questions, Themes and Perspectives for the Study of EU Civil Society", in Hakan Johansson & Sara Kalm eds. , *EU Civil Society: Patterns of Cooperation, Competition and Conflict*, Palgrave Macmillan, 2015.

[30] Helmut Anheier, Marlies Glasius and Mary Kaldor, "Introducing Global Civil Society", in Helmut Anheier, Marlies Glasius and Mary Kaldor, eds. , *Global Civil Society* 2001, Oxford University Press, 2001.

[31] Herbert P. Kitschelt, "Political Opportunity Structures and Political Protest: Anti-Nuclear Movements in Four Democracies", *British Journal of Political Science*, Vol. 16, 1986.

[32] Jackie Smith, Ron Pagnucco and Charles Chatfield, "Social Movements and World Politics: A Theoretical Framework", in Jackie Smith, Charles Chatfield and Ron Pagnucco eds. , *Transnational Social Movements and World Politics: Solidarity Beyond the State*, Syracuse, NY Syracuse University Press, 1997.

[33] Jahanna Kantola & Judith Squires, "From State Feminism to Market Feminism?", *International Political Science Review*, Vol. 30, No. 4, 2012.

[34] Jan Beyers, "Voice and Access. Political Practices of European Interest Associations", *European Union Politics*, Vol. 5, No. 2, 2004.

[35] Jeremy Richardson, "Government and Groups in Britain: Changing Styles", in S. T. Clive ed. , *First World Interest Groups, A Compara-*

tive Perspective, London: Greenwood Press, 1993.

[36] Joost Berkhout & Caelesta Poppelaars, "Going to Brussels: A Population Perspective on Interest Representation in the European Union", *International Conference on 'Bring Civil Society in: The European Union and the Rise of Representative Democracy'* Robert Schuman Centre for Advanced Studies, European University Institute, 2009.

[37] Justin Greenwood, "Review Article: Organized Civil Society and Democratic Legitimacy in the European Union", *British Journal of Political Science*, Vol. 37, 2007.

[38] Justin Greenwood & Joanna Dreger, "The Transparency Register: A European Vanguard of Strong Lobby Regulation? *Interest Groups and Advocacy*, Vol. 2, No. 2, 2013.

[39] John Boli, Thomas A. Loya and Teresa Loftin, "National Participation in World-Polity Organization", in John Boli & George M. Thomas, eds. , *Constructing World Culture: International Nongovernmental Organizations since 1875*, Stanford, California: Stanford University Press, 1999.

[40] John Paul Lederach, *Building Peace: Sustainable Reconciliation in Divided Societies*, Washington, DC: United States Institute of Peace, 1997.

[41] Jonathan Dean& Kristin Aune, "Feminism Resurgent? Mapping Contemporary Feminist Activisms in Europe", *Social Movement Studies*, Vol. 14, No. 4, 2015.

[42] Joost Berkhout & David Lowery, "Short Term Volatility in the EU Interest Community", *Journal of European Public Policy*, Vol. 18, No. 1, 2011.

[43] J. P. Richards & J. Heard, "European Environmental NGOs: Issues, Resources and Strategies in Marine Campaigns", *Environmental Politics*, Vol. 14, No. 1, 2005.

[44] Judith Randel & Tony German, "European Union", in I. Smillie and H. Helmich eds. , *Stakeholders: Government-NGO Partnerships for International Development*, 1999.

[45] Julia Metz, "Expert Groups in the European Union: a Sui Generis Phenomenon?", *Policy and Society*, Vol. 32, 2013.

[46] Justin Greenwood, "Review Article: Organized Civil Society and Democratic Legitimacy in the European Union", *British Journal of Political Science*, Vol. 37, 2007.

[47] Jutta M. Joachim, "NGOs, Feminist Activism and Human Rights", in Jill Steans and Daniela Tepe eds. , *Handbook on Gender in World Politics*. Cheltenham: Edward Elgar Publishing, 2016.

[48] Katja M. Guenther, "The Possibilities and Pitfalls of NGO Feminism: Insights from Post-socialist Eastern Europe", *Signs*, Vol. 36, No. 4, 2011.

[49] Kim D. Reimann, "A View from the Top: International Politics, Norms and the Worldwide Growth of NGOs", *International Studies Quarterly*, Vol. 50, No. 1, 2006.

[50] Kostas Kourtikakis & Ekaerina Turkina, "Civil Society Organizations in European Union External Relations: a Study of International Networks in the Eastern Partnership and the Mediterranean", *Journal of European Integration*, Vol. 37, No. 5, 2015.

[51] Lizzie Dearden, "Refugee Crisis: Medical Charity MSF Rejects Funding from UK and Other EU Nations over 'Shameful' Response", *Independent*, Vol. 17 June 2016, http: //www. indepent. co. uk/ news/world/europe/refugee-crisis-medical-charity-msf-rejects-funding-from-uk-and-other-eu-nations-over-shameful – a7087051.

[52] Mark A. Pollack, "Representing Diffuse Interests in EC Policy-Making", *Journal of European Public Policy*, Vol. 4, No. 4, Dec. 1997.

[53] Michael Edwards, "Does the Doormat Influence the Boot? Critical

Thoughts on UK NGOs and International Advocacy", *Development in Practice*, *Vol.* 3, 1993.

[54] Michael Nentwich, "Opportunity Structures for Citizens' Participation: The case of the European Union", *European Integration online Papers* (*EIoP*), No. 1, 1996.

[55] Michael W. Bauer, "Limitations to Agency Control in European Union Policy-making: the Commission and the Poverty Programmes", *Journal of Common Market Studies*, Vol. 40, No. 3, 2002.

[56] Oliver Richmond, "The Dilemmas of Subcontracting the Liberal Peace", in O. Richmond and H. Carey eds. *Subcontracting Peace: The Challenges of NGO Peacebuilding.* Aldershot: Ashgate, 2005.

[57] PaulineCullen, "Feminist NGOs and the European Union: Contracting Opportunities and Strategic Response", *Social Movement Studies*, Vol. 14, No. 4, 2015.

[58] Peter K. Eisinger, "The Conditions of Protest Behavior in American Cities", *American Political Science Review*, 1973.

[59] Rainer Eising, "Institutional Context, Organizational Resources and Strategic Choices: Explaining Interest Group Access in the European Union", *European Union Politics*, Vol. 8, No. 3, 2007.

[60] Rosa Sanchez Salgado, "Rebalancing EU Interest Representation? Associative Democracy and EU Funding of Civil Society Organizations", *Journal of Common Market Studies*, Vol. 52, No. 2, 2014.

[61] Seamus Grimes, "The Green Paper on European Social Policy", *Regional Studies*, Aug 1994, pp. 827 – 831.

[62] Sidney Tarrow, "States and Opportunities: The Political Structuring of Social Movements", In Doug McAdam, John G. MoCarthy and Mayer N. Zald, eds. , *Comparative Perspective On Social Movement: Political Opportunity, Mobilizing Structures, and Cultural Framings*, UK: Cambridge University Press, 1996.

[63] Sonia P. Mazeyand Jeremy J. Richardson, "Pluralisme ouvert ou Restreint? Les groupes d'intérêt dans l'Union européenne", in Richard Balme, Didier Chabanet and Vincent Wright eds. , *L'Action Collective in Europe/Collective Action in Europe*, Paris: Presses de Science Po, 2002.

[64] Stijn Smismans, "European Civil Society: Shaped by Discourses and Institutional Interests", *European Law Journal*, Vol. 9, No. 4, 2007.

[65] Wiebke Marie Junk, "Two Logics of NGO Advocacy: Understanding Inside and Outside Lobbying on EU Environmental Policies", *Journal of European Public Policy*, Vol. 23, 2016.

[66] William Walters, "The Political Rationality of European Integration", in W. Larner and W. Walters eds. , *Global Governmentality*, London: Routledge, 2004.

欧盟及其他相关组织文件

[1] Commission of the European Communities, European Governance, A White Paper, Brussels, 25. 7. 2001 COM (2001) 428 Final.

[2] Commission of the European Communities, *Green Paper—European Social Policy—Options for the Union*, CEC, Brussels, Nov. 15, 1993a.

[3] ECHO, *Evaluation of the ECHO Response to the Syrian Crisis 2012 – 2014, Final Report*, Luxemburg: Publications Office of the European Union, June 2016.

[4] European Economic and Social Committee, Opinion on European Governance-a White Paper, CES 357/2002, Brussels, 2002.

[5] European Economic and Social Committee, Opinion on the Representativeness of European Civil Society Organizations in Civil Dialogue, CESE 240/2006, SC/023, Brussels, 2006.

［6］ European Economic and Social Committee, Opinion on 'The Role and Contribution of Civil Society Organizations in the Building of Europe—Ref. : CES 851/99, Brussels, 1999.

［7］ European Commission, Article 10 of Regulation (EC) No. 1367/2006 (Aarhus Regulation).

［8］ European Commission, *Communication and Visibility Manual for European Union-funded Humanitarian Aid Actions*, http: //www. echo-visibility. eu/wp-content/uploads/2014/02/Visibility_ Manual_ 2016_ EN. pdf, Feb 2016.

［9］ European Commission, Communication from the Commission: A Strong European Neighborhood Policy, COM, 2007.

［10］ European Commission, Communication from the Commission to the Council and the European Parliament on Strengthening the European Neighborhood Policy, COM. 726 Final, Brussels, 2006.

［11］ European Commission, Communication from the President to the Commission: Framework for the Commission Expert groups: Horizontal Rules and Public Register, C 7649 Final, Brussels, 2010.

［12］ European Commission, Debate Europe-building on the Experience of Plan D for Democracy, Dialogue and Debate, COM 158/4, Brussels, 2008.

［13］ European Commission, "Delivering on Transparency: Commission Proposes Mandatory Transparency Register for All EU Institutions", http: //europa. eu/rapid/press-release_ IP – 16 – 3182_ en. htm.

［14］ European Commission, DG ECHO, and DG Communication, *Special Eurobarometer 434 "Humanitarian Aid" Report*, European Union, May 2015.

［15］ European Commission, Europe for Citizens Program, http: //ec. europa. eu/citizenship/europe-for-citizens-programme/index _ en. htm.

[16] European Commission, European Governance: The White Paper, Brussels, 2001.

[17] European Commission, *Evaluation of the DG ECHO Actions in Coastal West Africa 2008 – 2014: Final Report*, Luxembourg: Publications Office of the European Union, 2015.

[18] European Commission, Fact Sheet: EU Response to the Ebola Outbreak in West Africa, MEMO/15/4507, Brussels, March 2015, http: ec. europa. eu/echo/files/aid/countries/factsheets/thematic/ wa_ ebola_ emergency_ recovery_ en. pdf.

[19] European Commission, "Global Europe: Competing in the World-A Contribution to the EU's Growth and Jobs Strategy", 14. 10. , 567 final, Brussels, 2006.

[20] European Commission, Green Paper European Transparency Initiative, COM, 194 Final, Brussels, 2006.

[21] European Commission, Plan D for Democracy, Dialogue and Debate, http: //eur-lex. europa. eu/legal-content/EN/TXT/? uri = URISERV: a 30000.

[22] European Commission, Prodi-Kinnock: The Commission and Non-Governmental Organizations: Building a Stronger Partnership, COM, 11 Final, Brussels, 2000.

[23] European Commission, Promoting the Role of Voluntary Organizations and Foundations in Europe, 241 Final, 1997.

[24] European Commission, The Commission and Non-Governmental Organizations: Building a Stronger Partnership, Brussels, 2000.

[25] European Commission, Towards a Reinforced Culture of Consultation and Dialogue-General Principles and Minimum Standards for Consultation of Interested Parties by the Commission, COM, 704 Final, Brussels, 2002.

[26] European Commission, Trade, Growth and World Affairs-Trade Poli-

cy as a Core Component of the EU's 2020 Strategy, 9. 11. , 612 final, Brussels, 2010.

[27] European Commission, Regulation (EC) No 1907/2006 Concerning the Registration, Evaluation, Authorization and Restriction of Chemicals (REACH), 2006.

[28] European Commission, White Paper on European Governance (WPEG), 428 Final, 2001.

[29] European Commission Environment Directorate-General, *Involving Civil Society in the EU Policy Process: Life support for Environmental NGOs in 2012*, Luxembourg: Publications Office of the European Union, LIFE Publication, 2014.

[30] European Commission Environment Directorate-General, *Involving Civil Society in the EU Policy Process: LIFE Support for Environmental NGOs in 2014*, Luxembourg: Publications Office of the European Union, LIFE Publication, 2015.

[31] European Ombudsman, Decision of the European Ombudsman Closing Her Own-initiative InquiryOI/7/2014/NF Concerning the Composition of Civil Dialogue Groups Brought Together by the European Commission's DG Agriculture, http://ombudsman. europa. eu/en/cases/decision. faces/en/60873/html. bookmark.

[32] External Relations and Governing Bodies of World Health Organization, "Review Report: WHO's Interaction with Civil Society and Nongovernmental Organizations", 2002, http://www. who. int/civilsociety/documents/en/RevreportE. pdf.

[33] Civil Society Contact Group, http://cultureactioneurope. org/milestone/civil-society-contact-group/recent-milestones/cscg_ programnot_ citizensummit_ 2013/.

[34] United States International Trade Commission, *The Year in Trade 2014: Operation of the Trade Agreements Program 66 [th] Report*, July

2015，http：//ww. usitic. gov/publications/332/pub4543. pdf.

主要网站

[1] BEUC，http：//www. beuc. eu/publications/beuc-x – 2014 – 033_ mgo_ annual_ report_ 2013. pdf.

[2] Care International，http：//www. care-international. org.

[3] Climate Action Network，http：//www. caneurope. org/component/ finder/search？q = consultation&itemid = 160.

[4] Corporate Europe Observer，http：//www. corporateeurope. org/about-ceo.

[5] TACD，http：//www. tacd. org/about-tacd/member-list/.

[6] EPLO，http：//eplo. org.

[7] EPNK，http：//www. epnk. org/partners/international-alert.

[8] European Commission，http：//ec. europa. eu/transparencyregister/ public/consultation/listlobbyists. do？locale = en&reset = .

[9] European Environmental Bureau，http：//www. eeb. org/index. cfm/ news-events/news/eeb-ad-te-participate-in-ttip-advisory-group/.

[10] European Union External Action，http：//eeas. europa. eu/topics/ european-neighbourhood-policy-enp/422/instrument-contributing-to-stability-and-peace-icsp_e.

[11] European Parliament's Committee of Petitions，http：//www. euro-pa. eu/committees/en/peti/home. html.

[12] European Parliament Website，http：//www. europarl. europa. eu/ parliament/archive/staticDisplay. do？language = EN&id = 189& pag-eRank = 1.

[13] European Trade Union Confederation，http：//www. etuc. org/docu-ments/etuc-position-transatlanti-trade-and-investment-parnership # . Vovi0hE800c.

[14] EWL，http：//www. womenlobby. org/25 – years-of-European-Women-s-

Lobby? lang = en.

[15] Friends of the Earth Europe, http: //www. foeeurope. org/TTIP-fact-sheets-issues-explained – 240915.

[16] Health and Environment Alliance, http: //www. env-health. org.

[17] IndustriAll European Trade Union, http: //www. industriall-europe. eu.

[18] Jordan Health Aid Society, http: //jhas-international. org/?portfolio = international-medical-corps-imc.

[19] MSF, http: //www. msf. org.

[20] NGO Monitor, http: //www. ngo-monitor. org.

[21] Oxfam, http: //www. oxfam. org.

[22] Pesticide Action Network Europe, http: //www. pan-europe. info/resources/other.

[23] Plan-International, http: //plan-international. org.

[24] Save the Children, http: //www. savethechildren. net.

[25] Seattle to Brussels Network, http: //www. s2bnetwork. org/about-us/overall-goal/.